DAS VERLORENE WISSEN DEINER SEELE
MARKUS MERLIN

DAS ENDE DER LÜGEN!

WAS DER VATIKAN VERSCHWEIGT

Halt an, wo läufst du hin? Der Himmel ist in dir!
Suchst du Gott anderswo, du fehlst ihn für und für!
Angelus Silesius
1624 - 1677, christlicher Mystiker

Markus Merlin

Das verlorene Wissen Deiner Seele

oder

Was der Vatikan verschweigt

Text und Bild Copyright

Markus Merlin Mai 2017

Alle Rechte vorbehalten
www.markus-merlin.com

Bibliografische Information der Deutschen Nationalbibliothek: Die Deutsche Nationalbibliothek verzeichnet diese Publikation in der Deutschen Nationalbibliografie; detaillierte bibliografische Daten sind im Internet über dnb.d-nb.de abrufbar.

TWENTYSIX – der Self-Publishing-Verlag
Eine Kooperation zwischen der Verlagsgruppe Random House und BoD – Books on Demand

Herstellung und Verlag:
BoD – Books on Demand, Norderstedt

Cover: Mario Rank – mysteryfacts – Wien

Bild: Der Vatikan – von Markus Merlin

Lektorat: Markus Merlin

© 2017 Markus Merlin

ISBN: 9-783740-731045

Eine Idee des Isaistempler - Projekt

Inhaltsverzeichnis

Vorwort 11
Einführung 13
Die Ausgangssituation 14
Dualität und Polarität 24
Grundsätzliches zum Thema Religion 28
Der historische Werdegang des Imperiums 32
Zeittafel 35
Was ist los in der Welt? 46
Hierarchie als Machtinstrument 60
Gruppenwesen statt Hierarchie 63
Was ist mit Gott? 66
Die Gottesfrage 68
Das Geld 77
Das Zinssystem 78
Die Steuerung der Menschenmassen 80
Die Beherrschung der Sexualität 87
Die Kontrolle der Sinne 89
Die Kirchen in diesem Umfeld 92
Offenbarung 101
Die Rekonstruktion 103
Was ist mit dem Alten Testament? 105
Jesus und seine Wurzeln 117
Die „Große Göttin" und die Religionen 131
Die Lehre Jesu - ganzheitlich gesehen 137
Meister Eckhart 166
Die Lehre Buddhas 173
Lao Tse - Tao Te King 201
Die Vedischen Schriften 233
Die Bhagavad-Gita 234
Ganzheitlich Sein 239
Die Entscheidung 247
Der Pfad der Erkenntnis 249
Vom Ich zum Selbst 252

Die Suche nach der Inneren Vision	254
Mystik und Spiritualität	257
Der mystische Weg	269
Der Krieg	293
Der Neue Ansatz	297
Leben aus dem Vertrauen	305
ICH BIN - Die Meditation	318
Begriffsbestimmung - christliche Begriffe	327
Nachwort	331
Der Autor	333

Vorwort

Wie verhindert man Wissen? Sicherlich nicht durch ein Gesetz, auch nicht indem man sagt: Das darfst Du nicht wissen! Richtig „verbotenes Wissen" ist zunächst in unserer Gesellschaft gar nicht existent. Nicht mal bei sogenannten „Wissenschaftlern". „Man" richtet es so ein, daß gar niemand auf die Idee kommt, so was Verbotenes zu denken. Dazu hat man uns ein Denksystem eingetrichtert, das es uns gar nicht erst erlaubt, ganzheitlich zu denken. Es ist schon ziemlich schwierig, das als einzig mögliches System dargestellte duale Denken überhaupt erst einmal als solches zu erkennen. Man kann sich das vorstellen wie zweidimensionales Denken. Zweidimensionale Wesen werden die Existenz einer dritten Dimension gar nicht erkennen. Bei uns dressiert man dreidimensionale Wesen dazu, zweidimensional zu denken. Also wissen sie gar nicht mehr, daß sie dreidimensionale Wesen sind. Und so kann man sie in dieser künstlichen Ebene nach belieben herumjagen.....

Das Wort „Vatikan" steht für die Residenz des Papstes in Rom, auch für „oberste Behörde der kath. Kirche". Es stammt aus dem Lateinischen „vaticanus" - vatikanisch, meint eigentlich den „mons vaticanus", den vatikanischen Hügel in Rom, auf dem der Papstpalast steht. Die wörtliche Bedeutung des aus dem Etruskischen stammenden Wortes ist tatsächlich - zumindest öffentlich - unbekannt. Das Wort setzt sich aus den lateinischen Worten „vatis" - für „Seher" (Mehrzahl) und „canus" - was man als Hund oder auch Fessel übersetzen kann und könnte also auch „Fesseln anlegende Seher" bedeuten...... „canus" kann aber auch für „Alter" stehen. Wäre weniger spektakulär „Hügel der Alten Seher". Wie auch immer, hier war jedenfalls auch vorher wohl schon ein aktives Heiligtum. Dieses Buch versucht, vor diesem Hintergrund die aktuelle Situation zu durchleuchten und den wahren Kern der lebendigen, ganzheitlichen Spiritualität wieder einmal offenzulegen.

Einführung

Der Vatikan versucht, uns seine „katholische" Botschaft als die Botschaft und die Lehre Jesu zu „verkaufen". Das nennt man dann „Christliche Religion". Wenn das „christlich" ist, was da angeboten wird, wieso arbeitet diese Organisation seit dem 3. Jahrhundert u.Z. mit dem Imperium zusammen? Die wirkliche Botschaft Jesu ist heute genauso aktuell - wenn nicht sogar noch aktueller - als vor 2000 Jahren. Denn: Sie ist in ihren Kernaussagen hochpolitisch. Jesus hat es nicht dabei bewenden lassen, daß die Leute bloß "glauben" - eigentlich gemeint: Vertrauen. Tatsächlich hat er ein ganzheitlich-alternatives Leben eingefordert. Ohne Krieg, Lüge und Betrug.

Wir müssen uns aus dem Tod und Verderben bringenden Netzwerk von Religion, Mammonismus, Satanismus befreien, die letztlich allesamt nur Produkte von galoppierendem Egowahn sind. Dieses Buch versucht darzustellen, wie wir da hineingeraten sind und auch wie wir da wieder rauskommen. Es wird dargestellt und hergeleitet, daß es den "Gott" der Religionen gar nicht gibt - er ist eine teuflische Erfindung von egowahnsinnigen Machtmenschen. Ganzheitliches Bewußtsein ist gefragt - sonst werden wir das Experiment "Erde" nicht überleben......

Nach 2000 Jahren sind wir sicherlich aufgefordert, endlich mal unser eigenes Gehirn, Verstand und Intuition tatsächlich auch selbstverantwortlich zu benutzen. Beginnend mit der Botschaft des Nazareners läßt sich durchaus darstellen, was gemeint ist.... Aber nur, wenn man sich nicht mehr von den machtvollen propagandistischen Aktivitäten dieses Systems der Dinge ins Bockshorn jagen läßt, sich aus der geistigen Versklavung befreit und selbst auf den Pfad der Erkenntnis begibt. Aber dazu müssen wir ein bisschen weiter ausholen. Auf ein umfangreiches Quellenverzeichnis verzichte ich hierfür vollständig. Wer gerne weiterforschen möchte, findet seine Informationen heutzutage völlig problemlos.

Die Ausgangssituation

Wie sollte denn die Erde - oder die Welt überhaupt oder das Universum wie wir es zu kennen glauben entstanden sein?

Wie es wirklich war - ganz ohne Religion! Ein für die Weisen aller Kulturen uraltes, für die Naturwissenschaft jedoch ein völlig neues Naturverständnis kristallisiert sich heraus: Das einer beseelten, polaren Welt, in der es keine "tote" Materie gibt. Es ist eine nach wissenschaftlich nachvollziehbaren Gesetzen geformte, lebendige Schöpfung aus dem Geist. Im Anfang war das Wesen, das nicht genannt werden kann. Es ist nicht "Gott", obwohl man es als göttlich bezeichnen könnte. Es enthält "Alles, was Ist", was wir als Universum bezeichnen und auch das, was wir uns gar nicht vorstellen können. Dieses "Wesen" ruht in sich selbst. Im Anfang war das "Wesen" - unnambar, unbegreifbar - das Wesen, das nicht genannt werden kann.

Im Anfang war das "Wesen"- unnambar, unbegreifbar

Als es noch keine Zeit und keine Materie gab, faßte das "Wesen" den Entschluß, sich auszudrücken - der Beginn dessen, was wir Universum nennen. Die Zeit begann, das "Wesen" brachte zwei weitere Wesen hervor, eines eher weiblich gepolt, das andere eher männlich gepolt, die Geburt der Polarität, Plus und Minus, Nordpol und Südpol genannt, die Voraussetzung für die Entstehung von Materie war geschaffen. Vielleicht verursachte das Auftreten von Polarität sogar den Urknall, so es den wirklich gegeben hat. So entsteht erstmals Materie, das "Wesen" beginnt, sich auszudrücken. Die Ausdruckskraft des Wesens bringt nach und nach immer komplexere und kompliziertere Ansammlungen von Materie hervor, das Universum entsteht, immer im Gleichgewicht gehalten von der Urkraft der Polarität.

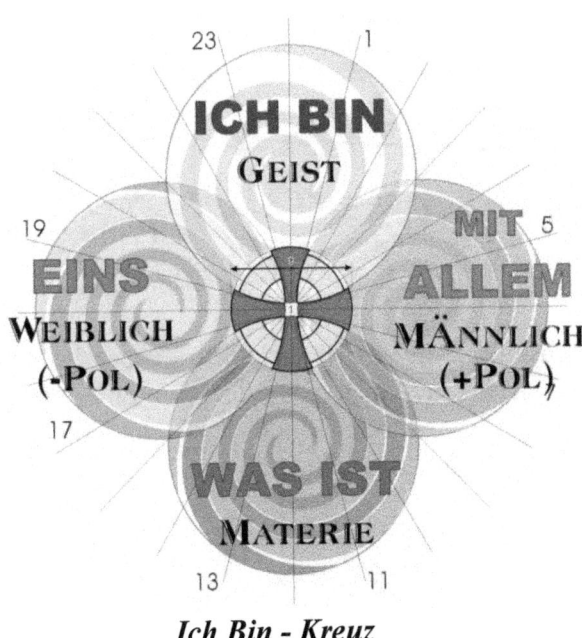

Ich Bin - Kreuz

Ohne seine "Einheit" aufzugeben, teilte es sich - Polarität entstand - und mit ihr entstand die Spannung, etwas hervorzubringen - Schöpfungskraft.....

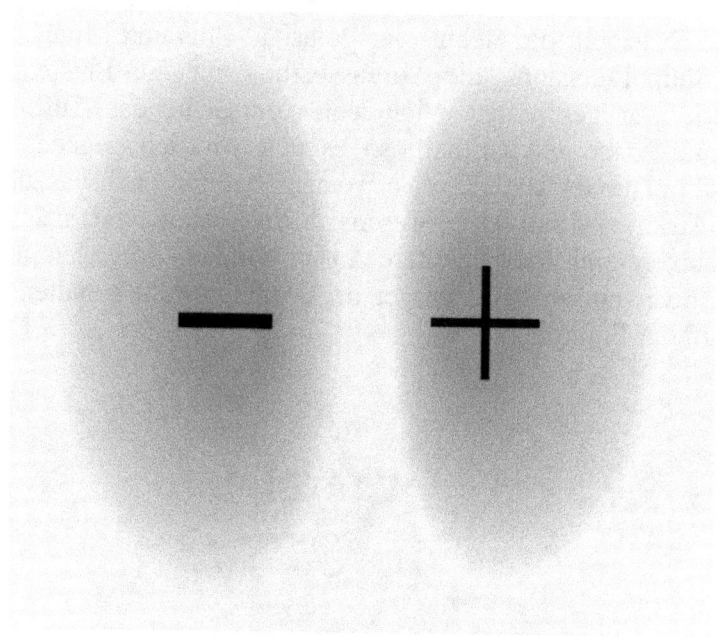

Die Wechselwirkung der Materie ließ aus den Polen etwas Drittes entstehen - Materie, und aus der Materie das Leben. Die Wechselwirkung der Materie ließ aus den Polen etwas Drittes entstehen - Materie und das Leben.....

Um sich noch besser ausdrücken zu können, brachte das "Wesen" nun das Leben ins Spiel. Lebensformen entwickelten sich, wiederum getrieben von der Kraft der Polarität, die sich nun sehr viel komplexer als Sexualität ausdrückt.

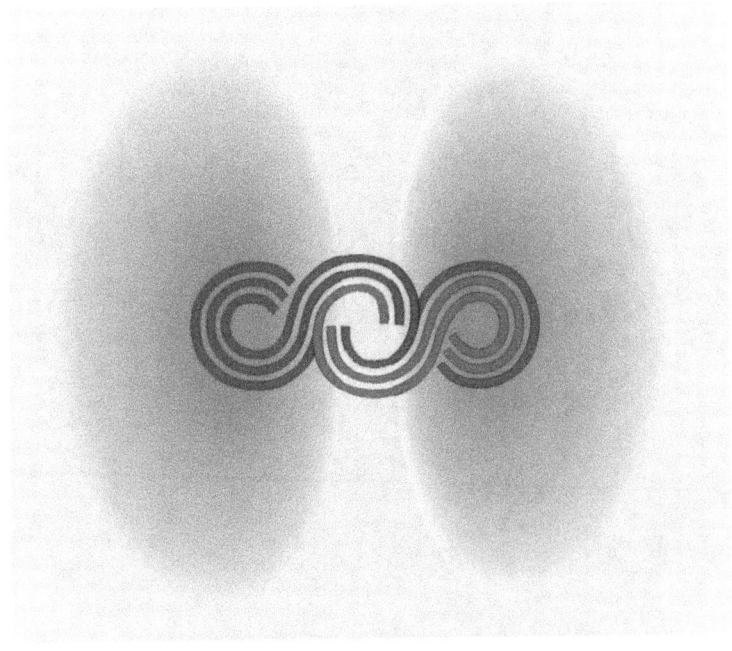

Die Liebe des "Wesens" zu sich selber zeigt sich in den höheren Formen der Erotik, der Selbstliebe und der transpersonalen Nächstenliebe. Immer ist "Alles, was Ist" Ausdruck oder Brennpunkt des "Wesens", fraktaler Teil des Ganzen.

Über Äonen wurde die Materie immer komplexer, das Leben immer vielfältiger - und es entstanden Mann und Frau als derzeit höchste Form von Polarität.....

Der so entstandene "Mensch" ist somit derzeit das wohl am höchsten entwickelte Fraktal des "Wesens", was ja auch in den Weltreligionen öfters erwähnt wird. In diesem System ist "Der Mensch" bestehend aus dem weiblich gepolten Teil, der Frau und aus dem männlich gepolten Teil des Mannes zusammen "Eins", fraktales Spiegelbild der ursprünglichen Trinität.

Dreieinigkeit - vor ~3200 Jahren

In der derzeitigen Entwicklungsphase hat sich allerdings die Selbstliebe zum "Egowahn" entwickelt, die Möglichkeiten der Machtentfaltung des Einzelnen (halben) Individuums werden über die Interessen der ganzheitlichen Entwicklung gestellt und mit Gewalt durchgesetzt. Das Bewußtsein der Polarität und der ursprünglichen Trinität wird gezielt durch duales Denken und vorsätzliches Trennen der Pole verschleiert, die weitere Entwicklung blockiert. Das "Wesen" wird sich das nicht lange gefallen lassen, da werden "wir" bald was lernen müssen.

Es gibt da noch ein paar Fragen....

Wodurch sind z. B. die physikalischen Gesetze gerade so wie sie sind, offensichtlich von Anbeginn des Universums bereits so festgelegt und nicht anders? Einschließlich jeglicher physikalischer Gesetze, die wir kennen und sogar einschließlich jener Gesetzmäßigkeiten, die wir noch nicht kennen.

Nach heutiger Kenntnis wäre das vor ca. 14 Milliarden Jahren gewesen. Und wer glaubt wirklich, daß die 12 Milliarden Gene, die für das Werden eines Menschen erforderlich sind, zufällig so entstanden sind?

Ein anderes Beispiel: Haben Sie schon mal darüber nachgedacht, warum z. B. Wasser ausgerechnet jene Eigenschaften hat, die es als Schlüsselelement für die Entwicklung des Lebens unabdingbar machen? Oder warum wir überhaupt so etwas wie Freude, Schönheit und Liebe empfinden können?

Die „Schöpfung" ist es wirklich wert, einmal darüber nachzudenken: In einer methodischen Reihenfolge entstand das ganze Universum und so nebenbei die Erde nach und nach als Wohnstätte für den Menschen.

Die Wahrscheinlichkeit dafür, daß sich das alles zufällig so entwickelt haben könnte ist ungefähr 10^{17} mal (eine 1 mit 17 Nullen) geringer als ein 6er im Lotto.

Aus diesen Tatsachen könnte man folgern, daß es da etwas gibt, was diese Fakten (einschließlich Urknall, wenn es so war) verursacht hat. Eine(n) Verursacher(in) also. So etwas/jemand können wir uns normalerweise gar nicht vorstellen.

Deshalb nannte schon LaoTse - so um 600 v.u.Z. - „ES" - das Wesen, das nicht genannt werden kann.

Dieser Prozeß der Schöpfung ist kein einmaliger Vorgang. Auch wenn wir den Begriff "Ewigkeit" tatsächlich nicht begreifen können, so ist sie doch eine Eigenschaft des „Wesens". „ES" entfaltet sich......

Schon in früheren Hochzivilisationen, so etwa vor 3500 Jahren, hat man darüber auch schon nachgedacht und nachgeforscht. Es gab auch Menschen, die hatten Träume, Visionen und Erlebnisse, die sich auf normalem Wege schon damals nicht erklären ließen.

Und man fand heraus, daß Menschen nach bestimmten Regeln - Gesetzmäßigkeiten - besser zusammenleben können, als wenn man das Recht des Stärkeren allein gelten lassen würde. Man beachtet sehr wohl den Nutzen solcher Regeln, wenn schlechte Zeiten sind - wie z. B. in der Nachkriegszeit mit dem aus positiver Zusammenarbeit geborenen "Wirtschaftswunder".

Kaum bricht nun aber etwas Wohlstand aus, so beginnt auch schon der Neid. Das geht natürlich nicht, daß der Nachbar/Kollege/Mitbürger 3 Euro mehr hat. Oder gar ein neues Auto!!

Dieses Problem ist nun auch schon uralt, und so wurden diese Regeln von listigen Leuten vielfach vordergründig nicht nur gründlich verwässert, sondern sogar in weiten Bereichen ins Gegenteil verkehrt. Aus einem einfachen Grund: Als Sohn der Sonne (bei den Ägyptern) oder als Herrscher von Gottes Gnaden hatte man das Volk einfach besser im Griff. Systemgetreue Schriftgelehrte und Religionsführer, heute würde man sagen: Theologen und Funktionäre, haben dann die Arbeit gemacht, nicht ohne ihre eigenen Pfründe dabei abzukriegen. Der ewige Kampf um Vorteile, Macht und Ansehen - ohne Rücksicht auf Verluste! Im Nahen Osten hat damals das Auftreten des Jesus von Nazareth und seine Lehre von Gott als dem liebenden Vater eines jeden Geschöpfes dieses mühsam aufgebaute Machtgefüge ernstlich erschüttert.

Zuerst bei den Juden selbst - die Pharisäer haben nicht umsonst bei den Römern um die Todesstrafe nachgesucht - dann auch im römischen Imperium selbst. Es war ein schwieriger Fall: Die "Christen", wie man sie bald nannte, waren so überzeugt von der Richtigkeit ihrer Lehre, daß viele dieser Lehre wegen durchaus schwerwiegende Nachteile in Kauf nahmen, bis hin zum Tod eben wegen dieser Lehre. Etwa 300 Jahre lang (!) versuchte man, dieser mißlichen Religion Herr zu werden, mit Verfolgung, Verrat und Gewalt.

Als man erkannte, daß diese Mittel nicht ausreichten, das Vordringen des Christentums zu stoppen, griff man zu einer uralten List (Machiavelli läßt grüßen): Wenn du einen Feind nicht schlagen kannst, verbrüdere dich mit ihm! Der römische Kaiser Konstantin selbst (!) leitete im Jahre 325 das Konzil von Nizäa und gründete die Strukturen der Staatskirche.

381 auf dem von Kaiser Theodosius (!) einberufenen Konzil wurde das "Staatschristentum" zur ausschließlichen Staatsreligion im römischen Reich. Diese Strukturen haben sich über alle Widrigkeiten bis heute erhalten.

Die Gesinnungswächter dieser Staatskirche haben über Jahrhunderte mit allen Mitteln dafür gesorgt, daß die ursprüngliche Lehre nicht wieder zum Leben erweckt werden konnte. Abweichler wurden mit allen militärischen und geheimdienstlichen Möglichkeiten von Staat und Kirche einfach ausgerottet, alte Schriften sofort als Ketzerei gebrandmarkt und auch tatsächlich verbrannt, das Lesen solcher nicht autorisierten Schriften führte (nach offizieller Lesart) direkt über die Exkommunikation in die Hölle. So schlimm ist es heute zwar nicht mehr, jedoch ist die Problematik unverändert.

Trotz all dieser weltlichen Entwicklungen haben sich gerade innerhalb dieser Kirche über all diese Zeiten Menschen von der Botschaft des Evangeliums begeistern lassen - auch wenn sie oft nach Außen nicht in Erscheinung treten durften und nach Innen oft nichts als Schwierigkeiten hatten. Die sogenannten „christlichen Mystiker". Diese Menschen haben letztlich dafür gesorgt, daß der wahre Kern der Lehre über all diese Einflüsse weitgehend unbeschädigt geblieben ist.

Nicht zuletzt deshalb, weil Machtmenschen aufgrund ihrer Denkstrukturen gar keinen Zugang zu dieser Botschaft haben und den Inhalt somit tatsächlich gar nicht verstehen können.

Unsere heutige, säkularisierte Welt hat jedoch mittlerweile andere, subtilere Methoden der Machterhaltung entwickelt. Religion insgesamt wird bestenfalls als Privatsache betrachtet, religiöse Großorganisationen fungieren als soziale Ausputzer und stabilisieren mit ihren subtil modifizierten Lehren immer noch - wie bisher - das vorherrschende System. (Dies gilt übrigens nicht nur für christliche Religionen).

Man hat „Religion" gespalten, neue Religionen dazuerfunden - die Etablierten nennen diese dann „Sekten" und man hat für die besonders intellektuellen Zweifler noch stramme Ideologien entwickelt - alles für den noch besseren Machterhalt.

Dualität und Polarität

Bevor es jetzt ans "Eingemachte" geht, ist dringend eine ausführliche Definition von Dualität und Polarität erforderlich. Das ist deshalb von so großer Bedeutung, weil uns von Kindesbeinen an das duale Denken eingetrichtert wird - und das nicht ohne Grund!

In der esoterischen Szene wird Dualität und Polarität auch zumeist irgendwie gleichbedeutend gehandelt.

Und genau das bedeutet schon, den Kern für eine duale Betrachtung der Welt einzupflanzen, damit die volle Bedeutung von Polarität schon gar nicht mehr hinterfragt wird!

Deshalb bedeutet "Eins sein" die Überwindung - nein nicht die Überwindung, sondern die Integration von Polarität. Was aber ist der Sinn und das Wesen der stets spannungsgeladenen Polarität?

Z.B. in einer Batterie: Sie enthält einen Pluspol und einen Minuspol und ist doch Eins. Aus der richtigen Art und Weise, die polaren Eigenschaften zu nutzen, entstehen positive Wirkungen: Die Taschenlampe leuchtet, der Fotoapparat funktioniert, das Radio spielt Musik.

Wird die Polarität falsch benutzt, wie z.B. im Falle eines Kurzschlusses, so entsteht Zerstörung: Die Batterie wird heiß, womöglich explodiert sie, oder durch die Hitze entsteht Feuer. Übrigens, auch Sprengsätze werden gerne so gezündet..... und was ist Sprengstoff? Wieder begegnet uns die Polarität, die auch hier kurzschlußmäßig wirkt.

Es ist also zwingend notwendig, zu lernen, wie man mit Polarität richtig umgeht. In aller Regel ist hierzu eine bewußte Kontrolle und Steuerung notwendig, die der jeweiligen Art von Polarität angepaßt sein muß.

Polarität erzeugt Spannung zwischen Polen von gleicher Art: elektrische, magnetische, soziale, mechanische etc. Ohne Polarität gäbe es nicht mal ein Fuzzelchen Materie.

Polarität wird häufig mit Dualität verwechselt. Dualität bedeutet: eine Zweiheit bildend, in voneinander unabhängiger Gegensätzlichkeit. Im philosophisch-religiösen Bereich ist es die Lehre von zwei unabhängigen ursprünglichen Prinzipien im Weltgeschehen: Gott-Welt, Leib-Seele, Christ-Antichrist usw. Im Unterschied hierzu sind Polaritäten nie voneinander unabhängig.

Dualität ist der Kern der westlich-logisch „wissenschaftlichen" Weltanschauung, die auch unsere heutige deterministische Wissenschaft und unsere digitalen Rechenmaschinen mit ihrer 0 oder 1 Logik hervorgebracht hat, mit logischerweise stets reproduzierbaren Ergebnissen.

Es gibt aber auch eine ganz andere Möglichkeit der Weltsicht: Die chinesische Philosophie des Tao, dessen Wesen im dynamischen Wirken von Yin und Yang aufscheint und deshalb nicht in einem feststehenden Begriff definiert werden kann. Yin und Yang sind keine Dualität, sondern in steter Wechselbeziehung dynamisch wirkende Polarität. Es gibt hier deshalb auch keine dualistische Logik, sondern schon eher Fuzzy-Logik, bzw. entsprechend der Chaos-Theorie wirkende dynamische, „fließende" Wirkungsfelder bzw. Wirkungsräume, die aus vergleichbaren Ausgangsbedingungen eben nicht immer zum gleichen Ergebnis kommen, sondern stets "Ergebnisfelder", die durchaus mehrdimensional sein können, als "Output" anbieten.

Unser dualistisches Denken läßt uns jetzt fragen: Welche dieser beiden Theorien ist richtig und welche ist falsch?

Tatsächlich lassen sich in der Praxis - wie bei der Quantenphysik auch - beide Theorien als richtig nachweisen. Je nachdem, wie man es betrachtet und mehr oder weniger unbewußt Randbedingungen beeinflußt, kann man Ergebnisse der einen oder der anderen Art erhalten. Wie in der Quantentheorie sind stets beide Möglichkeiten "richtig". Religionsphilosophisch sehe ich zwei Ur-Polaritäten: die Polarität zwischen Geist und Materie sagen wir mal als "vertikale" Polarität, welche die Schöpfung insgesamt antreibt und die "horizontale" Polarität männlich - weiblich, die innerhalb des Systems die Spannung für die Fortentwicklung (Evolution) bereitstellt. Beide Polaritäten haben ihren Ursprung im göttlichen Logos - oder auch im Tao- wodurch der Wahrscheinlichkeitsraum für die mögliche Entwicklung vom Anfang her angelegt ist.

So kann man auch das sogenannte "Keltenkreuz" interpretieren, mit dem Kreis für den göttlichen Einheits-Ursprung und den beiden Kreuzbalken für die horizontale und vertikale Polarität, die sich in der zunehmenden Balkenbreite auch noch dynamisch entwickelt.

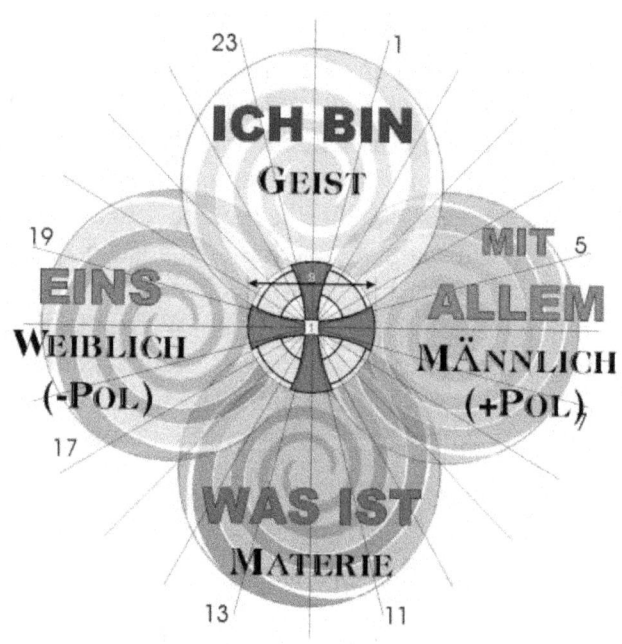

Dieses Symbol ist oft auch noch mit einem Umkreis versehen, der das Ziel darstellt: die nach den "Geburtswehen" wieder erreichte Einheit im Geiste - auf der entsprechend angehobenen Entwicklungsstufe.

Die Polarität von Plus und Minus wie auch die magnetische Polarität bringen reale, physische Spannung und Energie hervor, sie hält als elementare Urkraft die Materie überhaupt am Sein.

Die Polarität von Geist und Materie bringt Leben hervor. Es ist deshalb unsinnig, von der "guten" Spiritualität und der "bösen" Materie zu sprechen. Die komplexe Polarität von Männlich-Weiblich bringt neues Leben in diese Welt...

Dualität wie z.B. von Gut und Böse bringt keine wirklich nutzbare Energie hervor - nur Haß, Krieg und Mord und Totschlag. Sie ist eine Illusion, oder wie Buddha sagt: Maya. Sie ist immer relativ. Was für den einen gut ist, kann ein anderer gleichzeitig durchaus als böse einstufen.

Grundsätzliches zum Thema Religion

Nicht „zufällig" haben sich Religionen so entwickelt, wie sie heute sind. Sie sind von Beginn an ein Werkzeug der „Mächtigen". Nachdem es gelungen ist, die ursprüngliche ganzheitliche Spiritualität der Megalithkultur und ihrer Nachfolger zu zerstören, war die Bühne frei für „zweidimensionale" Experimente.

Besonders gut sichtbar im Weltbild des Spätmittelalters, das war (und ist immer noch ziemlich verbreitet und real existent) geprägt von turmhohen Idealen (sichtbar in der Gotik / Spätgotik) und abgrundtiefem Mißtrauen und Machtstreben (Inquisition). Ein duales, schwarz-weißes Weltbild, das trotz hoher Ideale viel Unheil in sich birgt. Schwarz-Weiß-Denken ist eindimensionales, lineares Denken in einem Umfeld, das tatsächlich und objektiv feststellbar ein zumindest dreidimensionaler Farbraum ist, mit nahezu unendlichen Möglichkeiten.

Die reale Welt ist somit zwingend darstellbar als ein „Farbraum", in dem alle Übergänge und Zustände zwischen Schwarz und Weiß vorkommen können. Schon das Denken in Graustufen ist ein gewaltiger Fortschritt gegen 0 oder 1. (siehe auch Fuzzy-Logic, Fraktale Systeme, Chaos-Theorie). Der Farbraum hingegen bietet Möglichkeiten von 0 bis an die Grenzen der Unendlichkeit - aber immer noch in der Spannweite von strahlendem Licht bis zur abgrundtiefen Finsternis, der Abwesenheit jeglichen Lichtes.

Das ganzheitlich non-duale Denken ist ein mehrdimensionales Denken. Dies scheint mir auch der Grund zu sein, warum wir uns so schwer tun, umzudenken, zu begreifen und anzuwenden. Obwohl es die uns umgebende Wirklichkeit sehr viel besser abbildet. Es braucht zwingender Weise eine entsprechende Veränderung in unserem eigenen Bezugssystem, das in unserem Bewußtsein zuerst realisiert werden muß, denn wir leben derzeit in einem eindeutig dualen monotheistischen Weltbild mit einer streng hierarchisch organisierten

Struktur. Das betrifft hauptsächlich das Christentum, den Islam und die jüdische Fraktion. Und natürlich auch die Anhänger des Mammon. Allen diesen gemeinsam ist eine Schieflage in der Betrachtung der tatsächlichen Zusammenhänge zum Zwecke des Machtgewinns an sich und der Unterdrückung des weiblichen Elements. Diese Sichtweise brachte uns gleichzeitig ein ebenso strukturiertes imperiales Herrschaftssystem. Darüber kann auch unsere derzeit vorgegaukelte "Demokratie" nicht hinwegtäuschen.

So um die Zeitenwende (!) hat sich die imperiale Idee mit ihrem eher als krankhaft einzustufenden Macht- und Egowahn durchgesetzt. Seither wird "Religion" im heutigen Sinne eindeutig machtstabilisierend eingesetzt, indem man "Dem Göttlichen" ein imperiales Gewand umgehängt hat. Die ganzheitlich integrierte, non-duale Weltsicht - die heute sogar von der Wissenschaft mehr und mehr bestätigt wird - hat sich so um 600 v.u.Z. global Ausdruck verschafft: Lao Tse, Gauthama Buddha, die vedischen Schriften und in Europa das ganzheitlich integrale Weltbild der Kelten, wie es sich allein schon durch die Einheit von dieser Welt und der Anderswelt ausdrückt. Der Höhepunkt dieser Phase war wohl so zwischen 400 und 200 v.u.Z.

Mit der Schlacht in Alesia (52 v.u.Z. / Südfrankreich) sind "die Kelten" dem römischen Imperium unterlegen - und Europa fiel für nahezu 2000 Jahre in eine finstere Zeit von Unterdrückung und Ausbeutung, was bis heute immer noch andauert. Hier muß ich hervorheben, daß das nicht nur eine theoretische Auseinandersetzung ist - nein, es ist eine gänzlich andere Denkweise, in die man sich als "Dual" trainierter Angehöriger (um nicht zu sagen "Sklave") des Imperiums nur schwer hineindenken kann.

Das sollte man sich bewußt machen. Aus dieser ganzheitlichen Sicht nun gibt es einen nicht näher beschreibbaren, aber ganz selbstverständlich immer und überall vorhandenen Urgrund des Seins, der "Alles was Ist" umfaßt.

LaoTse nennt es "Das Wesen, das nicht genannt werden kann"

Einen "Gott" oder "Götter" gibt es in der ganzheitlich non-dualen Weltsicht nicht.

Der Mensch ist somit auch Ausdruck des Göttlichen in seiner Entwicklung, in seinem Ausdruck in das/die materielle(n) Universum(-sen). Und "Der Mensch" als Mann und Frau spiegelt auch fraktal die Urpolarität wieder. Erst beide zusammen ergeben wieder "Eins". Dann geht der Prozeß ganz ähnlich weiter wie bei einer befruchteten Eizelle: "Es" teilt und befruchtet sich immer weiter, schlußendlich in Abermilliarden "Teile", ist aber insgesamt immer der oder dasselbe - EINS.

Eine befruchtete Eizelle enthält ja auch schon die ganze Information zu dem zu verkörpernden "Wesen", diese Information enthält schlußendlich jede Zelle eines lebendigen Organismus, und der dann entstandene "Mensch" besteht auch aus Milliarden von Zellen, die allesamt "Er-selber" sind und es auch "wissen". Es entstehen Strukturen und Organe und und und.....

So entsteht auch das "Universum" mit Strukturen, Galaxien, Sonnensystemen und und und....

...und es ist immer noch EINS - Mit Allem, was es IST. "Alles" enthält immer einen fraktalen Teil von "Ur-Bewußtsein". Das bedeutet, es gäbe ohne diese Ur-Polarität nicht einmal ein Stück Materie. Und deshalb sehe ich in der Polarität die eigentliche "Antriebskraft" im Universum. Daraus ergibt sich auch logisch die ursprüngliche Trinität: Zwei Pole können ohne einander nicht existieren; sie bilden zwingend ein "Ganzes". Folgt man diesem Gedanken, das muß man sich "nur" bewußt machen - es gibt immer einen Zugang zum "Ur-Bewußtsein"!

Der ist "In Uns" angelegt - wir müssen ihn nur Wahr-Nehmen. Diese Betrachtung zeigt auch, daß "echte" Polarität dadurch definiert ist, daß die jeweiligen Pole gar nicht ohne einander existieren können. Es ist also eine absolute Abhängigkeit gegeben. Das ist etwas ganz anderes als Dualität, die häufig mit Polarität verwechselt wird.

Dualität ist künstlich aufgebaut, eine relative Betrachtungsweise wie z.B. Gut und Böse. Dualität hat aber keine echte Abhängigkeit von einander, d.h. "Die Guten" können durchaus ohne "Die Bösen" existieren - und umgekehrt. In der Dualität kommt es daher immer auf den subjektiven Standpunkt an, sie ist also immer relativ.

Der historische Werdegang des Imperiums

Der historische Werdegang des heutigen „Imperiums" begann vor etwa 2500 Jahren. Parallel zum historischen Werdegang des „Imperiums" verbreitete sich auch eine spirituelle Entwicklung, die deutlich hin zum ganzheitlich non-dualen Denken ging.

Was sehr deutlich in den indischen Veden, bei dem Chinesen LaoTse, in der alten Theologie von Memphis der Ägypter und eben auch bei den keltischen Druiden zum Ausdruck kam. Voraussetzung dafür ist allerdings, daß das individuelle Ego unter die Kontrolle des "höheren Selbst" kommt.

Warum hat nun ausgerechnet das „Imperium", heute auch bisschen verkleidet als „Neue Weltordnung" propagiert, weltweit einen umfassenden Siegeszug geführt? Es ist die gezielte Konditionierung des Ego und seine krankhafte Überentwicklung bis hin zum Satanismus, der ja nichts anderes ist als die Vergöttlichung des Ego.

Die letzte große, elementare Auseinandersetzung des Imperiums mit der ganzheitlich non-dualen Fraktion ging vor etwa 2000 Jahren in Alesia (Südfrankreich) verloren – der Bello Gallico – der Gallische Krieg. Vordergründig Cäsar gegen Vercingetorix....

Wie es aussieht, hatten die Kelten mit dem Ende der Hallstatt-Zeit ihre hierarchischen Sonnenfürsten abgesetzt (Die mit den Prunkgräbern) und ein dezentrales System mit Gewaltenteilung installiert. Der jeweilige regionale „Fürst" als Exekutivgewalt mußte sich die Führung mit seinem Druiden teilen. Das wurde dann auch von den Druiden europaweit koordiniert.

Es gab in der Hochzeit der Kelten - immerhin etwa 300 Jahre - kein einziges keltisches Königreich. Das einzige, relativ spät gegründete war das Norikum, die haben aber auch die keltischen High-Tech-Waffen an die Römer verkauft. Es ging also sehr, sehr knapp aus, gegen das Imperium, die Kelten haben nicht verloren, weil sie militärisch unterlegen gewesen wären - es war die imperiale Idee, welche inzwischen die keltischen Strukturen wohl ebenso wie die slawischen "angefressen" hatte. Auch die Kelten waren zu diesem Zeitpunkt schon infiziert.

Die regionalen Führer konnten nämlich durch die Zusammenarbeit mit dem Imperium SELBER einen absolutistischen Machtanspruch für sich gewinnen! Und obendrein entfiel die Teilung der Macht mit dem Druiden. Das Verbot des Druidentums war deshalb eine der ersten Amtshandlungen Cäsars nach dem gewonnenen "Gallischen Krieg"!!

....seither dominiert die "Imperiale Idee" und der Egowahn....

Ach ja, die Archäologen haben es auch schwer, mit den „Alten Kelten" - Ganzheitliche Spiritualität braucht weder Tempel noch Altäre. Und übrigens, es gibt bis heute noch nicht einen Grabfund, von dem man sagen könnte: Hier ist ein Druide begraben!

Hand in Hand mit diesem Geschehen entfaltet sich die Entwicklung von organisierter "Religion", nicht nur das "Christentum" wurde an die imperiale Idee angepasst, die Dualität vom „guten Gott" und „Bösem Teufel" wurde fest installiert. Die weibliche Komponente wurde massiv unterdrückt und die „materieferne Spiritualität" eingeführt. Wer hochspirituell ist, interessiert sich nicht für so was banales wie die „böse" Materie oder gar Geld.....

Als dann die Kelten in den Hintergrund der Geschichte traten, haben sich die "Germanen" der imperialen Idee verschrieben und diese perfektioniert. Das „Heilige Römische Reich Deutscher Nation" wurde dann an die "Herren des Geldes" verkauft. ...und da stehen wir heute noch!

Den Stand der keltischen Technologie haben wir auch erst seit etwa 200 Jahren wieder erreicht. Kulturell sind wir noch sehr, sehr weit zurück. Es ist sehr mühsam, da an Informationen ranzukommen, denn es gibt da eine Organisation, die seit fast 2000 Jahren alles vernichtet, was ihr diesbezüglich in die Finger kommt.

In der "Religionsfrage" haben sich die Kelten noch viel länger mit der r.k.-Kirche auseinandergesetzt, bis etwa 800! Da gab es in Salzburg den letzten keltischen "Bischof", den natürlich die r.k.-Kirche jetzt auch als "Heiligen" verehrt: Virgil.

Das keltische Christentum hatte noch die ganzheitlich non-duale Auffassung der Lehre Jesu - ohne Altes Testament. Heute versucht man uns weiszumachen, daß der Streit um die Tonsur und den Termin des Osterfestes ging.....

Dafür hätte man nicht so viele Menschen umbringen müssen.

Die nachfolgende Zeittafel soll einen Überblick geben, wie sich diese „Macht" besonders in den letzten 2000 Jahren immer stärker ausgebreitet hat.

Zeittafel

Hier möchte ich einen geschichtlichen Überblick über scheinbar unabhängig voneinander eingetroffenen Ereignissen, Entscheidungen und Entwicklungen geben, die jedoch insgesamt einen „roten Faden" ergeben, wenn man das ganze mal analytisch betrachtet.

Ab etwa 5000 v.u.Z - Megalithkultur in Europa, bis etwa 1000 v.u.Z. also in einer Zeit vor dem Frühmittelalter, als die Indogermanen (damals Arier) aus Asien nach Europa kamen und sich mit den sog. Alteuropäern vermischten.

Unsere Vorfahren, die Megalithen und andere Kraftplätze auf den unsichtbaren Pfaden errichteten, mussten also ein enormes Wissen in Astronomie, Vermessungskunde und Spiritualität gehabt haben, ohne dabei auf moderne technische Hilfsmittel zugreifen zu können. Wie das geschah, auch im Hinblick auf die Entstehungsweise der Pyramiden von Gizeh, beflügelt die Fantasie der Menschen mehr denn je. Die Etrusker, Römer, Kelten und Germanen schöpften aus der Geomantie, dazu zählen Leylinien, ihr Wissen um Kultorte, Stadtgründungen und Heilplätze.

Sie war eine der höchsten Formen ihrer Kultur. Zwar mögen unsere Vorfahren auf der einen Seite primitiv gewesen sein, auf der anderen Seite aber war ihr Bewusstsein, ein Teil der Erde zu sein, wesentlich ausgeprägter, als es die Menschheit heutzutage aufweist.

Ausgenommen die indigenen Völker, die jahrtausendealtes Wissen bis in die Neuzeit übernommen haben und immer noch pflegen.

Gesellschaftsform: Das Matriarchat im Besonderen eine Zeit der Ur- und Frühgeschichte war, in der vor allem Frauen kulturschöpferisch und -prägend waren, aber nicht vergleichbar mit den Patriarchen geherrscht haben.

Um 1000 v.u.Z.

> Die Theologie von Memphis ist die früheste bekannte Theologie, die auf dem Prinzip des Logos beruht, der Schöpfung durch das Wort und die Rede. Ptah erschuf den Sonnengott durch sein Wort. Eine Vorstellung, die sich auch im Alten Testament wiederfindet: "Und Gott sprach: Es werde Licht! Und es ward Licht" (1. Mose 1,3).
>
> Der Gedanke des Logos findet sich auch im Neuen Testament im Prolog des Johannesevangeliums: "Im Anfang war das Wort und Gott war das Wort" (Joh. 1,1-3).

Frauen nahmen ganz selbstverständlich am öffentlichen Leben teil, sie übten einen Beruf aus, konnten ihren Verdienst uneingeschränkt behalten, waren in der Erbhierarchie gleichberechtigt und hatten die volle Verfügungsgewalt über ihr Vermögen. Aus vielen Papyri und Ostraka geht hervor, dass Frauen auch hohe Ämter im Palast und im Tempel bekleideten, sich als Hofbeamtinnen, in unmittelbarer Umgebung des Herrschers aufhielten oder die religiösen Zeremonien leiteten.

Um 600 v.u.Z.

> Entstehung und Verdichtung der wesentlichen spirituellen Lehren der Welt. Buddha, LaoTse, Konfuzius, Pentateuch (die erste Buchreligion), die vedischen Schriften, die keltisch-druidischen Lehren
>
> Die ältesten tatsächlich überlieferten Lehren sind aber zumeist mindestens 1000 Jahre älter

Auffällig: Nur die mosaischen Schriften stellen die Frau deutlich unter den Mann. Die Zehn Gebote verlangen, unter anderem, die Einhaltung des Sabbats (5. Mose 5,14): "Aber am siebenten Tag ist der Sabbat des Herrn. Da sollst du keine Arbeit tun, auch nicht dein Sohn, deine Tochter, dein Sklave, deine Magd, dein Rind, dein Esel, all dein Vieh." Fällt euch etwas auf? - In dieser Aufzählung fehlt die Frau! Sie darf natürlich arbeiten, schliesslich wollen der Mann und seine Knechte auch am Sabbat bewirtet werden. Die unterdrückte Frau braucht keinen Ruhetag. Sie steht sogar noch niedriger als der Sklave - in Gottes Aufzählung.

Frauen werden in orthodoxen Synagogen nicht zum Minjan (die Mindestzahl von 10 Erwachsenen die dem Gottesdienst den Charakter eines öffentlichen Gemeindegebetes verleiht) gezählt; sie sitzen dort von den Männern separiert in den hinteren Reihen, hinter einem Vorhang oder einer Wand, manchmal auf einem Balkon. Begründet wird diese Separierung mit der "Ablenkungsgefahr" der Männer durch den "erregenden" Anblick von Frauen.

51 v.u.Z.

Ende des Gallischen Krieges, Cäsar gegen Vercingetorix, Unterwerfung der letzten freien Kelten auf dem Festland.

Die Eroberung Galliens war nicht nur ein kriegerisches, sondern auch ein gigantisches wirtschaftliches Unternehmen.

In den Commentarii" ist davon kaum etwas zu lesen. Die publicani, die römischen Großunternehmer, kommen nur ganz am Rand vor. Dabei hätte Caesars Armee – im Wortsinn – keinen Schritt ohne diese tun können, denn sie waren auch für die Heereslieferungen verantwortlich. Viele von Caesars Geschäften liefen über sie, und diese Geschäfte waren erfolgreich, auch wenn wir nur das Ergebnis sehen können. Caesar ging in den Krieg als größter Schuldner Roms, und er verließ ihn als größter Gläubiger!

60 - 100	Niederschrift der 4 Evangelien, Entwicklung des Christentums (die zweite Buchreligion)
um 150	Marcion wollte die jüdische Bibel um 150 aus der christlichen Bibel ausschließen und nur ein vom Judentum „gereinigtes", reduziertes NT anerkennen. Christus vertrete daher den Gott der Liebe, welcher die Menschen von der Herrschaft dieses Gottes des Gesetzes befreit.
	Allein der Glaube an den Gott der Liebe sei zur Erlösung notwendig.
	Ab dieser Zeit wandte sich das sich entwickelnde römische Christentum wieder verstärkt dem jüdischen „Alten Testament" zu. Das Jesusverständnis des Koran soll marcionitisch beeinflusst sein.
160 - 220	Tertullian - Früher christlicher Schriftsteller beschreibt u.an die ewige Höllenstrafe für Ungläubige

217 - 222	Papst Calixt I. beansprucht die Vorherrschaft des Bischofs von Rom, Einführung des „Generalablasses" - natürlich ohne Buße
313	Mailänder Vereinbarung, Kaiser Konstantin der Große hebt das Verbot des Christentums auf, Eusebius von Cäsaräa verfasst eine erste ausführliche Kirchengeschichte
325	Konzil von Nicäa Verurteilung des Arianismus: Der Arianismus besagt, der Vater allein ist Gott! Das Erste Konzil von Nicäa wurde vom römischen Kaiser Konstantin I. im Jahr 325 in der kleinen Stadt Nicäa bei Byzantion (heute Istanbul) einberufen, um den in Alexandria ausgebrochenen Streit über den Arianismus zu schlichten. Teilnehmer waren zwischen 200 und 318 Bischöfe, die fast alle aus dem Osten des Reiches kamen, damit der Streit um das Wesen Jesu und die Trinität beendet werde, da Konstantin das Christentum als stabilisierenden Faktor seines Kaisertums zu benutzen gedachte. Das Konzil endete mit dem (vorläufigen) Sieg der Gegner des Arianismus und der Formulierung des nicänischen Glaubensbekenntnisses, obwohl die arianischen Bischöfe in der Mehrzahl waren. Denn als der Kaiser die Diskussion damit beendete, dass „der Sohn eines Wesens mit dem Vater" sei, gaben alle Bischöfe, die anderer Meinung gewesen waren, dem Wort des Kaisers nach, der sich als „Bischof der Bischöfe" bezeichnete......

350 Lateran

Von welchem Zeitpunkt an der Lateran die Residenz der römischen Bischöfe war, ist in der Forschung bis heute umstritten. Er lag gleich neben dem Kaiserpalast, der in Teilen in der Kirche Santa Croce in Gerusalemme weiterexistiert. Von den drei konstantinischen Großkirchen lag die Lateranbasilika innerhalb der Stadtmauern und diente somit als Kathedrale. Die Lateranbasilika ist immer noch „Mutter und Haupt aller Kirchen der Stadt Rom und des Erdkreises". Neben der Kirche befand sich bis 1309 der Palast des Papstes

381 Konzil von Konstantinopel

Beschluss: Heilige Dreifaltigkeit, auch der heilige Geist ist Gott

391 Theodosius I. Das Christentum wird Staatsreligion im Römischen Imperium

410 Alarich I.

Die Westgoten plündern Rom, die Macht schwindet.

416	Synode von Karthago Die Lehren des irischen Theologen Pelagius wurden mit seinen gesamten Schriften verboten. Pelagius lehrte als Keltenchrist, daß es keine Erbsünde gibt und daß Satan eben nicht Gegenspieler" Gottes ist. Auch vertrat er die Meinung, daß der Mensch selber religiöse Irrtümer erkennen könne. Pelagius wurde 417 exkommuniziert und verstarb um 418. Der Pelagianismus lehrt, dass die von Gott stammende menschliche Natur auch göttlich ist. Die Auseinandersetzung mit dem Pelagianismus dauerte noch bis 431!
431	Konzil von Ephesos Maria wird zur Gottesgebärerin ernannt. Christus ist per Definition wahrer Gott und wahrer Mensch
432	Patrick beginnt sein Wirken in Irland - und findet bereits ein ausgeprägtes keltisches Christentum vor!
650 - 656	Der Koran wird verfasst. (die dritte Buchreligion) Also 18 bis 24 Jahre nach dem Tod Mohammeds zur heutigen Ganzschrift des Koran zusammengestellt. Der Kalif Osman ließ alle sonstigen Versionen des Koran verbieten. Diese „heilige Schrift" kreist auch um die mosaische Theologie und wird anfänglich als christliche Härsiebetrachtet. Jesus wird 24-mal erwähnt, Maria 34-mal,

Mose 136-mal, Aaron 20-mal. In seiner Theologie kreist der Koran um die richtige Gottesauffassung und Christologie. Immer wieder wird betont, dass Allah der eine Gott ist, ohne Beigesellung, d.h. ohne Binität oder Trinität. Sure 112 z.B. betont: "Sag: Er ist ein Einziger, Gott, durch und durch, Er hat weder gezeugt, noch ist er gezeugt worden. Und keiner ist ihm ebenbürtig." Von Jesus wird im Koran gesagt, dass er nicht Gottessohn, sondern Messias, Knecht Gottes, Gesandter und Prophet ist (z.B. Sure 4,171): "Christus (wörtlich: der Messias) Jesus, der Sohn der Maria, ist nur der Gesandte Gottes. Gott ist nur ein einziger Gott. Er ist darüber erhaben, ein Kind zu haben".

Männer und Frauen sind vor Gott beide gleich und deshalb auch gleichberechtigt, sagt der Koran. Doch weil Mann und Frau sich körperlich unterscheiden und deshalb verschiedene Stärken und Schwächen haben, hat Gott ihnen laut Koran unterschiedliche Aufgaben zugeteilt. Die Rechte des einen ergeben daher nach der Lehre des Korans auch die Pflichten des anderen und umgekehrt.

So die Theorie - aber schon die „Praxistipps" ergeben deutlich den Vorrang des Mannes vor der Frau - Gewalt gegen Frauen - „Schlagt die Widerspenstigen... " Die Männer haben Vollmacht und Verantwortung gegenüber den Frauen, weil Gott die einen vor den anderen bevorzugt hat und weil sie von ihrem Vermögen (für die Frauen) ausgeben. Die rechtschaffenen Frauen sind demütig ergeben und bewahren das, was geheimgehalten werden soll, da Gott es geheimhält. Ermahnt diejenigen, von denen ihr Widerspenstigkeit befürchtet, und entfernt euch von ihnen in den Schlafgemächern und schlagt sie "Wenn sie euch gehorchen, dann wendet nichts Weiteres gegen sie an. Gott ist erhaben und groß."

Sure 4,34

664 -	Synode von Whitby - der Iroschottische Ritus wird abgeschafft
750 - 784	Virgil von Salzburg wußte noch, daß es Antipoden gibt und die Erde eine Kugel ist. Er kam 743 aus Irland. Virgil war ein bedeutender Gelehrter, wobei vor allem seine Kenntnisse in der Theologie, Philosophie, Geschichte, Astronomie und Mathematik hervorstachen. Wegen seiner geografischen Kenntnisse besaß er den Beinamen Geometer.
	Letzter Keltenchrist im Amt. Er führte Salzburg zu großer wirtschaftlicher und kultureller Blüte!
10. bis 11. Jht.	Älteste überlieferte Texte des hebräischen Pentateuch (5 Bücher Mose)

1096 - Erster Kreuzzug

bis 1270 folgen sechs weitere

1139	Zweites Laterankonzil - Einführung des Zölibats
1517	Luther Thesenanschlag, Reformation und Gegenreformation

Zur Stellung der Frau im Christentum:

Martin Luther (1483-1464): "Ob sie (die Frauen) sich aber auch müde und zuletzt zu Tode tragen, dass schadet nichts, lass sie nur zu Tode tragen, sie sind darum da. (...) Will die Frau nicht, so komme die Magd."

Kirchliches Gesetzbuch 1917: Weibliche Personen dürfen auf keinen Fall an den Altar treten und dürfen nur von ferne antworten." Also auch nicht besser als im Islam oder bei den Juden. Klar, ist ja alles dieselbe Quelle.

1495 - 1525 Jakob Fugger - Beginn der Herrschaft des Mammon

Jakob Fugger war der bedeutendste Kaufherr, Montanunternehmer und Bankier Europas. Dennoch wäre der Höhenflug Jakob Fuggers nicht möglich gewesen, hätte es nicht einen Umbruch in der politischen Landschaft der Alten Welt gegeben.

Zu seinen Lebzeiten stiegen die Habsburger zu einer europäischen Großmacht auf. Um diesen Aufstieg zu finanzieren, brauchte die Dynastie Kapital und Waffen.

Beides lieferte ihnen der Augsburger. Und zwar in einem Maße, dass die Existenz der Firma auf dem Spiel stand. Hätte eine verunglückte Kugel Kaiser Maximilian oder später Karl vom Pferd gerissen, hätte das leicht das Aus für das Haus Fugger bedeuten können. Doch es kam anders.

So gehört eben auch ein Quentchen Glück dazu, ein solch gigantisches Vermögen aufzubauen. Am Ende machte das Geld den Banker mächtiger als den Kaiser. So mächtig, dass er ihm sogar ein Mahnschreiben schicken konnte.

1618 bis 1648 Dreißigjähriger Krieg

Ein angeblicher „Glaubenskrieg", dem etwa 1/3 der europäischen Bevölkerung zum Opfer fiel.

Was ist los in der Welt?

Zweifellos wird das Geschehen in der heutigen Welt durch unser Finanz- und Wirtschaftssystem dominiert. Egal was zur Entscheidung ansteht, wirtschaftliche Überlegungen stehen an allererster Stelle. Gerade jetzt, kurz nach dem Zusammenbruch der sozialistischen Systeme, gibt es in der Öffentlichkeit überhaupt keine Zweifel mehr, daß das vorherrschende System das "Absolute" ist. Wir sollten uns diese Wirtschaft einmal genauer ansehen. Z. B. die Erdölwirtschaft:

1 Barrel (159 l) Rohöl kostet derzeit ca. 50 Dollar,

d. h. 1 Liter Rohöl kostet ca. 30 Cent.

Nach der Raffinerie haben wir dann verschiedene Treibstoffe und Rohstoffe für weitere Veredelungsprodukte wie z. B. Kunststoffe und Chemikalien. Die Kosten für diese Raffinerie liegen bei weiteren ca. 7 Cent pro Liter. Das macht zusammen ca. 37 Cent. Wenn man nun eine im Handel gängige Kalkulation für Volumengüter zugrunde legt, dürfte Benzin knapp 55 Cent kosten. Um dieses Erdöl nun für diese geringen Kosten verarbeiten zu können, sind gewaltige Investitionen für Raffinerien notwendig. Um diese Investitionen wiederum einzubringen, rechnet man mit Abschreibungszeiträumen für solche Großinvestitionen von etwa 30 Jahren. Grob vereinfacht, würde eine Nutzungsdauer von nur 15 Jahren den Preis um weitere 7 bis 10 Cent je Liter erhöhen.

Ja, aber der Liter Superbenzin bleifrei kostet doch 1,30 EURO!

Tja, da haben wir noch was vergessen! Der Staat braucht auch Geld! Deshalb schlägt er nun etwa 60 Cent drauf. Das ist ein Steuersatz von mehr als 100%!! Keine Frage, der Staat braucht Geld. Aber sollte dabei nicht auch das Wohlergehen, die Gesundheit der Bürger und die Sicherung einer gesunden Zukunft bzw. überhaupt einer Zukunft im Vordergrund stehen? Wer sollte nun unter diesen

Umständen wirklich an alternativen Energien interessiert sein? Die riesigen Investitionen für alternative Energien sind weder für ein Wirtschaftsunternehmen noch für den Staat noch für die Parteien interessant, wie obiges Beispiel zeigt. Genauso ist es mit den Autos. Zwar weniger bei den Steuern, dafür um so mehr bei den Investitionen.

Deshalb haben wir auch gar keine Aussicht, schnell alternative Antriebskonzepte (Wie z. B. Solarenergie und solaren Wasserstoff) auf dem Markt zu haben, obwohl jede Technologie schon seit vielen Jahren (!) vorhanden ist, unsere Umwelt binnen 5 Jahren "sauber" zu haben. Wenn man nur 3% der Erdoberfläche mit Solar-Kollektoren ausrüstet, decken diese den gesamten Weltenergiebedarf!

Sicher, das kostet sehr viel Geld, aber leider ohne Aussicht auf schnelle Rendite. Ist Ihnen schon aufgefallen, daß wir in 10 Jahren annähernd 1.000 Milliarden EURO in den deutschen Osten gepumpt haben, ohne daß wirklich etwas dramatisches geschehen wäre? Neutral betrachtet hätten wir mit diesem Riesenbetrag genausogut unsere Umwelt sanieren können. Aber es bringt eben nichts ein, wenn man Donauwasser oder auch nur das Wasser aus dem Bach nebenan trinken kann - wir können ja schon nicht mal mehr ohne Erkrankungsrisiko drin baden. Also: Auch diese 1.000 Milliarden sind nur investiert worden, weil man sich wenigstens mittelfristig eine ordentliche Rendite erhofft. Sie können hinschauen, wo sie wollen, ohne Rendite läuft gar nichts. Erst wenn Sie etwa die Hälfte Ihres Einkommens dem Staat abgegeben haben, können Sie etwas ohne Rendite damit machen. Die Staatsquote (alles, was vom Durchschnittlichen (!) Bruttoeinkommen eines Bundesbürgers für "öffentliche Hände" abgeht) liegt mittlerweile knapp über 50%!

Es ist auch auffällig, daß im Rahmen unseres Wirtschaftssystems eine Firma, die ein Produkt herstellt, das nicht innerhalb von wenigen Jahren entweder altmodisch wird oder kaputt geht, gar nicht überleben kann. Das hat zur Folge - wieder das Beispiel Auto - daß die Fahrzeuge so hergestellt werden, daß der programmierte Verschleiß wie auch die sogenannte "Weiterentwicklung" einen ständigen Käufersog erzeugen. Würde der mal nur zu 30% ausfallen, die Firma wäre innerhalb weniger Monate pleite. Dies gilt genauso für die Unterhaltungselektronik, die Rechnertechnik und die Informationstechnik. Diese Art zu wirtschaften vernichtet völlig sinnlos Unmengen wertvoller Rohstoffe.

Es ist also Tabu, irgendeinen Bedarf am Markt mal grundsätzlich zu befriedigen. Das geht so weit, daß eine Massenkarambolage auf der Autobahn - mit viel Blechschaden und Verletzten -sich positiv auf das Bruttosozialprodukt auswirkt, obwohl so ein Unfall sicher eine deutlich negative Sache für alle an diesem Unfall Beteiligten ist. Auch der Einsatz von Gentechnik in der Weise, daß Nutzpflanzen nicht im Sinne der Verbesserung der Pflanze an sich weiterentwickelt werden, sondern resistent gegen Unkrautvernichtungs-mittel der Gentechnikfirma gemacht werden, zeigt diesen Trend.

(Ein Biobauer, der selbst verbessertes Saatgut auf herkömmliche Weise gezüchtet hatte, darf dies nicht mal verkaufen!!! Er ging sogar vor Gericht - und hat verloren). Wir sehen also, dieses System der Dinge, wie wir es gerade haben, ist ganz sicher nicht von der Fürsorge für das Leben auf unserem Planeten geprägt. Es ist auch nicht an den Menschen und ihrem Wohlergehen orientiert, sondern... nur und ausschließlich an Macht und Profit! Dies ist der ganz legale Teil des Spieles, denn das Spiel geht nicht nur um Geld, nein Geld ist nur ein "neutrales" Vehikel zur Macht. Die Macht steht so sehr im Vordergrund, daß es auch noch eine sagen wir mal - vorsichtig ausgedrückt - illegale Seite gibt. Diese äußert sich in den gewaltigen Geschäften mit Waffen, Rauschgift, Menschenhandel (Prostitution), Organhandel und auch den ganz "gewöhnlichen" mafiosen Unarten wie Raub, Betrug und Erpressung. Es läßt sich unschwer feststellen, daß das Gleichgewicht zwischen legalen und illegalen Geschäften präzise gesteuert ist.

Die Mittel hierzu: Innenpolitik, Wirtschaftspolitik und ganz besonders auch die Personalsituation bei der Polizei im Hinblick auf Qualifikation, Bezahlung und Personalstärke.

Aber damit nicht genug, auch die gesetzgeberische Seite achtet peinlich genau auf das "Gleichgewicht" (siehe auch die Absurdität eines Begriffes wie "Lauschangriff" !!!).

Die gesetzgebende Gewalt sollte eigentlich vom Volk ausgehen - über das Parlament, in dem sich die gewählten Vertreter des Volkes nach ihrem Wählerauftrag und ihrem Gewissen orientieren sollten. Auch hier wieder eine Mogelpackung. Die Diäten beispielsweise sind zwar für Otto Normalverbraucher scheinbar hoch. Jedoch, gemessen an Aufwand und Verantwortung sind sie im Vergleich zu Führungskräften in Wirtschaft und Industrie geradezu lächerlich gering. Der Chef einer Firma mit 5000 Beschäftigten bezieht beispielsweise nicht selten mehr als 500.000 EURO pro Jahr, plus Spesen und Dienstwagen mit Chauffeur. Da sind doch unsere Abgeordneten deutlich unterbezahlt.

Aber auch das hat seinen Sinn. Dieses Einkommensdefizit wird durch Aufsichtsrats- und Berater- und sonstige Pöstchen ausgeglichen, nicht selten deren 10 und mehr. Das ist auch der Grund, warum Abgeordnete stets ablehnen, ihr Einkommen offenzulegen. Zieht man dann noch den Fraktionszwang und die Zusammensetzung unseres Parlaments hinzu, so kann man mit Sicherheit davon ausgehen, daß die Interessen der allgemeinen Bevölkerung so gut wie gar nicht vertreten werden, ja prinzipbedingt gar nicht vertreten werden können. Darüber hinaus kommt in unserem Parteiensystem keiner "nach Oben", der nicht die Gesinnungsprüfung der jeweiligen Partei besteht. Die Parteienstruktur, der Fraktionszwang und die Parteihierarchie sorgen dafür, daß tatsächliche Entscheidungen - so wirklich mal welche getroffen werden - nur von einer Handvoll Menschen getroffen werden.

Die anderen sind da nur Statisten, die ihrer Pfründe wegen einfach ihr Fähnchen in den Wind hängen.

Warum nun werden denn unsere Abgeordneten nicht so bezahlt, wie es ihrer Stellung als unsere obersten "Staatsmanager" entspricht? Die Unabhängigkeit und möglichst auch die Unbestechlichkeit unserer Abgeordneten müßte im Interesse der Allgemeinheit mindestens zu 99,9% sichergestellt werden. Selbst wenn wir die Diäten verfünffachen würden, das Geld wäre gut angelegt. Die Volkswirtschaft, also eben diese Allgemeinheit, bezahlt es ja über Schmiergelder und sonstige "Freundschaftsdienste" sowieso. Bloß gewinnen mit dieser Methode die falschen Leute Einfluß auf die Politik. Die Bürger zahlen nur - ohne irgend einen Einfluß daraus zu gewinnen.

Doch damit nicht genug, die wirklich Mächtigen im Hintergrund sorgen auch noch dafür, daß das Interesse an der Politik gar nicht erst aufkommt. Würden wir unser Grundgesetz tatsächlich ernst nehmen, wäre durchaus Einfluß zu nehmen, bis hin zur Veränderung ins Positive. Jedoch, ganz nach dem uralten Motto "Gebt dem Volk Brot und Spiele" wird mit gewaltiger Kraft- und Machtentfaltung der Normalbürger auf sich selbst und seine Konsumbedürfnisse hin zentriert.

Die Massenmedien sagen den Massen, was sie zu glauben haben - und (fast) alle Massenmedien sind in der Hand der Mächtigen. Die so erreichte Vereinzelung und Ego-Zentrierung der Menschen eröffnet wiederum gewaltige Geschäftsmöglichkeiten. Dienstleistungen, die früher einfach so in der Familie oder im Freundeskreis erbracht worden sind, werden plötzlich zu Milliardengeschäften (siehe Pflegeversicherung, Aktivurlaub, Unterhaltungs- und Freizeitindustrie).

Und nicht nur das, diese vereinzelten und auf sich selbst und ihre schnelle Bedürfnisbefriedigung getrimmten Menschen haben dann auch gar kein Interesse an so langweiligen Dingen wie Gemeinwohl oder Politik. Das bringt doch nichts (d. h. keinen sofortigen Lustgewinn, kein Geld).

Und die ausgesuchten Nachrichten der Massenmedien suggerieren unterbewußt ganz deutlich: Du Nachrichtenempfänger bist ein ganz, ganz kleines Licht und änderst sowieso nichts und wirst auch nie irgendetwas bewirken.

Diese außerordentlich clever und smart kombinierten Einfluß- und Steuerungsmöglichkeiten werden ganz besonders nachhaltig durch unsere sogenannte "Weltwirtschaftsordnung" stabilisiert. Deren Spielregeln haben sich jedoch auch nicht von Selbst oder durch Evolution entwickelt. Auch diese sind eine Erfindung der Mächtigen im Hintergrund. (80% des Weltkapitals befinden sich in der Verfügungsgewalt von nicht mehr als 350 Menschen).

Diese Regeln sorgen automatisch dafür, daß nichts gemacht wird, was sich nicht rechnet. So werden Rentabilität und Effizienz zum nahezu alleinigen Maßstab für alles Handeln. Abweichende Regeln werden von den Wirtschaftsgurus nur milde belächelt und taugen - nach deren Meinung - bestenfalls für karitative Zwecke. Um es noch einmal klar zusammenzufassen: Die geistige Orientierung unserer Gesellschaft ist völlig unauffällig auf ganz andere Ziele ausgerichtet worden, als für die Sicherung und Weiterentwicklung des Lebens auf unserem Planeten zu sorgen.

Wer sind nun diese etwa 350 Mächtigen und ihre Helfer im Hintergrund?

Seit Jahrtausenden gibt es Geheimgesellschaften, deren Mitglieder sorgfältig ausgewählt werden und die versuchen, die Geschicke dieses Planeten nach ihren Machtinteressen zu steuern. Nach außen geben sich diese Gesellschaften einen humanitären Habitus. Jeder hat von der einen oder anderen schon mal gehört, ohne sich was besonderes dabei zu denken:

Freimaurer, Club of Rome, Scientology, Opus Dei, Rosenkreuzer, CIA, Council of Foreign Relations, Skull and Bones, Ku-Klux-Klan, Malteser, Illuminaten, B'nai B'rith und sehr viele andere - und für die Einsteiger Lions Club und Rotarier.

"Die große Stärke unseres Ordens liegt in seiner Verborgenheit; laß ihn niemals an irgendeinem Ort mit seinem richtigen Namen in Erscheinung treten, sondern immer durch einen anderen Namen verdeckt und mit einer anderen Aufgabe, als die wirkliche."

AdamWeishaupt
Illuminaten-Orden

Trotz der Gesetzgebung fast aller Staaten, sich gegen diese "Staaten im Staat" zur Wehr zu setzen, ist es niemals gelungen, diese zu beseitigen. Selbst alle zur Zeit der Kreuzzüge gegründeten Ritterorden sind heute noch aktiv, wie das Beispiel Franz-Josef Strauß zeigt - er war Deutschordensritter. Und dann gibt es noch ein paar dunklere, verstecktere "Geheimorden", die im Hintergrund ganz schön mitmischen.

Das liegt vor allem daran, daß der Wunsch Vieler, "einer der Auserwählten" zu sein, von keiner Kraft der Welt beseitigt werden kann. Und weil sich die Meisten dem eigenen, individuellen und zur Freiheit führenden Weg nicht gewachsen fühlen, suchen sie nach einer Abkürzung dieses Weges, natürlich gleich mit Führer (oft auch Guru genannt). Diese Leute glauben also, daß es nur ein paar wenige "wirklich reife Individuen" auf der Erde gibt.

Und sie sind fest davon überzeugt, daß diese Auserwählten natürlich ausschließlich zu ihrem Club gehören. Besonders fähige Mitglieder werden eingeweiht in das Wirken der geheimen Regierung im Hintergrund, in das, was sich im inneren Zirkel der Macht abspielt. Der Masse hingegen wird gelehrt, daß sie zwischen Parteien des linken oder rechten Spektrums wählen kann.

Wie die Schafe, nein wie das Kaninchen vor der Schlange sind die Menschen von den Mächtigen beeinflußt und werden immer weiter in eine fatale - weil imaginäre - Abhängigkeit getrieben.

Die Mächtigen fühlen sich berufen, die Menschheit nach ihrem Denkschema zu führen. (Sehr zu ihrem Vorteil, versteht sich, sonst macht das ja keinen richtigen Spaß). Um es noch mal zu verdeutlichen: Mehr als 99% der Erdbewohner sind in den Augen der Mächtigen "unreife Menschen", in etwa Tieren gleich, und werden auch als solche behandelt, wenn nicht noch schlimmer (siehe Jugoslawien).

Sie müssen in Herden getrieben (Parteien, Vereine, Fanclubs), in Käfigen gehalten (Staaten und Nationen), mit Brandzeichen versehen (Personenkennzahl), als Arbeitskraft ausgebeutet und wie die Kühe im Schlachthof aussortiert werden. Bricht einer aus der Herde aus, muß er zurückgetrieben oder gegebenenfalls eliminiert werden. Dabei wird auch vor Abweichlern aus den eigenen Reihen kein Halt gemacht (siehe Papst Johannes-Paul I., Alfred Herrhausen, Rohwedder, Kennedy, Maria Stuart, Abraham Lincoln und lange vorher der Pharao Echnaton). Die Massen werden gezielt ignorant gehalten und durch Massenmedien, Schulausbildung und Wissenschaft davon überzeugt, daß die rational-materialistische, lust- und erfolgsorientierte Weltsicht die einzig Wahre ist. Andere Aussagen werden gar nicht erst ernsthaft zugelassen.

Geld, Wirtschaft und Erfolg, die nur ein Teilaspekt des Lebens sein können, haben wir zum Allerwichtigsten, ja mir scheint schon in den meisten Fällen zum Allerheiligsten gemacht.

Man muß kein Fachmann sein, um folgende Tatsachen zu bemerken:

3.200 Milliarden Dollar gehen täglich rund um die Erde.

3.100 Milliarden davon nur und ausschließlich auf der Suche nach schnellem Gewinn, also Spekulationsgeld (2007!)

Lediglich etwa 100 Milliarden von diesen 3.200 werden für tatsächliche Welthandelsgeschäfte benötigt.

Ist das nicht irgendwie ganz falsch herum?

Wenn ein Unternehmen dauerhafte Produkte erzeugen würde, wäre es in kürzester Zeit pleite. Was wäre, wenn ein Auto oder eine Zahnbürste oder ein Holzschutzanstrich 10mal so lange halten würde? Würde das nicht ganz gewaltig unwiederbringliche Rohstoffe einsparen?

Weniger als 2% der Bevölkerung Deutschlands erzeugen sehr viel mehr landwirtschaftliche Produkte, als 100% der Bevölkerung verbrauchen können. Dies mit Hilfe extremer Mechanisierung und Automatisierung.

Ein 100-Hektar-Hof ist heute mit 3 Leuten zu bewirtschaften.

In Kürze werden weniger als 10% der Bevölkerung weit mehr als das Doppelte des Gesamtbedarfs an Industrieprodukten erzeugen. Bei hoher Arbeitslosigkeit und extremem weiteren Rationalisierungsdruck.

Was sollen die anderen 88% tun?

Wir und andere Industrienationen exportieren diese Technologie, so daß Umweltverbrauch und ruinöser Wettbewerb um sich greift. Nur die Großen werden das überleben, und ein paar kleine Spezialisten.

Technologische Entwicklungen, die unsere derzeitigen Umweltprobleme gar nicht erst entstehen lassen würden, werden seit Jahrzehnten zurückgehalten, weil sie geschäftsschädigend sind.

Dezentrale Energieversorgung mit Wärme-Kraft-Kopplung und solare Wasserstoffwirtschaft würden innerhalb weniger Jahre die Erdölwirtschaft vollständig ablösen können. Leider sind diese Technologien im Gegensatz zu Atomenergie und Großkraftwerken wie auch Erdölraffinerien nicht monopolisierbar. Könnte es sein, daß unser Wirtschafts-System nicht ganz richtig ist? Daß es sozusagen *verrückt* ist? Müßten wir nicht vielmehr unsere Wirtschaft so organisieren, daß alle sinnvoll beschäftigt sind und von dem tatsächlich und real vorhandenen Überfluß gut leben können? Müßte nicht unser gewaltiger technischer Fortschritt den Menschen helfen, statt sie zu versklaven und arbeits- und nutzlos zu machen?

Was steckt hinter all diesen Fehlentwicklungen? Nachdem in der Politik - entgegen dem Augenschein - nichts zufällig geschieht, muß es Jemanden geben, der diese Entwicklung steuert und kontrolliert. Unsere Politiker sind das - ebenfalls gemäß dem Augenschein - sicher nicht. So blöd kann sich keiner verhalten, der wirklich Politik im Sinn hat.

Es gibt aber noch eine andere Gruppe, die nichts herstellt, nichts produziert und auch sonst keiner Tätigkeit nachgeht, die einen realen volkswirtschaftlichen oder gesellschaftlichen Nutzen zum Ziel hätte. Eine sehr kleine Gruppe, die es geschafft hat, die Leute dazu zu bringen, ihr Geld bei ihnen abzuliefern - für Zinsen, versteht sich, z.B. 5% pro Jahr. Wenn ein anderer bei diesen Leuten Geld ausleiht, zahlt er 8 oder 9 %. Wenn er viel Geld ausleihen möchte, muß er

Sicherheiten bieten, Haus- und Grund notariell verpfänden (wie im Fall einer Hypothek oder Grundschuld) und muß nur noch z. B. 7% zahlen.

Das so ausgeliehene Geld kann man nun in ein Unternehmen investieren. Ein Unternehmen kann auch neben Gebäuden und Grundstücken seine Produktionsanlagen beleihen, um Geld von den Banken zu bekommen. Unsere Wirtschaftspolitik in Deutschland hat - wieder nicht zufällig - dazu geführt, daß unsere deutschen Unternehmen im Schnitt nur mehr eine Eigenkapitaldecke von etwa 20 % aufweisen. 80% des Firmenkapitals sind also geliehen und müssen verzinst werden. Es sind also nicht nur Steuern und Nebenkosten, die die Unternehmen belasten, oft ist die Zinslast viel schwerwiegender, wie folgender Zusammenhang verdeutlicht: Geht die Konjunktur gut, geht auch die Finanzierung gut. Das Unternehmen verdient im Durchschnitt 2 bis 3 % vom Umsatz. (Das stimmt wirklich, es sind nicht 20 oder 30 %, das können sie im statistischen Landesamt nachfragen!).

Geht die Konjunktur schlecht, macht das selbe Unternehmen 2 bis 3 % Verlust. Den tragen die Unternehmer allein, Löhne und Zinsen werden vom Geschäftsergebnis gar nicht berührt. Hat der Unternehmer kein Geld mehr, muß er entweder weitere Kredite aufnehmen oder Leute entlassen. Kommt jetzt aber eine Wirtschaftskrise, kann das Unternehmen den Kapitaldienst und die Löhne nicht mehr aufbringen und bekommt auch keine Kredite mehr, weil ja schon alles den Banken verpfändet ist. Es macht also Pleite, wie man so salopp sagt, es meldet Konkurs an.

Die Folgen:

Gebäude, Grundbesitz und Produktionsanlagen gehören nun den Banken

Die Mitarbeiter werden arbeitlos und bekommen in Krisenzeiten auch keine neue Arbeitsstelle. Diejenigen, die sich eine Eigentumswohnung oder ein Eigenheim zugelegt hatten, können nun ihren Kapitaldienst auch nicht mehr bezahlen und Haus- und Grundeigentum geht wiederum - na?

.......etwa an die Banken?

Wenn man nun so viel Einfluß hat, wie es unsere Banken nun mal haben, kann man durch gezieltes Steuern alleine von geringen Teilen der täglichen 2.400 Milliarden Dollar Spekulationsgeld - das ja immer über Banken oder Bankähnliche Unternehmungen geleitet wird - jede Nation der Welt gezielt beeinflussen. Angesichts dieser Geldströme ist selbst eine scheinbar so mächtige Einrichtung wie die Deutsche Bundesbank tatsächlich nahezu machtlos.

Und ein Wirtschaftsminister, auch der deutsche, ist jeder Handlungsmöglichkeit beraubt.

Und die Leute, die diese Geldströme steuern, wissen wiederum ganz genau, wann der Dollar steigt, die DM fällt, die Konjunktur in Frankreich abgedreht wird usw. Diese Leute, die wirklich Mächtigen im Hintergrund, haben auch die derzeit laufende "Globalisierung" beschlossen.

In keinem Land der Erde gab es eine politische Abstimmung, ob so etwas in dieser Form überhaupt gewollt wird! Diese Leute sorgen auch dafür, daß ihnen Politiker gar nicht erst ins Handwerk pfuschen können. Ein bisserl Korruption, versprechen von schönen Pfründen und Renten und schon hat man an den wichtigeren Schaltstellen ferngesteuerte Marionetten. Nun, mittlerweile hat sich das ganze schon so weit entwickelt, daß eben nur noch diese etwa 350 Menschen über 80% des Weltkapitals verfügen (was nicht gleichbedeutend ist, daß ihnen dieses Geld auch persönlich gehört). Diese Leute arbeiten natürlich nicht jeder so still vor sich hin.

Die haben eigene Interessen und gemeinsame Interessen. Die haben aber auch ihre eigenen Regeln, nach denen sie sich gegenseitig den Rang ablaufen können. Zur Vertretung ihrer Interessen sind sie jedoch nicht etwa politisch aktiv - dafür hat man ja seine Marionetten, die auch mächtig stolz darauf sind - nein, sie sind eben in geheimen Gesellschaften organisiert, die ganz eigenen Gesetzen unterliegen und auf die kein politischer Staat der Welt irgend einen Einfluß hat und die ihrer Natur gemäß auch keinem nationalstaatlichen Gesetz unterliegen können. Streng hierarchische Strukturen zu Förderung und Stabilisierung des Machterhalts kennzeichnen die meisten Geheimgesellschaften.

Strenge Hierarchie erzeugt automatisch Machtkonzentration bei ganz wenigen, die diese Macht auch meist weitgehend unkontrolliert ausüben können. Untere Ebenen bekommen einfach ihre Anweisungen von "Oben" und sind zwingend verpflichtet, diese ohne Rückfragen auszuführen. Nur konsequent angepaßte "Erfolgreiche" dürfen in dieser Pyramide eins weiterrücken und bekommen für sich selbst ein paar Privilegien zugestanden. Diese Privilegien werden dann gegen die nächst untere Ebene mit Zähnen und Klauen verteidigt, während man selbst untertänigst versucht, noch eine Stufe weiter zu kommen (das klassische Radfahrer-Prinzip). Natürlich muß die nächst untere Ebene jeweils genauestens kontrolliert und überwacht werden.

Im Rahmen der weiteren Machtsteigerung läuft die Erzeugung hoher Arbeitslosigkeit und überhöhter Staatsverschuldung auf vollen Touren. Die Zerstörung unserer gewachsenen Agrarstrukturen und deren Ersatz durch Agrarfabriken, Steuererhöhungen und Währungsmanipulationen großen Stils (durch sogenannte "Spekulanten"). Und dann haben wir da noch die Erzeugung von Unsicherheit und Mißtrauen in Verbindung mit Bildungskrisen, Angst vor Krieg und Anarchie, Destabilisierung der Gesellschaft durch Rauschgift und hohe Kriminalität wie auch Gehirnwäsche mittels Massenmedien in Richtung Gewalt, Betrug, Horror und

Verherrlichung des Mammon. Dazu kommt die Zerstörung von gewachsenen Strukturen in unseren politischen wie auch religiösen Gemeinden, Abbau des ungeliebten weil zu unabhängigen Mittelstandes und die Abschaffung von "altmodischen" Moralvorstellungen usw.

In der Summe führt das schön langsam zu wachsendem wirtschaftlichen und politischem Chaos. Dies läßt sich wiederum in gewaltigen Machtzuwachs für die Mächtigen umsetzen, wenn man anläßlich eines "Schwarzen Freitags" oder durch Erzeugen von Rezession riesige Industrieimperien wie auch Ländereien und sonstige Immobilien wie reife Pflaumen einsammelt. Mehr als 90% aller Unternehmungen hängen durch zu geringe Eigenkapitalanteile ohnehin schon am Tropf der Banken.

Man wird glauben, eine "Neue Weltordnung" kann da Abhilfe schaffen. Die Massen der Welt werden glauben, sie hätten sie sich erkämpft oder verdient und daß die "Neue Weltordnung" das Beste sei, was ihnen hätte passieren können: Sicherheit durch Kontrolle, Konsum-Lust und Konsum-Zwang, persönliche Absicherung durch Versicherungen, Heilung nicht durch Selbstheilung, sondern durch "Spezialisten", viel Geld durch viel Arbeit, totale Verschuldung vom Penner bis zur öffentlichen Hand ... und wo fließt das Geld hin? Wieder zu den Mächtigen, zur Stabilisierung der Macht.

Zusammenfassend: Dieses System der Dinge ist heute wie vor 2000 Jahren stabil im Sattel und greift nun auch noch nach der Eine-Welt-Herrschaft. (Eine-Welt-Regierung). Es ist schon eine grundsätzliche Bewußtseinsänderung auf breiter Front notwendig, um die verfahrene Situation noch zu ändern.

Hierarchie als Machtinstrument

Wie schafft man es, ein ganzes Volk, eine ganze Welt durch eine handvoll halbintelligente Egowahnsinnige unter Kontrolle zu bringen?

Die ganze NWO-Geschichte ist ein raffiniert eingefädeltes Schalenmodell, das schon vor vielen Jahrhunderten eingeführt wurde um Alleinherrschaft so zu etablieren, daß es kaum jemand bemerkt.... Teile und herrsche, Brot und Spiele, das sind die Grundlagen. Das ist auch schon sehr perfekt ausgeführt. Dörfliche Gemeinschaften sind schon praktisch aufgelöst, Gemeinschaften in irgendwelchen Firmen gibt es praktisch auch schon nicht mehr und selbst vorgeblich alternative Gemeinschaften tun sich sehr schwer. Neuerdings wird auch noch die letzte existierende Form von Gemeinschaft zerstört, das ist die Familie. So erhält man ziemlich verstörte, vereinzelte Individuen, die sich höchstens noch zum „Beutemachen" zusammenschließen. Und dafür eignet sich die hierarchische Organisation am besten.

Es braucht eine strikt hierarchische Struktur, um mit wenigen ausgesuchten Individuen das Gesamtsystem kontrollieren zu können. Die sind dann auch leicht austauschbar. Musterbeispiel: Die Entwicklung der Partei: „Die Grünen". Das zeigt sich z.B. auch im tatsächlich illegalen „Fraktionszwang", aber auch in allen gesellschaftlich relevanten Organisationen, egal ob NGO oder Verein, Partei oder Firma. Obendrein wird das auch noch als einzige funktionierende Möglichkeit „verkauft".

Nun wird es aber noch ein paar vollintelligente Leute geben, die aufgrund ihrer Intelligenz das System halbwegs durchschauen. Wie kriege ich die unter Kontrolle? Zuerst ist Korruption das Mittel der Wahl.

Das heißt heute politisch korrekt „Lobbyarbeit". So mache ich zumindest schon mal etwa 20% der Bevölkerung, zumeist die intelligenteren, zu systemkonformen Profiteuren, die das System auch noch mit Zähnen und Klauen verteidigen werden.

Verbleibt noch ein kleiner Rest von hochintelligenten Leuten, die das System wirklich durchschauen können. Sogenannte „Intellektuelle". Damit da nix passiert, muß man die ablenken. Für die passiven Mitläufer mit eigenen Ideen gibt es verschiedene Spielwiesen sowie den Zwang des Mitmachens im System, um auf einem angenehmen Niveau zu überleben.

Ein noch kleinerer, potentiell gefährlicher „Restbestand" an Intelligenz, der dann auch noch politisch aktiv wird, muß aber noch niedergehalten werden. Das ist Aufgabe der Propagandamedien, das sind dann zumeist „Rechtspopulisten", Spinner oder die haben irgendwo einen „dunklen Fleck" in ihrer Vergangenheit, den man öffentlich und ausgiebig breittritt. Und wenn nicht, erfindet man halt was. So kann man solche Leute endgültig diskreditieren. Und wenn das alles nix hilft, lockt man sie halt in eine Falle....

Und das ist genau der Grund, warum wir hier keine Demokratie haben......

....es gibt hierarchisch organisierte Parteien!

Das bedeutet, einige wenige „Vorsitzenden" bestimmen, was „Sache" ist....

....es gibt Parteilisten. Wer gewählt werden möchte, muß der hierarchischen Parteispitze genehm sein.... sonst wird das nix mit dem Listenplatz.

Im „Parlament" angekommen, gilt „Fraktionszwang" ist zwar illegal, kümmert aber keine Sau. Und wieder schlägt die „Parteispitze" zu......

Es gibt alleine in Berlin etwa 5000 registrierte (!) Lobbyisten. Geht man davon aus, daß ein Lobbyist vorsichtig geschätzt 100.000 Euro im Jahr kostet, sind das 500 Millionen Euro. Wer sich sowas leistet, verspricht sich sicherlich was davon........ Die in Brüssel werden noch mehr kosten......

Zusammengenommen: Es wir das gemacht, was eine handvoll „Parteispitzen" mit wohlwollender Unterstützung der „Lobbyisten" will. Viel mehr wie 10 Leute sind das nicht.

...und dann gibt es ja obendrauf noch die „Kanzlerakte".....

So kann eine kleine Gruppe von „Geheimgesellschaften" wie Satanisten oder Mammoniten oder auch „nur" Scientologen ganz leicht und kostengünstig die absolute Kontrolle aufrecht erhalten....

Es gibt noch etwas, was uns so ganz unauffällig abhanden gekommen ist. Manche sagen, es gibt keine Gemeinschaft mehr, manche schieben es auf den Egoismus oder die Medien oder die Arbeitswelt. Das, was uns jetzt fehlt, fehlt nicht „zufällig". „Es" wäre wichtig, um eine wirklich starke und unabhängige Gemeinschaft aufzubauen und zu betreiben. Das dürfen wir aber nicht. „Es" war und ist immer da, wenn ein Volk oder auch eine kleinere Gemeinschaft unabhängig und erfolgreich ist. „Es" war sogar zu Zeiten vor der Entwicklung der „Imperialen Idee" weit verbreitet. „Es" wurde und wird uns seit etwa 2000 Jahren von Kindesbeinen an aberzogen........

Gruppenwesen statt Hierarchie

Ein Gruppenwesen, auch verwandt mit "Clan", funktioniert sehr dynamisch. Es kann sehr wohl eine Organisationsstruktur entwickeln, die "hierarchisch"aussieht. Aber diese Struktur ist nicht fix und der scheinbare "Hierarch" ist tatsächlich "nur" derjenige, der gerade für diese Funktion die beste Eignung mit bringt. Wechseln die Anforderungen, über nimmt ein anderer diese Funktion - ohne daß der vorherige "Führer" beleidigt ist oder "abgesägt" wird. Dieser tritt eben zurück dahin, wo er am effektivsten wirkt....... Deshalb geschieht in einem Gruppenwesen nicht nur das was „von oben" angeschafft wird, sondern das was getan werden muß. Durchgriffe „Von Oben" gibt es nur in Krisensituationen.

Betrachten wir einen Ameisenhaufen. Er ist sehr viel komplexer als ein Wolkenkratzer, ist bestens angepasst an seine Umgebung und sehr eindrucksvoll organisiert. Wer aber organisiert die Verteidigung, die Kriegsführung, die Versorgung eines Ameisenhaufens?

Wer ist der Manager eines Ameisenhügels? Ein Ameisenhügel ist ein Lebewesen. Er verhält sich im Ganzen sehr viel intelligenter als jeder Einzelne seiner Bewohner. Es gibt keine wissenschaftliche Erklärung. Der Gedanke, daß eine so komplexe Gesellschaft ohne jedes Management auskommt, ist einfach erstaunlich....und die Ameisen sind nicht das einzige Beispiel!

Diese Definition meint, daß eine Gruppe von Leuten auch schon ein Lebewesen ist, das unabhängig von seinen einzelnen Gruppenmitgliedern existiert. Mit dem Ameisenhaufen als Gruppenwesen haben wir weniger Verständnisprobleme, er ist als Ganzes ein "Wesen", nur seine "Elemente" sind nicht aneinander fixiert.

Ganz ähnlich zu dem können wir feststellen, daß unser eigener Körper ein Gruppenwesen ist, das aus einzelnen Organen und Zellen besteht. Und wir können danach forschen, wo sich unser "Ich" dazwischen befindet. Und wir müssen akzeptieren, daß unser "Gruppenwesen" sehr viel intelligenter ist, als jede einzelne unserer Zellen.

In ähnlicher Weise existiert ein "Gruppenwesen" jeder Gemeinschaft bzw. Firma und ist viel intelligenter als jedes einzelne Mitglied der Gemeinschaft. Das Gruppenwesen hat keinen eigenen Körper, ähnlich einem Wald, den man nicht bemerkt, wenn man nur die einzelnen Bäume betrachtet. Aber es benutzt die Körperfunktionen seiner Mitglieder und spricht durch den Mund eines seiner Mitglieder, dem Chef oder dem Sprecher dieser Organisation. Die Zellen in einem menschlichen Körper spezialisieren sich. Muskeln, Nerven, Gehirn etc. Wie dies alles während des Wachsens eines Embryos organisiert ist, kann die Biologie nicht genau erklären. Und doch findet jede einzelne Zelle ihren Platz und ist ganz eindeutig zufrieden.

Je besser sich die Synergie innerhalb eines Teams entwickelt, um so mehr Spezialisierung geschieht, ähnlich wie beim Wachsen eines Embryos: Jeder findet seinen Platz entsprechend seiner Fähigkeiten und jeder wird mit seinen individuellen Fähigkeiten gebraucht und ist integriert durch seinen individuellen Beitrag. Alle Gruppenmitglieder sind voll Zufrieden und fühlen sich gleichwertig. Und jeder fördert auf diese Weise die Interessen der ganzen Organisation. Die Vorstellung eines unabhängigen "Gruppenwesens" neben den Individualitäten hilft, die Phänomene starker Synergien zu erklären. Ein synergetisches Team nutzt alle Fähigkeiten aller Mitglieder und ist umso effektiver, je unterschiedlicher die Persönlichkeitsprofile sind. Aber es ist schwierig, diesen Zustand mit einer Gruppe von stark unterschiedlichen Persönlichkeiten zu erreichen.

Wenn sich das "Gruppenwesen" entwickelt, wird die Organisation sehr viel effektiver. Warum? Ein Resultat des "Gruppenwesens" ist Intuition, die sich als eine Art höherer

Kommunikation ausbildet, die wiederum auf der Existenz der höheren Intelligenz des "Gruppenwesens" basiert.

Jedes Mitglied einer Gruppe muß die Bereitschaft mitbringen, diese Intuition zuzulassen und zu akzeptieren. Es findet ein evolutionärer Prozeß in einer Gemeinschaft statt, ein innerer Erkenntnis- und Wachstumsprozeß aller Mitglieder, an dessen Ende das Ziel liegt: Eine alternative Gesellschaftsordnung zum hierarchischen System.

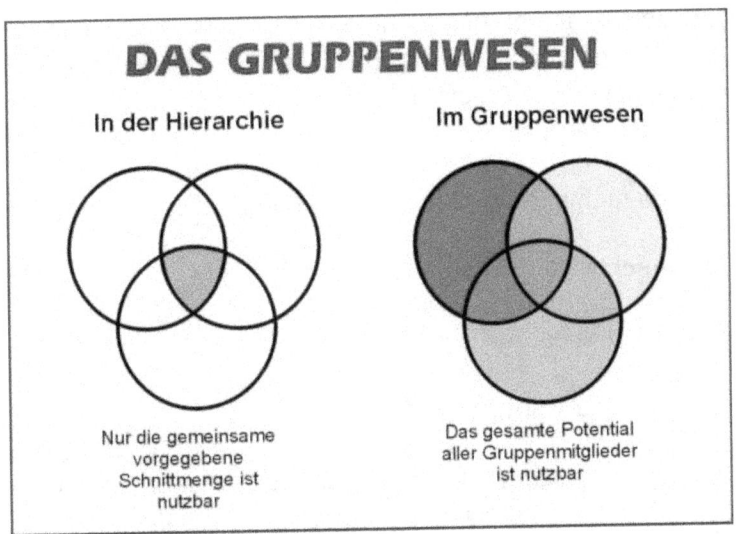

Was ist mit Gott?

Der Begriff "Gott" wurde - in der Vergangenheit besonders stark - in domestizierender Weise vermittelt: Gott lohnt und straft, Gott liebt und verabscheut, Gott lobt und verurteilt. "Gott" verhängt ewige Strafen (Höllenstrafe) und übertrifft so den Barbarismus der Menschen maßlos. Dieser Gottesbegriff ist letztlich ein Machwerk menschlichen Denkens und menschlicher Strategie. Mit fatalen Folgen. Der strafende Gott (des alten Testaments und der Staatskirche) sorgte selbst an den Stellen für "Ordnung", die menschliches Strafen nicht mehr erreichte. Ein brutaler Gott, der ganze Völker ausrotten läßt, der sich selbst seinen "Sohn" opfert und für gewisse Vergehen ganze Generationen verflucht. Wer und warum hat denn Jesus "geopfert", sollte man sich fragen. Und welchem "Gott" ist er denn geopfert worden? "Gott" ist der deutsche Name für Jahwe, für denjenigen der sich nach dem Zeugnis der Heiligen Schriften offenbart als

der durch nichts Begrenzte (Jes 6; 1Kön 8,27),

der mit nichts Vergleichbare (Ps 139, 7-12),

der radikal Lebendige (Ps 90),

der stets Gegenwärtige (Ex 3, 13f.)

Der Gott der Christen verflüchtigte sich dann später - unter dem Denken vieler maßgeblicher amtskirchlicher Theologen - zu einem abstrakten Verursacher und diente keineswegs dazu, dem Ursprung allen Lebens und aller Liebe auf die Spur zu kommen. Damit sprachen sie dem Gott Jesu das Todesurteil. Sein Tod wurde offensichtlich, als er als "Theologisches Wesen" in eine offizielle Theologie eingesperrt wurde - fern vom wirklichen Geschehen - und man von da an die übrigen Räume menschlichen Lebens, den ökonomischen, den politischen und den kulturellen gottfrei halten konnte.

Unser derzeitiges gesellschaftliches Leben ist deshalb praktisch atheistisch. Nicht gegen Gott gerichtet, nein, das Göttliche an sich oder auch nur "Religion", Glaube kommen im praktischen Leben einfach nicht mehr vor. An die Stelle der Religion, also des Rückbezugs auf Gott, ist mehrheitlich die Verehrung, ja die Verherrlichung des Mammon getreten. Kann schon sein, daß es einen Gott gibt. Aber der kümmert sich sowieso nicht um das, was in der Welt läuft, sagt man.

Es gibt nur eine Wahrheit, ein Geheimnis, eine Ursache unseres Daseins auf diesem Planeten. Diese Wahrheit ist sehr viel größer, als wir es mit unserer begrenzten Sichtweise je ganz erkennen könnten. Man kann sich dieser Wahrheit jedoch annähern, Schritt für Schritt, und so doch schon mal die richtige Richtung erkennen.

Wir sind bei dieser Suche nicht auf uns allein angewiesen. Die wirksame Ursache unseres Daseins - oft auch Gott genannt - hat uns immer wieder mal Botschafter - wie zuletzt Jesus Christus - gesandt, die uns den richtigen Weg aufzuzeigen versucht haben.

Diese Wahrheit - Ursache und tragende Kraft unseres Lebens, wie des Lebens überhaupt, brauchen wir jedoch nur - jeder für sich selbst - aus eigener Erkenntnis, ja Anerkenntnis, rational und spirituell annehmen.

Die Gottesfrage

Gott oder nicht Gott, Gott oder der Teufel - das ist hier nicht die Frage, denn ich möchte das Thema mal aus ganzheitlich non-dualer Sicht betrachten. Ganzheitlich bedeutet, daß Alles mit Allem im Urgrund des Seins verbunden ist, so ähnlich, wie die Physiker überall die Hintergrundstrahlung wahrnehmen. Aus diesem Urgrund entstand Alles, was IST. Und es entsteht immer weiter.

Der Ursprung liegt im Reich des Geistes, lebt und wirkt und drückt sein Selbst immer und überall aus. Er enthält und er erfüllt alle Dinge, und jede seiner Vibrationen und Manifestationen ist die Äußerung irgendeiner Phase seines Seins. Sein bedeutet ausdrücken, mit anderen Worten: in Erscheinung treten. Du kannst dir „Sein" nicht ohne Ausdruck vorstellen. Darum drückt sich Alles, was IST dauernd und unaufhörlich aus. Was könnte ES anderes ausdrücken, als Sein Selbst, da Es alles ist, was IST?

Du kannst ES nicht sehen oder verstehen, aber du kannst verstehen, wenn ES dich mit einer Idee inspiriert. Da ES Alles ist, was Ist, muß also diese Idee, die unmittelbar von Ihm kommt, Teil oder Phase seines Selbst im Sein oder im Ausdruck sein.

Was du auch wünschst - es kommt aus dem höheren Selbst: Es klopft an die Tür deines Gemüts und kündigt seine Absicht an, sein Selbst in dir oder durch dich zu offenbaren in der besonderen Weise, die durch diesen Wunsch angezeigt wurde. Was die Persönlichkeit des Menschen Wunsch nennt, ist aber die notwendige Aktion des höheren Selbst, der den Ausdruck seiner Idee in die äußere Erscheinung, d. h. ins Dasein drängt. Es ist die Notwendigkeit der Idee von seinem Selbst, zu sein oder sich auszudrücken. Darum kommt jeder wirkliche Wunsch, den du fühlst, jeder Wunsch deines Herzens, aus dem Sein und muß notwendigerweise irgendwann in der einen oder anderen Form erfüllt werden.

Die Zeit ist gekommen - vielleicht kannst du es erkennen - da du alles angehäufte Wissen beiseite schieben mußt, alle Lehren, alle Religionen, alle Autorität, alle äußeren Offenbarungen. Du erwachst gerade zu dem Bewußtsein der Gegenwart des höheren Selbst in deinem Inneren, zu der Tatsache, daß alle Autorität, alle Lehren und Religionen, die von irgendeiner äußeren Quelle kommen - wie hoch oder heilig auch immer - auf dich keinen Einfluß mehr haben können, es sei denn, sie werden ein Mittel, daß du dich nach innen zu deinem höheren Selbst wendest, zur entscheidenden Autorität in allen Fragen, ganz gleich welcher Art.

Warum also im Vergangenen - in Religion, menschlichem Wissen oder in Erfahrungen anderer - nach der Hilfe und Führung suchen, die dein höheres Selbst allein geben kann? Vergiß alles, was gewesen ist. Das Vergangene ist tot. Warum deine Seele mit toten Dingen belasten? Genau so weit, wie du am Vergangenen festhältst, lebst du noch in der Vergangenheit und kannst nichts mit dem Sein an sich zu tun haben, das im immergegenwärtigen Jetzt lebt, dem Ewigen.

Was hat das mit "Gott" zu tun?

Nichts - Gott in der dualen, antropomorphen Form der meisten "Religionen" ist nicht tot, es gibt "ihn" in dieser Form gar nicht.

Das Problem ist, daß alle "Gottesnamen" einen "Großen Geist" ver-menschlichen. Das bedeutet automatisch, sich von der „Gottheit" zu trennen. Und genau das ist der Kardinalfehler. Denn: "Alles, was IST" ist ein fraktales System. Genau deshalb ist "Gott" nicht etwas außerhalb von "uns". Die Trennung von "Schöpfung" und "Schöpfer" ist falsch. Genau "wir", wie wir gerade sind und das, was um uns herum "IST", ist der momentane Ausdruck des "Göttlichen". "ES" entfaltet sich und bringt sich in den Ausdruck.

Der Zeitgeist

Zwei Begriffe, die täglich in der Umgangssprache Verwendung finden, zeigen oft überdeutlich welcher "Zeitgeist" dahinter steht.

Fangen wir mal beim täglichen Brot an.

"Landwirtschaftliche Produktion" heißt das heute.

Aber was passiert da eigentlich?

Körner (Samen) werden in die Erde gesteckt.

Dann wird gewartet, bis sie keimen, wachsen und Frucht bringen.

Sicher, der Bauer hat auch Arbeit damit.

Aber er selbst produziert nichts. Es wächst.

Warum wächst es überhaupt und verfault nicht einfach in der Erde?

Weil es vom Schöpfergeist von der Grundlegung der Welt von Anfang an so festgelegt wurde. Oder glaubt jemand das wäre alles Zufall?

Der zweite Begriff: **"Naturgesetze"**

Mathematik, Physik, Chemie - hat der Mensch auch nicht gemacht, aber auch nicht die Natur. Es sind die Regeln, die der Mensch aus dem Verhalten der Natur herausgefunden hat. Er findet täglich noch mehr Regeln und Zusammenhänge heraus. Kein Mensch hat je auch nur eine neue Regel erzeugt.

Von der Grundlegung der Welt ist dieses vom Urgrund des Seins genau so vorgesehene Regelwerk - das "Gesetz" an sich - festgelegt. Keinem Menschen ist es bis heute gelungen, auch nur eine dieser "Natur-gesetzlichen Regeln" zu umgehen. Würden wir uns auf diese einfachen Grundregeln besinnen - und sie auch einhalten oder, besser gesagt ausnutzen, würden sich viele Probleme ganz von selbst lösen.

Oder gar nicht erst in Erscheinung treten. Vielleicht wird manchem Leser bewußt - oder bewußter - wer der "Zeitgeist" ist, der nach der sofortigen wirtschaftlichen Nutzung der Gentechnik schreit, bevor diese überhaupt richtig verstanden wurde.

Der Mammon

"Gebt mir die Kontrolle über die Währung einer Nation und es ist mir gleichgültig, wer ihre Gesetze macht!"

Amschel Mayer Rothschild (1743-1812)

"Ihr könnt nicht beidem dienen, Gott und dem Mammon"

(Jesus nach Mt 6, 24)

Haben Sie sich schon einmal die Frage gestellt, warum Menschen immer wieder Kriege gegeneinander führen? Welchen Zweck könnte denn der Krieg unter den Menschen haben? Daß der "Kampf ums Leben" auch der Unterhaltung dienen kann, kennen wir ja aus dem alten Rom, als man unter dem Motto "Gebt dem Volk Brot und Spiele" unter anderem Gladiatoren gegeneinander kämpfen ließ um so das Volk zu erfreuen und damit von der Erkenntnis seiner Ohnmacht abzulenken. Nach dem gleichen Prinzip verwendet man heute Film, Funk und Fernsehen, Video, Computerspiele und Massensport. Das ermöglicht dem zur Oberflächlichkeit und zur möglichst ungehemmten Befriedigung seiner eigenen Bedürfnisse getrimmten Bürger die Flucht aus der drückenden Leere seiner Existenz.

Wovon sollen uns die Medien ablenken? Was könnte denn der Mensch herausfinden, wenn er nicht ständig abgelenkt würde? Daß stets "Dritte" einen Vorteil aus dem Krieg zweier Anderer ziehen, ist auch nichts Neues. Zum Beispiel haben Bankensysteme, die einem kriegerischen Land Darlehen gewähren, sicherlich größtes Interesse daran, daß ein solcher Krieg nicht so schnell zu Ende geht. Durch Kriege und Unruhen kann man auch ein Volk darin bestärken, Einrichtungen und Institutionen wie z. B. NATO, UNO zu akzeptieren und sogar für erstrebenswert anzusehen, die es unter normalen Umständen niemals bewilligt hätte. Könnte es sein, daß Kriege außer der Waffenindustrie noch anderen einen Nutzen bringen?

Was ist es denn, was die Menschen veranlaßt, immer und immer wieder so grenzenlos zu hassen, daß man bereit wird, die eigenen Artgenossen dafür zu töten, ja auf teuflische Art zu massakrieren? Was bringt Menschen dazu, ihre Brüder, die im gleichen Dorf gelebt haben, die die gleiche Sprache sprechen, gleich aussehen, die gleiche Kleidung tragen, sich genauso lieben und freuen, genauso lachen und weinen wie die anderen, plötzlich zu den erbittertsten Feinden zu werden, daß sie deren Kinder schlachten, deren Frauen und Mütter vergewaltigen, die Männer in Konzentrationslager stecken und.....

Kennen wir das nicht schon irgendwoher? Sind es denn wirklich ideologische Gründe der einzelnen Gruppierungen, die zu diesem Krieg geführt haben oder steht möglicherweise auch hier noch jemand ganz anderes dahinter? Wer könnte denn die "Dritte Partei" sein? Woher kommen denn die Feindbilder, die wir durch Religionen, die Schulbücher und Massenmedien eingepflanzt, ja eingepreßt bekommen?

Welche Ziele haben die Menschen, die Feindbilder erzeugen und uns diese ständig suggerieren? Wer könnte vom Haß und der Degeneration der Menschheit am meisten profitieren? Möglicherweise sind es Satan, Lucifer, Baphomet oder andere, nicht "greifbare" Wesenheiten, denen man gerne die Schuld übertragen würde? Aber nur vielleicht.

Es gibt einige wenige, sehr greifbare Personen, die mit allen Mitteln die Weltmacht erringen wollen. Das Ziel einer Weltregierung ist nichts Neues. Dem Vatikan liegt noch heute daran, aus unserer Welt eine katholische Welt zu machen. Die Geschichte lehrt uns, daß er dafür Millionen von Menschen foltern und abschlachten ließ.

Der Islam hat sich das gleiche Ziel gesteckt und hat dadurch, daß er inzwischen mit die größte und dazu fanatischste Religion der Welt geworden ist, auch gute Chancen.

Eine weitere Gruppe ist die "Pan-Slawistische" Ideologie Rußlands, die ursprünglich von Wilhelm dem Großen aufgestellt wurde und die Beseitigung Deutschlands und Österreichs forderte, um nach der Unterjochung Europas Indien und Persien einzunehmen.

Neben anderen (asiatischen, amerikanischen usw.) existiert noch die "Pan-Germanische" Ideologie, die eine Kontrolle Europas durch Deutschland vorsieht, um sie später auf die Welt auszubreiten.

Doch die Personen, die wirklich entscheiden wer wann gegen wen Krieg führt und wann wo "Wirtschaftskrisen" inszeniert werden, sind völlig unabhängig von jeglichen Glaubensrichtungen und gehören auch keiner Nation an. Sie sind weder links noch rechts oder liberal, aber sie benutzen alle Institutionen für ihre Ziele. Sie sind zwar Mitglied in der einen oder anderen Institution oder Organisation, jedoch nur um "zu neugierige" Nachforschungen zu erschweren.

Sie benutzen Christen wie Juden, Faschisten wie Kommunisten, Zionisten wie die Mormonen, Atheisten wie Satanisten, die Armen wie die Reichen ...ALLE!

Vor allem benutzen sie jedoch die Ignoranten, Bequemen, Uninteressierten und die Kritiklosen - und davon insbesondere diejenigen, die nichts anderes im Sinn haben, als ausschließlich nach ihrem eigenen Vorteil zu streben. Das Denk- oder Glaubenssystem dieser Mächtigen im Hintergrund findet man am ehesten bei Machiavelli (Machiavellismus: Die Rechtfertigung einer von lästigen ethischen Normen losgelösten Machtpolitik).

Und das geht zum Beispiel so: Sie sind der neue König eines Landes und wollen sichergehen, daß Sie es auch bleiben. Also werden Sie zwei schon einflußreiche Personen - natürlich streng getrennt - zu sich rufen, bei denen Sie sich durch Zusage von mehr Macht und Reichtum versichern, daß sie das tun, was Sie ihnen sagen. Den einen veranlassen Sie zur Gründung einer "linken" Partei

- und finanzieren das großzügig. Den anderen fördern Sie zur Gründung einer "rechten" Partei ebenso großzügig. Jetzt haben Sie zwei oppositionelle Parteien ins Leben gerufen, finanzieren die Propaganda, die Wahlen, Aktionen und wissen dadurch immer genauestens über deren Pläne bescheid. Das heißt, Sie kontrollieren beide. Wollen Sie, daß eine der Parteien im Vorteil ist, schießen Sie einfach mehr Geld zu. Beide Führer glauben, daß Sie auf deren Seite stehen. Damit sind Sie beider "Freund". Das Volk wird vor dem Hintergrund einer "demokratischen Verfassung" von dem hin und her zwischen den Parteien, zwischen "links" und "rechts" so gefangen sein, daß es niemals dahinter kommen wird, daß Sie als der König die Ursache des Zwistes sind. Das Volk wird Sie sogar noch um Hilfe und Rat fragen.

Ein anderes Beispiel: Im amerikanischen Sezessionskrieg (1861-1865) kämpften die Nordstaaten (gegen Sklavenhaltung) gegen die Südstaaten (für Sklavenhaltung). Vor dem Krieg ließ die Familie Rothschild durch ihre Agenten die "Pro-Union"-Einstellung der Nordstaaten schüren. Gleichzeitig schürten andere Rothschild Agenten die "Contra-Union"-Einstellung der Südstaaten. Als der Krieg ausbrach, finanzierte die Rothschild-Bank in London die Nordstaaten, die Rothschild-Bank in Paris finanzierte den Süden. Nach dem Krieg waren natürlich beide pleite. Es erbot sich ein privates Bankenkonsortium, die "Federal Reserve Bank" der USA aufzubauen, die auch heute noch privat ist. Sodann wurde aller privater Goldbesitz verboten, das Gold beschlagnahmt und im Verhältnis 10:1 in Dollars ausgegeben. (Nachdem man es in der Zwischenzeit global geschafft hat, den Geldwert von jeglicher Deckung freizumachen, wurde dieses Verbot vor einigen Jahren aufgehoben).

Wirklich ein Bombengeschäft!

Um "Das System" zusammenzufassen:

1. Man schafft Konflikte, bei denen Menschen gegeneinander und nicht gegen den wahren Urheber kämpfen.

2. Man tritt nicht als Urheber der Konflikte in Erscheinung.

3. Man unterstützt alle streitenden Parteien.

4. Man gilt als "wohlwollende Instanz", die den Konflikt beenden könnte.

Das Geld

Geld ist in unserer Lebenswelt nahezu allgegenwärtig und nahezu allmächtig. Kapital und Geld hinterlassen in der Welt die Spur der Verwüstung. Ganze Kontinente haben sie ausgeplündert, sie erzeugen wachsende Müllberge, verseuchen die Umwelt, die Luft, das Wasser, die Erde. Und sie erzeugen Neid und Machtgier. Mittlerweile hat man es geschafft, den Wert des Geldes von irgendwelchen festen Bezügen loszulösen. (Wie z. B. früher die Golddeckung). Der Geldwert hängt heute nur noch an der Spekulation.

Täglich (!) sind 3.200 Milliarden Dollar Spekulationsgeld unterwegs. Wer solche Geldströme nur ein bißchen steuern kann, kann beispielsweise den Dollar ganz langsam um 20% rauf- und runtersteuern. Und wenn man weiß, wann das jeweils passiert, wird das ganze zu einer ungeheuren Geldpumpe. Nur hat das ganze gar keinen konstruktiven Wert, denn Spekulationsgewinne muß zwingend immer ein Anderer bezahlen, (...der nicht so gut Bescheid weiß). Umdenken ist gefordert. Der Kern der Jesusbotschaft ist die Lehre vom Umdenken, von der Sinnesänderung, die "Wiedergeburt aus dem Geiste".

Ein neuer Mensch, mit anderen Wertigkeiten, ja, man könnte sagen, daß auf einmal eine ganz andere Welt- und Werteordnung erkannt und für wahr gehalten wird als vorher: Eben das, was Jesus das "Reich Gottes" genannt hat.

Aber: Es kommt nicht auf die Oberfläche des veränderten Verhaltens an, sondern auf die Neuorientierung der inneren Einstellungen mit der Folge veränderten Verhaltens. Die neuen Einstellungen dürfen jedoch nicht nur im Rationalen verankert sein, sie müssen auch "das Herz" erfassen. "Herz" bedeutet die Einheit gebende Mitte unseres Menschseins und schließt auch unsere meist mit großem Mißtrauen betrachtete Intuition ein.

Das Zinssystem

Es steht auch in der Bibel, Dt 23,20

Du darfst von deinem Bruder keine Zinsen nehmen: weder Zinsen für Geld noch Zinsen für Getreide noch Zinsen für sonst etwas, wofür man Zinsen nimmt. (21)Von einem Ausländer darfst du Zinsen nehmen, von deinem Bruder darfst du keine Zinsen nehmen, damit der Herr, dein Gott, dich segnet in allem, was deine Hände schaffen, in dem Land, in das du hineinziehst, um es in Besitz zu nehmen(!!!).

Der Großteil des Geldes, das heute existiert, ist verzinst angelegt. Das bedeutet, daß die Geldvermögen jedes Jahr um den Zinssatz wachsen. Dabei werden die gewonnenen Zinsen wieder angelegt und im nächsten Jahr wieder verzinst.

Das Fatale bei einer solchen Zinseszinsentwicklung ist, daß der Zuwachs immer schneller vor sich geht, letztlich explodiert. Hätte beispielsweise Josef im Jahre 0 nur einen Pfennig zu 5% Zins angelegt, so wäre daraus durch Zins und Zinseszins im Jahre 1466 der Wert einer Erdkugel aus Gold und heute bereits über 200 Milliarden Erdkugeln aus Gold geworden. („Josefspfennig")

Noch keine einzige Geldanlage auf Zinsbasis kann je langfristig funktionieren. Ein Dollar im Jahre 1000 zu 5% Zins angelegt würde heute das gesamte Bruttosozialprodukt der Welt um das viermillionenfache übertreffen!

Die Umkehrung dieses Effektes gilt jedoch auch für die entsprechenden Schulden, für welche die breite Bevölkerung zunehmend auf Einkommen verzichten muß, um den Schuldendienst zu leisten. Da die Superreichen gigantische Zinsgewinne für ihr Vermögen einstreichen und die breite Masse diese erarbeiten muß, kommt es zu einer immer schnelleren Konzentration des Vermögens in wenigen Händen. Die ganz wenigen Superreichen werden in einem unheimlichen Ausmaß immer reicher, die Armen - der Großteil der Bevölkerung! - werden systembedingt immer ärmer.

In zwangsläufig immer wiederkommenden Finanzkatastrophen wird dann das Vermögen der meisten entwertet - und die Superreichen profitieren schon wieder davon, weil sie den ganzen Prozeß steuern.

An diesen Beispielen wird deutlich, daß ein auf dem Zinssystem aufbauendes Wirtschaftssystem immer nur wenige Jahrzehnte funktionieren kann, bis es von neuem zusammenbricht.

In der Wirklichkeit sieht es noch viel dramatischer aus, weil man in den letzten zweihundert Jahren auch noch die Möglichkeit der Spekulation in einem unglaublichen Ausmaß aufgeblasen hat (Finanzwetten, Derivate, Optionen etc.), so daß nur noch weniger als 5 % des täglich um den Globus rauschenden Geldes (ca. 2.300 Mrd.$) für die reale Wirtschaft Verwendung findet.

Unser Weltfinanzsystem befindet sich deshalb in einer ganz ähnlichen Situation wie Anfang der 30er Jahre des vorigen Jahrhunderts.

Die Steuerung der Menschenmassen

Aus den vorigen Betrachtungen wird deutlich, daß im Zinskapitalismus der einzelne Mensch keine Rolle spielt. Weil sich das Vermögen durch den Zinseszinseffekt in wenigen Händen konzentriert, verschiebt sich auch die Macht zu wenigen Personen. Die gewählten Regierungen sind am Ende nur noch ausführende Instanzen, die die Wünsche der reichen Schicht umzusetzen und dafür zu sorgen haben, daß die Zinslasten zuverlässig bedient werden.

Der einzelne Mensch wird dabei zunehmend zu einem Spielball der beherrschenden Kräfte. Die meisten Menschen nehmen dabei sogar den steigenden Druck widerspruchslos hin und sehen die Verschärfung der Situation als etwas Natürliches an. Dabei verdreht sich die Welt durch den Zinseszinseffekt immer mehr in eine unnatürliche "Antiwelt". Die Anpassung an diese naturwidrigen Umstände wird dabei in der Gesellschaft immer mehr zum Beurteilungskriterium eines Menschen.

Das Eigenartige dabei ist, daß sich die Masse der Leute weder für die Hintergründe der Verschlechterung interessiert, noch sich dagegen wehrt. Eine Erklärung bietet hier die Massenpsychologie, die begründet, warum der Mensch in der Gruppe völlig anders denkt und reagiert als das Individuum. Die herrschende Schicht ist deshalb immer bemüht, die Menschen in Verhältnisse zu bringen, in denen sie einfach zu lenken sind. Gleichzeitig sollen damit die selbständigen und damit. für das Kapital gefährlichen Individuen unterdrückt werden. Um die Vorgangsweise zu verstehen, ist es interessant, sich den psychologischen Hintergrund zu betrachten.

Der Massenmensch

Der Begründer der Massenpsychologie Le Bon untersuchte bereits vor über 100 Jahren das Wesen des Menschen und den Zerfall einer Gesellschaft. Er hat herausgefunden, warum die Menschen sich jedes Unrecht in diesem System der Dinge gefallen lassen. Besonders der Drang des Menschen, sich einer Masse unterzuordnen, um damit seine eigene Unzulänglichkeit zu überdecken, erregte sein Interesse. Der Mensch verliert in der Masse jede Fähigkeit zum rationalen Denken und wird nur noch durch Emotionen gelenkt:

"Allein durch die Tatsache, Glied einer Masse zu sein, steigt der Mensch also mehrere Stufen von der Leiter der Kultur hinab. Als einzelner war er ein gebildetes Individuum, in der Masse ist er ein Triebwesen, also ein Barbar".

Dieser Effekt ist übrigens nicht von der Intelligenz des Individuums abhängig:

"Die Entscheidungen von allgemeinem Interesse, die von einer Versammlung hervorragender, aber verschiedenartiger Leute getroffen werden, sind jenen, welche eine Versammlung von Dummköpfen treffen würde, nicht merklich überlegen".

Massen bilden sich oft durch ergreifende äußere Ereignisse, wobei sich die geballte Energie in einem Vernichtungsdrang äußert. Das Wesen des Menschen hat sich im Verlauf der Geschichte nicht verändert:

„Für den römischen Pöbel bildeten Brot und Spiele das Glücksideal. Dieses Ideal hat sich im Laufe Zeiten wenig geändert".

Die Masse ist dabei entscheidungsunfähig und unterwirft sich jeder Kraft die befiehlt, damit kann der Massenmensch leicht von mächtigen Personen gelenkt werden:

„ Die Menge hört immer auf den Menschen, der über einen starken Willen verfügt. Die in der Masse vereinigten Einzelnen verlieren allen Willen und wenden sich instinktiv dem zu, der ihn besitzt".

Geschickten Manipulatoren müssen sich nur so ausdrücken, daß insbesondere die Emotionen angeregt werden. In der Masse verbreiten sich diese Gefühle sehr stark, weshalb die beteiligten Menschen überhaupt nur noch in eine Richtung denken können. In dieser Phase läßt sich die Menge durch geschickte Führer in jede gewollte Richtung lenken.

Weil auf diesen Effekt nur der Massenmensch hereinfällt, sind die Mächtigen immer bemüht, nur die Betätigung des Einzelnen in der Menge zu befürworten, während individuelle Nachdenklichkeit verdammt wird. Die eigentlich kreativen Individuen gehen in solch einem Umfeld zugrunde, während der gelenkte Massenmensch gefördert wird.

Der Zerfall

Solch eine Phase dauert allerdings nicht lange, und so stellte Le Bon als Ergebnis seiner Untersuchungen fest, daß in der Endphase eines Gesellschaftssystems die Freiheit des Einzelnen immer mehr durch Gesetze und Reglementierungen der herrschenden Regierung eingeschränkt wird. Es kommt zu einer Zunahme der scheinbaren Freiheit, die eine Abnahme der wirklichen Freiheit zur Folge haben muß. Gleichzeitig wird die Handlungsfreiheit des Individuums zunehmend durch immer drückendere Abgaben von vornherein beschränkt.

Damit wird der Teil, der vom Einzelnen nach eigenem Belieben verwendet werden kann zugunsten dem Anteil, welchen Beamte verwalten reduziert. Nicht zu vergessen, in dieser Phase werden gerne Kredite aufgenommen, die dann auch wieder nicht in gewinnbringende Aktivitäten investiert werden, meist auch nicht mehr investiert werden können, und so die verbleibende Handlungsfreiheit noch weiter einschränken. Die Macht der Beamten wie auch der Banken gewinnt dadurch an Bedeutung, womit die Eigeninitiative des Individuums erstickt wird: Die Betroffenen büßen zuletzt alle Ursprünglichkeit und Kraft ein. Sie sind nur noch wesenlose Schatten, Automaten, willenlos, ohne Widerstand und Kraft. Es kommt zu einem Teufelskreislauf aus Einengung der Freiheit und fehlender positiver Entwicklungsmöglichkeiten.

Noch kann die Kultur glänzend scheinen, weil sie das äußere Ansehen bewahrt, das von einer langen Vergangenheit geschaffen wurde, tatsächlich aber ist sie ein morscher Bau, der keine Stütze mehr hat und beim ersten Sturm zusammenbrechen wird. Die Eigeninitiative wird durch immer drückendere Gesetze und Steuerlasten erstickt. Über die Massenmedien wird ein manipulierbarer Massenmensch gezüchtet, der keine gegensätzlichen Meinungen gelten läßt.

Die Massenpsychologie in der Politik

Mit der Massenpsychologie als Hintergrund läßt sich auch gut verstehen, wie der Bevölkerung neue Repressalien aufgezwungen werden, ohne daß sich Widerstand rührt. Im allgemeinen werden zuerst die gewünschten Änderungen breit in der Presse bekanntgegeben. Dabei wird nicht versäumt, auch ausgiebig gewollte "Gegenmeinungen" zu Wort kommen zu lassen. Damit wird einmal der Mensch in der Masse auf den Gedanken an Änderungen vorbereitet und zum zweiten der Eindruck erweckt, als gebe es auch Gegenstimmen und eine Entscheidung über die Angelegenheit wäre noch nicht gefällt worden.

Die Diskussion von Pro und Contra werden ausgiebig als Scheingefecht geführt. Dabei ermüden die Menschen bei der großen Anzahl sich widersprechender Argumente sehr schnell und wollen bald von der ganzen Sache überhaupt nichts mehr wissen. Triftige Einwände werden in dieser Diskussion wirksam unterdrückt, da der Massenmensch die Punkte ohnehin nicht rational beurteilen kann und auch nicht will. Nachdem die Emotionen der Masse hochgekocht worden sind, läßt man die Sache erst einmal eine gewisse Zeit ruhen, um dann die neuen Repressalien, oft noch in schärferer Form als angekündigt, einfach einzuführen. Da die Masse ihre Emotionen bereits unter der Diskussionsphase ausgelebt hatte, rührt sich nun kein Widerstand mehr. Mit dieser einfachen Methode lassen sich praktisch alle Repressalien in der Bevölkerung durchsetzen.

Besonders die Medien haben es in der Hand, die Massenmenschen zu lenken, weil - wie jedermann täglich nachvollziehen kann - bevorzugt die pure öffentliche Behauptung, frei von jedem Beweis, geglaubt wird. Wenn diese Behauptung noch dazu medienwirksam oft genug wiederholt wird, setzt sie sich in der Massenseele als fester Lebensbestandteil fest. Der Manipulation durch die Medien ist von der Psychologie daher Tür und Tor geöffnet. Man muß nur eine entsprechend große Medienmacht besitzen, schon läßt sich die Meinungsbildung eines ganzen Volkes ebenso wie der Weltöffentlichkeit beeinflussen. Bestes Beispiel: der Irak-Krieg. Die Manipulation beruht zum wesentlichen Teil auf der ständigen Wiederholung von Botschaften, welche sich in der Bevölkerung festsetzen sollen. Je freier die verbreiteten Nachrichten von logisch / rationellen Inhalten sind, um so rascher werden sie von der Masse angenommen. Durch die breite Diskussion von Scheinargumenten können die Emotionen der Masse ausgelebt werden, und es ist nicht einmal dann Widerstand zu befürchten, wenn eine bis zum Erbrechen durch die Medien gezogene Maßnahme ihre fatalen Eigenschaften zeigt.

Und dann noch der Euro

Als die Pläne zur Begründung der Einheitswährung in der breiten Presse bekanntgegeben wurden, regte sich in der Bevölkerung ein scharfer Protest. Angebliche "Eurogegner" traten mit unbegründeten Argumenten wie "der Euro bringt Inflation" auf, und die Masse hatte den Eindruck, daß ihre Interessen würdig vertreten wären.

Die wirklich triftigen Argumente gegen die Einheitswährung wurden gar nicht geäußert und interessierten die Masse auch nicht bei dem geführten Scheingefecht zwischen Befürwortern und angeblichen Gegnern. Nach einer Ruhephase schwenkten immer mehr "Eurogegner" zu den Befürwortern über, und da sich auch das Inflationsargument nicht bewahrheitete, hatten die Massen plötzlich den Eindruck, daß die Argumente gegen den Euro an sich haltlos seien.

Die Einheitswährung konnte dann Anfang 1999 ohne Widerstand, wie geplant, begründet werden. Daß jedoch die entscheidende Phase der Euroeinführung noch gar nicht begonnen hat, interessiert heute nur noch die wenigsten. Durch die breite Diskussion von Scheinargumenten konnten die Emotionen der Masse ausgelebt werden, und es ist nicht einmal dann Widerstand zu befürchten, wenn der Euro Schiffbruch erleiden würde. Solange die meisten Menschen nicht ihr eigenes, individuelles Denken nutzen und Modeströmungen und vorgefaßte Meinungen kritiklos übernehmen, werden sie immer wieder ihr Vermögen, ihre Freiheit oder sogar das Leben verlieren.

Eine grundlegende Beschäftigung mit diesem System der Dinge ist somit vonnöten. Es wäre auch an der Zeit, abseits vom Mainstream stabile Alternativen zu entwickeln.

Die Beherrschung der Sexualität

Für die Religionen alter und sehr alter Kulturen war Sexualität durchaus noch mit göttlichem Schöpfungsakt verbunden. Die Nähe zum Göttlichen ist sogar noch in der griechisch-römischen Kultur fest verwurzelt, und im hinduistischen Kulturkreis immer noch mit göttlicher Kraft versehen und wird darüber hinaus sogar als Möglichkeit der Gotteserfahrung gesehen. Nach Freud ist die Sexualität die Haupttriebfeder des Menschen überhaupt, aus der sich alle Verhaltensformen ableiten lassen. Auch wenn das heute nicht mehr so streng gesehen wird, die Sexualität ist ein besonders bedeutendes Element in der menschlichen Persönlichkeit.

Wenn es nun gelänge, die Sexualität zur Steuerung der Massen einzusetzen, wie müßte man das machen? Nun, zuerst würde man sie verteufeln, so daß jeder, der so etwas teuflisches tut und gar noch Spaß daran findet, der Hölle verfallen ist. (Das gilt natürlich nicht für höhere Funktionäre).

Wenn das nicht mehr funktioniert, würde man die Sexualität den niederen Trieben zuordnen, so daß Geschlechtsverkehr etwa ein bißchen unterhalb von Essen und Trinken angesiedelt ist, aber keinesfalls etwas Wichtiges, schon gar nicht etwas Positives. Und dann ist da noch die Frage von Geburtenkontrolle, die hier mit hereinspielt. Interessanterweise findet man zu diesem Thema in den heutigen Evangelien gleich gar nichts (mehr), so daß Sexualität zum freien Spiel der Mächtigen sozusagen ausgespart wurde. Man hat das mehr als weidlich ausgenutzt.

Menschen, die kurz nach der Jahrhundertwende geboren wurden, wurde noch ganz kraß eingeredet, daß man bei einer so schmutzigen Sache keinesfalls Lustgefühle empfinden dürfe (nicht einmal in der Ehe) und daß man so etwas Scheußliches ohnehin nur zum Kinderkriegen machen darf (und dann aber gleich beichten). Heute ist die Steuerung mittels Sexualität kein Privileg der Kirche mehr.

Den zugedachten Stellenwert als Unterhaltungs- und Ablenkungsmittel kann man in den Massenmedien zu jeder Stunde und in fast jedem Programm ganz klar sehen. Genauso erkennbar im Sextourismus und Frauenhandel, der immerhin 20.000 Frauen jährlich betrifft, meist aus Asien und Osteuropa. So wird ein wichtiges Element des Lebens an sich und der Persönlichkeitsentwicklung auch noch zum anrüchigen Konsumgut degradiert.

Die Kelten der alten Zeit, also vor dem Römischen Imperium und vor der römischen Kirche, hatten mit der Sexualität wohl weniger Probleme als wir heute, denn den alten Schriften nach waren sie zwar zum Teil verheiratet, lebten jedoch ihre Sexualität völlig offen. Die Unvereinbarkeit von Leben, Sex und Spiritualität tauchte also erst später auf. Als "man" erkannte, daß Religion ein ungeheuerlicher Schlüssel zur Machtentfaltung ist, wenn man weiß, wie man ihn benutzen muß. Enthaltsamkeit als höchstes Ideal schwächt jeden, der so etwas folgt, bis zur Kraftlosigkeit oder zur Psychose. Solche Leute sind maximal manipulierbar.

Darum ist es für den Tanz des Geistes mit der Materie unerläßlich, daß man seine erotischen und sexuellen Bedürfnisse kennt und schätzt, statt sich in der Rolle des Kaninchens vor der angriffslüsternen Schlange (!) wiederzufinden. Sexualität ist eine der wesentlichen Ausdrucksformen des lebendigen Seins, zuständig für Begeisterung, Energie, Freude, Ausdauer und Beharrlichkeit. Und nicht nur das. Sie ist die ultimative Energiequelle des lebendigen Seins an sich.........

Die Kontrolle der Sinne

Alles, was an Informationen durch einen unserer Sinne an unser Gehirn herangetragen wird, muß von diesem auch zwingend verarbeitet werden. Egal, ob diese Informationen von uns vorsätzlich und bewußt aufgenommen werden oder unfreiwillig und unbewußt, wie z. B. Werbung oder Filme, die wir uns vermeintlich zur Unterhaltung anschauen. Alle diese Informationen, insbesondere Bilder oder Filmszenen oder auch Musik beeinflussen deshalb unser Selbst. (Die Beeinflussbarkeit der Menschen durch Musik war schon bei den alten Griechen bekannt - wir machen uns heute darüber keine Gedanken mehr - warum wohl?)

Um zu unserem eigenen, ursprünglichen Selbst zu finden, ist es deshalb unabdingbar notwendig, das, was über unsere Sinne auf uns einströmt bewußt zu kontrollieren und ebenso bewußt Informationen aufzunehmen, die uns in die von uns für richtig erkannte Richtung weiterbringen.

Und zwar nicht nur in Form rationaler, (theo-)logischer Schriften und Informationen, sondern ganz wesentlich in emotionalen, intuitiven Bildern und Szenen, die es uns ermöglichen, unser unbewußtes Selbst zu stärken und zu entwickeln. (Sozusagen die Umkehrung von konsumorientierten Werbebotschaften).

So etwas kann man ganz gezielt auf dem Weg der Meditation oder mit Exerzitien erreichen.

Das unbewußte Selbst ist sehr viel leistungsfähiger als unser rationaler Verstand. Darüber hinaus ist es der Teil unserer Persönlichkeit, der die Kommunikation mit dem Alles durchdringenden ALL-EINEN Schöpfergeist überhaupt erst ermöglicht. Wir sollten uns sehr davor hüten, diesen sehr wichtigen Teil unserer Person von allem und jeden manipulieren zu lassen!

Wir kontrollieren zwar unseren Wohnungseingang sehr sorgfältig, unser unbewußtes Selbst jedoch öffnen wir freiwillig für jede noch so dumme Werbeaussage.

Diese offenen Türen unseres (Unter-)Bewußtseins werden dann auch sehr, sehr intensiv zu Beeinflussung des Massenbewußtseins genutzt!

Um es ganz deutlich zu sagen: Die Hauptaufgabe der Massenmedien ist nicht die Unterhaltung, sondern gezielte Beeinflussung der Bevölkerung. Kein Film ohne eine bestimmte Aussage, keine Zeitung ohne vorsätzlich ausgewählte (meist bewußt negative) Informationen.

Das Ziel dieser gebündelten Maßnahmen: Die Vereinzelung der Massen, Verhinderung des Aufkommens jeden Gemeinschaftsgeistes, Verherrlichung des Mammon....

...in der Summe also alles, um zu verhindern, daß Menschen sich mit dem Grund ihres Daseins, mit ihrem Verhältnis zu ihrem Schöpfer z. B. anhand der Lehre Jesu beschäftigen. Wer zu sich selbst und zu seinem Vater - wie es Jesus ausdrückt - gefunden hat, ist nicht mehr im Sinne dieses Systems der Dinge zu manipulieren und läßt sich nicht mehr gegen alles und jedes aufhetzen, ist nicht mehr manipulierbar und fühlt sich mehr der Schöpfung und ihrem Urheber verpflichtet als irgendeiner Partei oder irgendeinem Sportclub oder sonst einem Ersatzgötzen.

Den Menschen, denen man von Kindesbeinen an jahrelang, jahrzehntelang eingebläut hat, daß man unbedingt möglichst viel Geld, Macht und Ansehen zusammenraffen muß - koste es was es wolle - nimmt man jetzt durch Globalisierung, Zentralisierung und nicht zuletzt auch durch Automatisierung allerdings die Grundlage weg. Eine moderne Form der Ernte. Bald werden nur noch 10% der Bevölkerung mehr als 100% aller Güter produzieren. Was ist dann der Lebensinhalt der anderen 90%? Dienstleistung???

Die technische Entwicklung würde eine ganz andere gesellschaftliche Entwicklung ermöglichen.

Die Mächtigen im Hintergrund nutzen die Technik jedoch gänzlich unangefochten zur massiven Steigerung ihrer Macht und treiben weltweit Zentralisierung und Konzentration voran - siehe Landwirtschaft (nur noch weniger als 2% der Bevölkerung), Energiewirtschaft (Atomenergie läßt sich hervorragend Zentralisieren, Sonnenenergie nicht), Großindustrie und Bankenfusionierung, Großhandel, und in Europa alles das gefördert durch EU-Politik.

Die Kirchen in diesem Umfeld

Und wie stehen unsere Kirchen in diesem Umfeld? Unsere Kirchen können sich nicht dazu aufraffen, ein alternatives Wirtschafts- und Lebenssystem auf der Basis des Evangeliums zu entwickeln und umzusetzen, weil sie viel zu sehr mit "Diesem System der Dinge" verflochten sind. Dies ist ursächlich im Zusammenhang mit der Eigenschaft als "Staatsreligion" zu sehen. Die Einführung des Christentums als Staatsreligion im römischen Imperium hat die ursprünglich basischristliche (d. h. an der Botschaft Jesu orientierte) Ausprägung der Kirche zum Steigbügelhalter weltlicher Macht korrumpiert. Gut, das ist lange her: Im Jahre 313 n.Chr. befiehlt Kaiser Konstantin im Edikt von Mailand die Gleichberechtigung der Christen.

325 n.Chr. übernahm Konstantin, der erste "christliche" Kaiser Roms, den Vorsitz auf dem Konzil von Nizäa (heute Iznik, Türkei). 367 n. Chr. wurde das Neue Testament in einer "Redaktionssitzung" (Synode) in die heutige Form gebracht.

Zu der Zeit waren noch an die 90 Evangelienberichte im Umlauf. 20 der 27 Texte des heutigen NT stammen nachweislich nicht von den angegebenen Verfassern. 381 n. Chr. wurde das Christentum auf dem Konzil von Konstantinopel zur ausschließlichen Staatsreligion erklärt. Alle heidnischen Kulte waren von da an in der Öffentlichkeit verboten.

Über Jahrhunderte hindurch haben sogar die "Statthalter Christi" versucht, die Macht über die Welt selbst mit sehr weltlichen Methoden zu erringen. Dazu hat man bewußt und im vollen Gegensatz selbst zu den heute noch im Umlauf befindlichen gezähmten Evangelien Christus zum König aller Könige stilisiert und an die Spitze jeglicher weltlicher, streng hierarchischer Machtstrukturen gestellt. Man war also Machthaber unmittelbar von "Gottes Gnade".

Heute ist das - zumindest an der Oberfläche - alles ein bißchen moderater. Man begnügt sich mit der Teilhabe an wirtschaftlicher Macht, arrangiert sich im Geheimen mit den Mächtigen. Johannes Paul II. hat am 27.11.1983 sogar das Verbot aufgehoben, als Katholik gleichzeitig Freimaurer zu sein. Man stabilisiert das herrschende System durch Verwendung kirchlicher Mittel in Bereichen, wo kein wirtschaftlicher Erfolg je zu erwarten ist. Aus der offiziellen Politik hält man sich mit vornehmer Zurückhaltung heraus. (Wegen der Konkordate)

Die kirchlich-klerikale Struktur muß sich zwingend mit den im Hintergrund Herrschenden arrangieren und legitimiert damit den ganz normalen, menschenverachtenden Wahn, statt eindeutig und mit Konsequenz zu Jesus und seiner Lehre Stellung zu beziehen. Und die Ordensgemeinschaften? Schwenken auf diesen Kurs ein oder kapseln sich ab.

Kirche heute erscheint mir wie eine Fata Morgana: Ein schönes Bild von der "Frohen Botschaft" - wenn man aber näher kommt, zerfließt es in (fast) nichts. An dem Punkt, wo das Evangelium in konkretes aktives und auch politisches Handeln mündet, hört die Amtskirche auf. Jesus selbst hat gerade an diesem Punkt eben nicht aufgehört. Er sagte: "Kommt und seht". Und was sehen wir heute?

Trotz alledem regen sich in und neben den christlichen Kirchen am Evangelium selbst orientierte Bewegungen, die auch schon praktische Erfolge erzielen konnten. Auch wenn es schwierig ist, kann man den Geist Jesu in den heutigen Evangelien spüren, ja sogar durch eigene Erfahrung Stück für Stück restaurieren. Und man kann feststellen, daß da nicht ein von der Realität des Lebens abgehobener "Privatglaube" gemeint ist, den man am Sonntag in der Kirche ausübt und der durch Spenden und "gute Taten" das Gewissen beruhigt. Es ist ein ganz klar an ganz anderen Prioritäten als an unserer Wirtschaftsgesellschaft orientierter Lebensstil gefordert. Jesus versucht das mit dem Begriff "Reich Gottes" zu umreißen, den er in unvereinbarem Gegensatz zu "Diesem System der Dinge" stellt. Das, was Jesus mit "Diesem System der Dinge" meint, ist gerade dabei, unseren Planeten zu verwüsten, um daraus noch mehr Macht und Geschäft zu machen, wie z. B. Atemluft und Trinkwasser verkaufen.

Jesus selbst war weniger am Herr, Herr! interessiert als wir. Ihm lag mehr am "Weil ihr nicht tut was ich euch sage". Aber Vorsicht: Die Taten für sich genommen bilden noch nicht den eigentlichen Wert. Meister Eckhart, der große deutsche Mystiker, sagt: "Nicht durch deine Taten wirst du gerettet werden, sondern durch dein Sein. Nicht nach dem, was du tust, sondern nach dem, was du bist, wirst du gerichtet werden." Das Sein ist es, was verändert werden muß! Eine neue Art und Weise, alles zu sehen. Das ist die Veränderung, von der wir hier sprechen. Wie die aktuelle, missliche Situation entstanden ist, versucht folgende Geschichte skizzenhaft darzustellen:

....und so wurde das gemacht:

Es war einmal ein Mann, der erfand die Kunst des Feuermachens. Nachdem er es erfunden hatte, nahm er seine Werkzeuge und wanderte zu einem Stamm im Norden, wo die Menschen in den Bergen vor Kälte zitterten. Dort lehrte er ihnen, Feuer zu machen. Er zeigte ihnen, wozu das Feuer alles gut sein kann: Zum Kochen, um sich daran zu wärmen und anderes mehr.

Sie waren begeisterte Schüler.

Doch bevor sie dem Mann ihren Dank aussprechen konnten, zog er weiter an einen anderen Ort. Ihm lag nicht an Anerkennung oder Dank, ihm lag an ihrem Wohlergehen, denn er war ein großer Mann. Großen Menschen ist es egal, ob man sich ihrer erinnert oder ihnen dankt. Er verschwand also und ging zu einem anderen Stamm, dem er wiederum zeigte, wie nützlich die Kunst des Feuermachens ist. Auch die Menschen dieses Stammes waren begeistert, und sein Ruhm wurde immer größer.

Doch die Priester fürchteten, ihr eigenes Ansehen könnte darunter leiden und so beschlossen sie, ihn beiseite zu schaffen und zu vergiften. Um das Volk nicht mißtrauisch zu machen, ersannen sie eine List: Sie fertigten ein Bild des Mannes und stellten es auf den größten Altar des Tempels, die Werkzeuge zum Feuermachen davor. Das Volk wurde geheißen, das Bild zu verehren und sich vor dem Werkzeug zu verbeugen.

Mit der Zeit entwickelten die Priester ein ganzes Ritual und eine Liturgie zur Verehrung der Werkzeuge und des großen Erfinders des Feuers. Verehrung und Kult dauerten fort, Jahrzehnt über Jahrzehnt, Jahrhundert über Jahrhundert - aber das Feuer - das gab es nicht mehr.

Der Glaube der (katholischen) Kirche

Die Kirche hat von Christus den Auftrag,, seine Lehre zu bewahren und allen Völkern bis ans Ende der Weltzeit zu verkünden. Nicht ein geschriebenes Wort sollte in erster Linie seine Offenbarungen aufnehmen und weitertragen, sondern seine lebendige Kirche. Ihr hat er deshalb den Geist der Wahrheit verheißen und geschenkt.

So sind die kirchlichen Lehrurkunden nichts als im Lauf der Jahrhunderte entstandene Formung des Offenbarungsgutes, das die heilige Kirche bewahrt. Sie hat nicht neue Wahrheiten zu lehren, sondern das, was durch Christus und seine Apostel verkündet wurde, soll sie bewahren und weitergeben.

Am besten sind Tatsache, Eigenschaften und Aufgaben des kirchlichen Lehramtes in den kirchlichen Dokumenten selber dargestellt. Im Folgenden einige Beispiele, die Nummern mit der) entsprechen der offiziellen Nummerierung der Lehrdekrete (Dogmen).

34) I. Vatikan 1870

Mit göttlichem und katholischem Glauben ist also all das zu glauben, was im geschriebenen oder überlieferten Wort Gottes enthalten ist und von der Kirche in feierlichem Entscheid oder durch gewöhnliche und allgemeine Lehrverkündigung als von Gott geoffenbart zu glauben vorgelegt wird.

57) I. Vatikan 1870

Wer sagt, es sei möglich, daß man den von der Kirche vorgelegten Glaubenssätzen (Dogmen) entsprechend dem Fortschritt der Wissenschaft gelegentlich einen anderen Sinn beilegen müsse als den, den die Kirche verstanden hat und versteht, der sei ausgeschlossen.

60) Pius X. 1910

Ich umfasse fest und nehme alles und jedes Einzelne, was vom irrtumslosen Lehramt der Kirche bestimmt, aufgestellt und erklärt ist, besonders die Hauptstücke ihrer Lehre, die unmittelbar den Irrtümern der Gegenwart entgegen sind.

85) Nizäa 787

Wer nicht die ganze kirchliche Überlieferung annimmt, die geschriebene wie die ungeschriebene, der sei ausgeschlossen.

164) Ephesus 431: Wer zu behaupten wagt, Christus sei ein Mensch, der Gott in sich trage, und nicht vielmehr bekennt, daß er in Wahrheit als einziger und natürlicher Sohn Gott ist, da das Wort Fleisch geworden ist und in gleicher Weise wie wir an Fleisch und Blut teilgenommen hat, der sei ausgeschlossen.

266) Toledo 675, bestätigt mit 277) 1215 im Lateran

Wir bekennen und glauben, daß die heilige und unaussprechliche Dreifaltigkeit, der Vater, der Sohn und der heilige Geist, der eine Gott, von Natur aus ein Wesen, eine Natur, eine Herrlichkeit und Kraft besitzt.

375) Lateran 1215

Es gibt nur e i n e allgemeine Kirche der Gläubigen. Außer ihr wird keiner gerettet . (...)

430) Bonifaz VIII. 1302 >Unam sanctam<

Dem römischen Papst sich zu unterwerfen, ist für alle Menschen unbedingt zum Heile notwendig: Das erklären, behaupten, bestimmen und verkünden wir.

454) Vatikan 1870

Wenn der römische Bischof in höchster Lehrgewalt (ex cathedra) spricht, d. h. wenn er seines Amtes als Hirt und Lehrer aller Christen waltend in höchster, apostolischer Amtsgewalt endgültig entscheidet, eine Lehre über Glauben oder Sitten sei von der ganzen Kirche festzuhalten, so besitzt er aufgrund des göttlichen Beistandes, der ihm im heiligen Petrus verheißen ist, jene Unfehlbarkeit, mit der der göttliche Erlöser seine Kirche bei endgültigen Entscheidungen in Glaubens- und Sittenlehren ausgerüstet haben wollte. Diese endgültigen Entscheidungen des römischen Bischofs sind daher aus sich und nicht aufgrund der Zustimmung der Kirche unabänderlich. Wenn sich jemand - was Gott verhüte - herausnehmen sollte, dieser unserer endgültigen Entscheidung zu widersprechen, so sei er ausgeschlossen.

479) Pius IX: 1854

Zur Ehre der Heiligen und ungeteilten Dreifaltigkeit, zur Zierde und Verherrlichung der jungfräulichen Gottesgebärerin, zur Erhöhung des katholischen Glaubens und zum Wachstum der christlichen Religion erklären, verkünden und bestimmen Wir in Vollmacht unseres Herrn Jesus Christus, der seligen Apostel Petrus und Paulus und in Unserer Eigenen: Die Lehre, daß die seligste Jungfrau Maria im ersten Augenblick ihrer Empfängnis durch einzigartiges Gnadengeschenk und Vorrecht des allmächtigen Gottes, im Hinblick auf die Verdienste Christi Jesu, des Erlösers des Menschengeschlechts, von jedem Fehl der Erbsünde rein bewahrt blieb, ist von Gott geoffenbart und deshalb von allen Gläubigen fest und standhaft zu glauben. Wenn sich deshalb jemand, was Gott verhüte, anmaßt, anders zu denken, als es von Uns bestimmt wurde, so soll er klar wissen, daß er durch eigenen Urteilsspruch verurteilt ist, daß er an seinem Glauben Schiffbruch erlitt und von der Einheit der Kirche abfiel, ferner, daß er sich ohne weiteres die rechtlich festgesetzten Strafen zuzieht, wenn er in Wort oder Schrift oder sonstwie seine Auffassung äußerlich kundzugeben wagt.

584) Trient, 1551

Wer sagt, man genieße Christus, wenn er in der Eucharistie dargereicht wird, nur geistig und nicht sakramental und wirklich, der sei ausgeschlossen.

1964/65) II. Vatikanisches Konzil

Mit dem II. Vatikanischen Konzil, begonnen unter Papst Johannes 23. kommt langsam Bewegung in die Amtskirche, z. B. mit dem **Dekret über den Ökumenismus** - aber: ....Ihre (Anm.: der Gläubigen) ökumenische Betätigung muß ganz und echt katholisch sein, das heißt in Treue zur Wahrheit, die wir von den Aposteln und den Vätern empfangen haben, und in Übereinstimmung mit dem Glauben, den die katholische Kirche immer bekannt hat, zugleich aber auch im Streben nach jener Fülle, die sein Leib nach dem Willen des Herrn im Ablauf der Zeit gewinnen soll.

Und mit einer Erklärung über das Verhältnis der katholischen Kirche zu den nichtchristlichen Religionen (Hinduismus, Buddhismus, Judentum, Islam) "....Die katholische Kirche lehnt nichts von alledem ab, was in diesen Religionen wahr und heilig ist. Mit aufrichtigem Ernst betrachtet sie jene Handlungs- und Lebensweisen, jene Vorschriften und Lehren, die zwar in manchem von dem abweichen, was sie selber für wahr hält und lehrt, doch nicht selten einen Strahl jener Wahrheit erkennen lassen, die alle Menschen erleuchtet."

Offenbarung

Offenbarung - ein großes Wort! Was ist gemeint? Im religiösen Bereich handelt es sich immer um die Offenbarung Gottes. Manche, ja sogar viele meinen, daß es um die Offenbarung des schrecklichen Untergangs der Welt geht, das Universum und alles was darin ist gleich mit eingeschlossen.

Man kann es jedoch auch so sehen: Ziel unseres Lebens ist es, für immer mit Gott zu leben. Alle Dinge dieser Welt sind Schöpfungen Gottes, die sich mit Hilfe der Evolution und der Gesetzmäßigkeit, die diesem Universum seit Anbeginn der Schöpfung zugrundeliegt, entwickelt haben. So gesehen, sind alle Dinge dieser Welt Geschenke Gottes, die uns angeboten sind, damit wir Ihn aus seinen Werken besser erkennen können.

Die erste Offenbarung Gottes ist also unsere ganz reale Umwelt, in der wir leben - Paulus sagt: "In Ihm Leben, weben und sind wir". Bis ins Hochmittelalter hinein wurde das auch noch so gesehen.

Die Zweite Offenbarung ist dann die inspirierte Offenbarung der heiligen Schriften, wie sie uns als Christen im Alten Testament begegnet. Sie handelt davon, wie Gott in unser Leben hineinwirkt, wie wir uns vorstellen können, daß Er die Welt erschaffen hat und wie Er sich vorstellt wie wir miteinander umgehen sollten. Grob zusammengefaßt in den 5 Büchern Mose, weiter vertieft durch die verschiedenen Propheten des Alten Testaments. Besonders charakterisiert durch die Person Abrahams, der auch "Freund Gottes" genannt wurde.

Die dritte Offenbarung Gottes erschien uns in dem Menschensohn Jesus, der ganz unmittelbar Einblick gewährt in die Natur Gottes, indem Er sagen konnte: "Wer mich gesehen hat, der hat auch den Vater gesehen". Jesu Verhalten war ganz und gar auf den Willen des Vaters - wie er Gott genannt hat - ausgerichtet.

Er sollte und wollte uns zeigen, wie wir durch die Liebe zu Gott und zu unserem Nächsten die Gesetzmäßigkeit der "rohen" Natur und auch "das Gesetz", wie es durch Moses gegeben wurde, überschreiten bzw. überwinden können, um uns in die Richtung des "Gottesreiches" weiterentwickeln zu können.

Die Rekonstruktion

Es ist nicht ganz einfach, aber auch nicht unmöglich die ursprünglichen Aussagen Jesu oder anderer Religionsstifter oder der Propheten in unsere Zeit zu übertragen. Ähnlich wie in der Architektur läßt sich anhand der Fundamente, Schnittstellen und ähnlichen "Gebäuden" in Verbindung mit eigener Erfahrung eine ganze Menge mehr herausfinden, als man gewöhnlich so denkt. Da ist zunächst einmal die Bibel. Nüchtern betrachtet enthält sie eine große Menge von Texten, die von den damaligen Religionsvertretern zur Weitergabe bestimmt waren. Diese Texte lassen sich grob in 3 Gruppen teilen:

1. Schriften, welche die Religion selbst betreffen, mit religiös-philosophischem Inhalt

2. Schriften, die aufgrund von 1. das Zusammenleben ermöglichen bzw. erleichtern sollen - insbesondere das Zusammenleben von Menschen, die aus dem Geist wiedergeboren sind und denen, die noch in der Finsternis "dieses Systems der Dinge" verstrickt sind.

3. Schriften, die zum Zwecke des Herrschaftserhalts bzw. zur Herleitung von Machtansprüchen eingefügt bzw. modifiziert wurden.

Nachdem Menschen, die 3. im Sinn haben, eine ganz bestimmte Denkweise an den Tag legen, die sich mit 1. und 2. grundsätzlich nicht in Übereinstimmung bringen läßt, fallen solche Texte von Aussage und Inhalt her aus dem Rahmen von 1. und 2. (Textkritik).

Viel weiter kommt man, wenn man aus den Texten der Gruppe 1 den Kern herausarbeitet und die anderen Texte anhand der Grundaussagen überprüft. Schwieriger wird es, wenn wichtige ursprüngliche Aussagen zum Zwecke der Manipulation weggelassen werden.

Auch bei der Übersetzung kann man durch unterschiedliche Nuancierung viel in der Aussage verändern.

Ein typisches Beispiel: Die Übersetzung des Gottesbegriffes selbst.

Im Alten Testament gibt es die hebräischen Worte "Jahwe" (Übersetzt: Ich bin oder Ich bin da) "Elohim" (Gott/Plural) oder - im Neuen Testament - den Begriff Jesu "Abba" (übersetzt Papa, liebender Vater).

Man hat aus Gründen der „Vereinfachung" den Gottesbegriff im Alten wie auch im Neuen Testament mit "Herr" übersetzt.

Damit ist schon mal Herrschaft zementiert - und es wird eine Durchgängigkeit erzeugt, die so tatsächlich gar nicht vorhanden ist.

Hier hilft nur, sich aus den vorhandenen Aussagen von 1 und 2 ein "Gerüst", eine Struktur zu erarbeiten, wo man - wie bei einem Puzzle - fehlende Elemente recht gut rekonstruieren kann. Stabilisierend für diese Methode können Vergleiche mit anderen Religionen sein, aber auch wissenschaftliche Erkenntnisse aus Psychologie, Soziologie und Geschichte.

Und nicht zuletzt helfen eigene persönliche Erfahrungen.

Zuletzt folgt noch die Methode des Umkehrschlusses: Analysiert man die Absichten von 3., ergeben sich - allerdings erst in der Umkehrung - wichtige Hinweise auf 1. und 2., die man zur Vervollständigung des Originalbildes sehr gut einsetzen kann.

Was ist mit dem Alten Testament?

Wie weiter oben bereits dargestellt, sind viele dieser Texte bereits sehr frühzeitig im Sinne "dieses Systems der Dinge" überarbeitet worden. Man muß schon lange und genau studieren, bis einem auffällt, daß das Alte Testament und die jüdischen Überlieferungen (Talmud) an wichtigen Stellen einen anderen Gott zum Gegenstand haben, als den, den Jesus als seinen Vater, ja sogar als seinen liebevollen Papa bezeichnet hat.

Es könnte einem auffallen, daß der Gott des Völkermordes mit ausgesprochener Parteilichkeit für die Juden, der Gott der Vergeltung, der Gott beinharter Gesetzesauslegung mit vielfacher Todesstrafe und der Gott Jesu (aber auch einiger Propheten) nicht viel gemeinsam haben. Der Gott Jesu, der seinen Sohn zu uns sandte um zu demonstrieren, wie Leben gemeint ist. Der seinen Sohn zu Tode kommen ließ ohne Rache.

Selbst nach der Auferstehung machte er keinen Gebrauch von dieser machtvollen Tat und zeigte sich nur und ausschließlich seinen Jüngern. (Die Anderen hätten in ihm sonst wieder nur IHREN Messias gesehen. Jesus wollte alles andere, als das Reich Davids wieder errichten oder der Vorsitzende Oberkönig einer umfassend hierarchischen und monopolistischen Weltregierung werden). Wir sind also faktisch wieder in der gleichen Situation wie vor 2000 Jahren, als das schriftlich und mündlich überlieferte sogenannte "Gesetz" der Juden die damalige Glaubenspraxis entmenschlichte. Das sah damals wie heute so aus:

Einige solcher Zitate aus dem Alten Testament

"Wenn ihr auf dieses ganze Gebot, auf das ich euch heute verpflichte, genau achtet und es haltet, wenn ihr den Herrn, euren Gott, liebt, auf allen seinen Wegen geht und euch an ihm festhaltet, dann wird der Herr all diese Völker vor euch vertreiben, und ihr werdet den Besitz von Völkern übernehmen, die größer und mächtiger sind als ihr. Jede Stelle, die euer Fuß berührt, soll euch gehören, von der Wüste an." (Dtn. 11,22f)

"Wenn der Herr, dein Gott, dich segnet, wie er es dir zugesagt hat, dann kannst du vielen Völkern gegen Pfand leihen, du selbst aber brauchst nichts verpfänden; du wirst über viele Völker Gewalt haben, über dich aber werden sie keine Gewalt haben. (Dtn. 15,6)

"Doch ein Prophet, der sich anmaßt, in meinem Namen ein Wort zu verkünden, dessen Verkündigung ich ihm nicht aufgetragen habe, oder der im Namen anderer Götter spricht, ein solcher Prophet soll sterben" (Dtn. 18,20)

"Wenn du vor eine Stadt ziehst, um sie anzugreifen, dann sollst du ihr zunächst eine friedliche Einigung vorschlagen. Nimmt sie die friedliche Einigung an und öffnet dir die Tore, dann soll die gesamte Bevölkerung, die du dort vorfindest, zum Frondienst verpflichtet und dir untertan sein. Lehnt sie eine friedliche Einigung ab, und will sich mit dir im Kampf messen, dann darfst du sie belagern. Wenn der Herr, dein Gott, sie in deine Gewalt gibt, sollst du alle männlichen Personen mit dem scharfen Schwert erschlagen. Die Frauen aber, die Kinder und Greise, das Vieh und alles, was sich sonst noch in der Stadt befindet, alles, was sich darin plündern läßt, darfst du dir als Beute nehmen. Was du bei deinen Feinden geplündert hast, darfst du verzehren; denn der Herr, dein Gott, hat es dir geschenkt.

So sollst du mit allen Städten verfahren, die sehr weit von dir entfernt liegen und nicht zu den Städten dieser Völker hier gehören. Aus den Städten dieser was Atem hat, am Leben lassen. Vielmehr sollst du die Hetiter und Amoriter, Kanaaniter und Perisiter, Hiwiter und Jebusiter der Vernichtung weihen, so wie es der Herr, dein Gott, dir zur Pflicht gemacht hat." (Dtn. 20,10f)

"In die Versammlung des Herrn darf kein Bastard aufgenommen werden; auch in der zehnten Generation dürfen seine Nachkommen nicht in die Versammlung des Herrn aufgenommen werden.
(Dtn. 23,3f)

"Du darfst von deinem Bruder keine Zinsen nehmen; weder Zinsen für Geld noch für Getreide noch für sonst etwas, wofür man Zinsen nimmt. Von einem Ausländer darfst du Zinsen nehmen, von deinem Bruder darfst du keine Zinsen nehmen, damit der Herr dein Gott, dich segnet in allem, was deine Hände schaffen, in dem Land, in das du hineinziehst, um es in Besitz zu nehmen.
(Dtn. 23,20f)

"Wenn zwei Männer, ein Mann und sein Bruder, miteinander raufen und die Frau des einen hinzukommt, um ihren Mann aus der Gewalt des anderen, der auf ihn einschlägt, zu befreien, und wenn sie die Hand ausstreckt und dessen Schamteile ergreift, dann sollst du ihr die Hand abhacken. Du sollst in dir kein Mitleid aufsteigen lassen.
(Dtn. 25,11f)

"Keiner ist wie der Gott Israels, der in den Himmel steigt, um dir zu helfen, auf die Wolken in seiner Hoheit. Eine Wohnung ist der Gott der Urzeit, von unten tragen die Arme des Ewigen. Er trieb den Feind vor dir her, er sagte zu dir: Vernichte!"
(Dtn. 33,26f)

"Als die Priester beim siebten mal die Hörner bliesen, sagte Josua zum Volk: Erhebt das Kriegsgeschrei! Denn der Herr hat die Stadt in eure Gewalt gegeben. Die Stadt mit allem, was in ihr ist, soll zu Ehren des Herrn dem Untergang geweiht sein. Nur die Dirne Rahab, und alle die bei ihr im Hause sind, sollen am Leben bleiben, weil sie die Boten versteckt hat, die wir ausgeschickt hatten. .... So eroberten Sie die Stadt. Mit scharfem Schwert weihten sie alles, was in der Stadt war, dem Untergang, Männer, Frauen, Kinder und Greise, Rinder, Schafe und Esel." (Josua 6,16f)

Man kann feststellen, daß die zitierten Ausführungsbestimmungen des Talmud mit den entsprechenden Aussagen des Alten Testaments im wesentlichen übereinstimmen. Müssen sie auch, sie sind ja schließlich auch die Grundlage. So drängt sich die beinahe beängstigend hart die Frage auf: Ist der Gott des Alten Testaments - Jahwe - wirklich der Gott Jesu (und auch einiger Propheten des AT)?

Der Gott der ganzen Schöpfung (nicht nur der Stammesgott der Juden), der seine Schöpfung liebt, ist in Jesus gegenwärtig geworden, ohne wenn und dann, ohne Drohung, ohne Völkermord und Blutrache!

Einige Zitate aus dem Talmud:

(Talmud, hebräisch "Lehre", die im 5. Jahrhundert abgeschlossene schriftliche Fixierung der gesetzesgelehrten Tradition des Judentums, besonders der Auslegungen, Anwendungen und Weiterbildungen des mosaischen Gesetzes (Thora). Der Talmud entstand im Lauf mehrerer Jahrhunderte als Zusammenfassung der Mischna (Sammlung der Gesetzesüberlieferung) und der Gemara (Erläuterung und Erörterung der Gesetze). Deutsche Ausgabe: Der babylonische Talmud, übersetzt von L. Goldschmidt, 12 Bände, 1930-1936, Neudruck 1980.)

"Der Zweck der Erschaffung der Welt lag nur bei den Juden. Obwohl das alles klar ist, so muß man dieses Wort betrachten und mit dem Gaumen schmecken".
(Zerror Hammor, Krakau 1595 Fol. 145 Kol. 4)

"Wie die Welt nicht ohne Winde bestehen kann, so kann sie auch nicht ohne Juden bestehen". (Taanid 3b, Aboda zara 10 b)

"Nur die Juden sind Menschen, die Nichtjuden sind keine Menschen, sondern Tiere" (Goyim = Menschenrinder, Einzahl "Goy") (Kerithuth 6b Seite 78, Jebhammoth 61a)

"Ihr habt mich, Jahwe, zum einzigen Herrscher der Welt gemacht, daher werde ich euch (Juden) zum einzigen Herrscher der Welt machen."

"Wer klug sein will, beschäftige sich mit Geldprozeßangelegenheiten, denn es gibt keine größeren Eckpfeiler in der Thora, denn sie sind wie eine sprudelnde Quelle".
(Talmud IV/3/173b)

"Die Güter der Goyim sind der herrenlosen Wüste gleich, und jeder, der sich ihrer bemächtigt, hat sie erworben."
(Talmud IV/1/113b)

"Von dem Nichtjuden darf man Wucher nehmen"
(Talmud IV/2/70b)

"Eine Tochter Israels soll einer Fremden keine Geburtshilfe leisten, weil sie dann einem Anhänger des Götzendienstes zur Geburt verhilft.

Aber eine Fremde darf einer Tochter Israels Geburtshilfe leisten. Eine Tochter Israels soll das Kind einer Fremden nicht säugen.

Aber eine Fremde darf das Kind einer Tochter Israels in deren Anwesen säugen." (Mischna Awoda sara II,1)

"Warum aber wird er Berg Horeb genannt? Weil dort für die Völker der Welt Zerstörung herabgestiegen ist."
(Schabbat 89a/b)

"Jeder, der außer Landes (Israel) wohnt, ist als ob er Götzendienst treibe" (Ketubbot 110b)

„Die Juden sind Gott (Jahwe) angenehmer als die Engel"
(Talmud V 1 3 1 91b)

„Gott (Jahwe) läßt seine Majestät nur unter den ihm zugehörigen Juden wohnen" (Talmud 1 1 1 1 7a)

„Der Mensch (also der Jude) muß an jedem Tage drei Segenssprüche sagen, nämlich, daß Jahwe ihn nicht zu einem Goy, nicht zu einem Weibe und nicht zu einem Unwissenden gemacht hat"
(Talmud V 1 2 1 43b + 44a)

„Wo immer sich die Juden niederlassen mögen, müssen sie dort die Herren werden, und solange sie nicht die unumschränkte Herrschaft besitzen, müssen sie sich als Verbannte und Gefangene fühlen, auch wenn sie einige Völker schon beherrschen;

solange sie nicht alle beherrschen, müssen sie unaufhörlich rufen: Welche Qual, welche Schande!"

(Talmud von Babylon, Sanhedrin 104a, Spalte 1)

„Ich (Jahwe) mache dich (das Judentum) zum Stammvater unter den Völkern, ich mache dich zum Auserwählten unter den Völkern, ich mache dich zum König über die Völker, ich mache dich zum Geliebten unter den Völkern, ich mache dich zum Besten unter den Völkern, ich mache dich zum Vertrauten unter den Völkern"

(Schabbat 105a)

Der Talmud über Frauen:

„Was ist eine Prostituierte? Irgendeine Frau, die keine Jüdin ist"
(Eben-Ha-Eser, 6 und 8)

„Einem Nichtjuden gegenüber begeht der Jude keinen Ehebruch... Strafbar für den Juden ist nur der Ehebruch an des Nächsten, das heißt des Juden Weib. Das Weib des Nichtjuden ist ausgenommen" (Talmud IVI 4 1 52b)

„Ein Eheweib gibt es für den Goyim (Nichtjuden) nicht, sie sind nicht wirklich ihre Weiber" (Talmud IV 1 4 I 81 + 82ab)

„Ihr Israeliter werdet Menschen genannt, wogegen die Völker der Welt nicht den Namen „Menschen" verdienen, sondern den von Tieren"
(Talmud von Babylon, Schrift Baba Metzia, Blatt 114, Spalte 2)

„Die Kinder und Nachkommen von einem Fremden sind wie die Zucht von Tieren"
(Talmud von Babylon, Schrift Yebamoth, Blatt 94, Spalte 2)

„Die Nichtjuden wurden geschaffen, damit sie den Juden als Sklaven dienen" (Midrasch Talpioth 225)

Aber auch:

" Rabbi Meir sagt: Woher haben wir, daß sogar einer aus den Völkern, der sich mit der Weisung beschäftigt, daß er wie der Hohepriester ist? Eine Schriftstelle besagt: >Der Mensch, der sie tut, wird durch sie leben<. Es heißt nicht: Priester, Leviten und Israeliten, sondern: Mensch. Dies lehrt dich: Sogar einer aus den Völkern, der sich mit der Weisung beschäftigt, siehe, er ist wie der Hohepriester."
(Bawa kamma 38a)

Über den (jüdischen) Messias:

"Sobald der Messias kommt, sind alle Sklaven der Juden"
(Erubin 43b)

"Der Messias wird den Juden das königliche Zepter über die Welt geben, und alle Völker werden ihnen dienen und alle Nationen der Welt werden ihnen untertan sein."

(Talmud von Babylon, Sanhedrinschrift, Blatt 88b, Spalte 2 und Blatt 89 und 99a, Spalte 1)

Quelle: Direktübersetzungen aus dem hebräischen Talmud, auch veröffentlicht in "Wußten Sie schon" von Johannes Rothkranz und "Jüdische Selbstzeugnisse", Dr. Johann Pohl, Buchdienst Witten. 12 Bände Gesetzesauslegung und Erläuterung.

Zum Vergleich einige Zitate aus dem Neuen Testament

(Luk. 4,16-21)

Jesus lehrte in der Synagoge von Nazareth: "Als er aufstand, um aus der Schrift vorzulesen, reichte man ihm das Buch des Propheten Jesaja. Er schlug das Buch auf und fand die Stelle wo es heißt: Der Geist des Herrn ruht auf mir, denn der Herr hat mich gesandt. Er hat mich gesandt, damit ich den Armen eine frohe Botschaft bringe; damit ich den Gefangenen die Entlassung verkünde und den Blinden das Augenlicht; damit ich die Zerschlagenen in Freiheit setze und ein Gnadenjahr des Herrn ausrufe. Dann schloß er das Buch und gab es einem Synagogendiener und setzte sich. Die Augen aller in der Synagoge waren auf ihn gerichtet. Da begann er, ihnen darzulegen: Heute hat sich dieses Schriftwort vor euren Ohren erfüllt."

Was er wegließ: ...und ein Gnadenjahr des Herrn ausrufe, *einen Tag der Vergeltung unseres Gottes!* (Jes 61,2) Jesus läßt das Gerichtselement weg und spricht nur noch vom Gnadenjahr des Herrn. Das war der wirkliche Anlaß zu der sehr heftigen Auseinandersetzung über seine Predigt in Nazareth!

(Luk. 11,37f, Matth. 15,1f, Mark. 7,1f)

Es kamen einige Pharisäer und Schriftgelehrte aus Jerusalem zu Jesus und fragten ihn: "Weshalb befolgen deine Jünger unsere alten Traditionen nicht? Sie waschen sich nicht einmal vor dem Essen die Hände." Jesus fragte zurück: "Und weshalb brecht ihr mit euren Vorschriften die Gebote Gottes? So lautet ein Gebot Gottes: >Ehre deinen Vater und deine Mutter! Wer seine Eltern verachtet, soll sterben. <

Ihr aber sagt: > Wenn Jemand seinen hilfsbedürftigen Eltern erklärt, daß er ihnen nicht helfen kann, weil er sein Vermögen dem Tempel vermacht hat, dann hat er nicht gegen Gottes Gebot verstoßen. <

Damit setzt ihr durch eure Vorschriften das Gebot Gottes außer Kraft. Ihr scheinheiligen Heuchler! Jesaja hat ganz richtig von euch gesprochen: "Diese Leute können schön über Gott reden, aber mit dem Herzen sind sie nicht dabei. Ihr Gottesdienst ist wertlos, weil sie ihre menschlichen Gebote als Gebote Gottes ausgeben."

Dann rief Jesus die Menschenmenge zu sich: "Hört, was ich euch sage, und begreift doch: Nicht was ein Mensch ißt macht ihn unrein, sondern das was er denkt und redet." Da traten die Jünger näher zu ihm und sagten: "Weißt du, daß du damit die Pharisäer verärgert hast?" Jesus antwortete: "Jede Pflanze, die nicht von meinem himmlischen Vater gepflanzt ist, wird ausgerissen. Laßt euch nicht einschüchtern! Sie wollen Blinde führen, sind aber selbst blind. Sie werden zusammen mit den Blinden, die sie führen, in den Abgrund stürzen." (Joh. 8,39f),

"Unser Vater ist Abraham", erklärten sie. "Nein", widersprach ihnen Jesus, "Wenn er es wirklich wäre, würdet ihr auch so handeln wie er.

Weil ich euch die Wahrheit sage, die ich von Gott gehört habe, wollt ihr mich töten. Das hätte Abraham nie getan. Nein, ihr handelt genau wie euer Vater." "Unsere Mutter ist doch schließlich keine Dirne", wandten sie ein. "Wir haben nur einen Vater, Gott selbst!" Doch Jesus entgegnete ihnen: "Wenn es tatsächlich so wäre, dann würdet ihr mich lieben; denn ich komme ja von Gott zu euch; in seinem Auftrag und nicht aus eigenem Entschluß. Aber ich will euch sagen, weshalb ihr mich nicht versteht: Weil ihr meine Worte überhaupt nicht hören könnt! Ihr habt den Teufel zum Vater. Jener war ein Menschenmörder von Anfang an und ist ein Lügner und ist der Vater der Lüge."

Jesus verkündet unüberhörbar seinen liebenden Vater als den Gott der bedingungslosen Liebe. Er streicht die Vorstellung von einem Gott der Rache ersatzlos.

Wo aber der Gott, den Jesus verkündet, handelt, wird der Alltag "dieses Systems der Dinge" aufgesprengt und das Reich Gottes wird sichtbar, erfahrbar.

Jesus und seine Wurzeln

Als sich kurz vor dem Beginn unserer Zeitrechnung drei eingeweihte und sternkundige Magier auf eine lange Reise begeben, sind jene sich sicher, aus ihren Schriften die richtige Deutung gezogen zu haben. Das aramäische Wort magoshey bedeutet dem Wortstamm nach einen Magier bzw. einen Weisen.

Als Richtschnur nehmen sie die ungewöhnliche Konstellation des hellsten Sterns am Himmel, der nicht nur in griechischer Zeit als "Stern der Morgendämmerung" bezeichnet wurde.

Aus dem Wander- und Wächterstern Sirius (Hundsstern) hat sich ein Licht herausgebildet. Zu jener Zeit entsteht in vielen Gebieten Ägyptens, Griechenlands und Roms ein neues Erwachen des Isis-Kultes, der Göttin des Sirius, welches noch später von vielen urchristlichen, gnostischen Gruppen weiterbelebt wird, und dessen geheimes Schrifttum zum Teil bis heute in den Katakomben des Vatikans lagert. Im Isis-Fruchtbarkeitskult steht auch die sakrale Tempelerotik, ein Fest der Fruchtbarkeit zum Dank an die Götter. (In der Spätzeit ist die liturgische Erotik allerdings zu orgiastischen Gelagen verkommen.)

Die drei chaldäischen, südaramäisch sprechenden Magier wissen nach dem Studium der heiligen Schriften, daß in der Welt ein wiedergeborener Göttersohn erscheint, und so geht das Licht vor Ihnen her. Denn das Erscheinen dieses Lichtes zur Zeit der Geburt Jesu entsprach deutlich der Erfüllung der zoroastrischen Weissagung über das Kommen eines großen Erlösers. Er wird in Kanaan geboren, nahe seiner Stadt Salem (Jerusalem). Der König von Salem war einst Melchisedek, ein Priester der höchsten Gottheit.

Melchisedek lebte vor Abraham und diente, das wissen wir aus dem Alten Testament, anderen Göttern. Im Buch Josua (24,2) spricht der Gott Israels: "Eure Väter wohnten vor Zeiten jenseits des

Euphratstroms; Terachs, Abrahams und Nahors Väter; und dienten anderen Göttern." Später nennt derselbe hebräische Gott diese Väter "umherirrende Aramäer". In Nazareth wird zu dieser Zeit ein Kind gefunden, das man in die Hände von Adoptiveltern gibt. Maria und Joseph nehmen das Kind in ihre Obhut und nehmen es zunächst mit nach Bethlehem. Unmißverständlich macht ein Engel Joseph und Maria klar, daß sie sich den falschen Ort gewählt haben. Er deutet die Adoptiveltern ins wahre Mutterland Jesu, das ihm sicheren Schutz bietet. Ägypten! Salem war zu Zeiten Melchisedeks und Moses über Jahrtausende ägyptisches Reichsgebiet mit kanaanäischem Stadtkönigtum bis etwa 1000 v. Chr. Es gehörte also zum Reich der Pharaonen.

Dieses Kind scheint einzigartig, aber es ist nicht das einzige der Adoptiveltern. Denn Maria und Joseph haben viele Kinder, und, so teilt uns das Neue Testament auch mit, hat Jesus später viele Brüder und Schwestern. Joseph scheidet bereits zu Beginn nach eigenen Aussagen als Vater aus. Aus dem Eigennamen Mirjam wird Maria, die später dann sogar als Mutter Gottes (Propagandistisch wichtig, denn große Götterkinder werden häufig von einer Jungfrau geboren) ausgegeben wird. Für eine Jungfrau hat sie allerdings verdächtig viele Kinder. War sie trotzdem die leibliche Mutter Jesu? Jesus selbst, der nur zweimal mit seiner Mutter im Neuen Testament spricht und sie bei beiden Gelegenheiten als "Frau" anredet, stellt für gefühlsbetonte Biografen ein schwieriges Thema dar.

Bei der Konfrontation im Markusevangelium verleugnet Jesus sogar seine angeblich leibliche Mutter und erkennt auch seine Geschwister nicht an. Daß Jesus sie liebte, wird nicht gesagt, eher scheint eine latente Abneigung vorhanden. Wir wissen natürlich auch nicht, wie lange Jesus als Kind und Heranwachsender in Ägypten war. Mit Sicherheit aber hat er dort vor seinem uns biblisch bekannten Wirken, also die Zeit vor seinem etwa 30. Lebensjahr, viel Zeit verbracht. Sein Wissen war nicht in der Thora zu finden, sondern war weit umfassender. Es ist zu dieser Zeit und es ist höchstwahrscheinlich, daß Jesus als Zimmermann in seinen Jugendjahren auf Wanderschaft gewesen ist. Vielleicht war er eine Zeit lang als Lohnarbeiter in Ägypten und traf dort auf Literatur, die ihm die Augen öffnete, vielleicht aber wußte er es bereits früher. Fest steht: Er kannte den wahren Stammbaum der "Juden", und somit, daß verschiedene israelische Sekten sein größtenteils unbelesenes Volk verdummten.

Am Anfang stand da die Partei und Sekte der Sadduzäer, die sich vom Hohenpriester Zadok ableitete. Dieser Zadok war Hohepriester zur Zeit Davids und Salomos. Unter seinem Wirken änderte er den Namen der Stadt Salem (Friedensstadt) nach seiner Tochter Jeruscha um (ca. 950 v.Chr.) und verband so beide Namen zu einem. Der neue Name der Stadt war nun „Jeruschalajim" - Jerusalem.

Jeruschalajim bedeutete aber übersetzt: "Die in Besitz genommene Stadt!" Die Sadduzäer bildeten die Fraktion des Hohen Rates, der Jesus später zum Tode verurteilte und waren sich mit den Pharisäern, was die Verfolgung Jesus betraf, immer einig.

Jesu Verhalten und Wirken sowie seine gesamte Weltanschauung weisen auf jeden Fall nach Ägypten. Damals enthielt die Bibliothek von Alexandria den Großteil der gesamten Weltliteratur und somit den gesamten Wissensschatz der Erde. Jesus wußte zum Beispiel, daß Moses Ägypter war und ägyptischen Boden zu Lebzeiten nie verlassen hatte. Alexandria war außerdem der Ort, den später viele Gnostiker und Frühchristen als Wohnort oder Schule bevorzugten. Von den Hafenstädten Tyrus, Sidon oder Byblos war Alexandria nur eine Tagesreise mit dem Schiff entfernt. In diesen Hafenstädten hielt sich Jesus schließlich vorwiegend auf.

Die Herkunft

Kirchenvätern und Theologen ist es oft ein peinliches Thema, wenn es um den Stammbaum Jesu geht, wie er sich etwa bei Matthäus ausdrückt. Dort wird nämlich schnell deutlich, daß Jesus kein israelisches Blut in sich trägt, ebensowenig wie David und Salomo, die übrigens beide eine ausgesprochen heidnische Weltanschauung vertraten. Jesus wußte, daß sich David genealogisch von Salomon ableitete. Dieser wiederum leitete sich von Kaleb (hebr. Hund) ab. Kalebs Beiname, "der Kenasiter" war jedoch nach Auskunft der Genesis-Geschichte ein Edomiter. (Gen. 36,15) Diese mußten sich im Zuge der Landnahme in den Stamm Juda integrieren, wie uns ebenfalls die Bibel mitteilt. Der weitere Weg führt als genau zum erstgeborenen Esau. Ein Mann mit rötlichen Haaren, wie sie ja schließlich (nach Auskunft im Alten Testament) auch David hatte! Wissenschaftler wiesen kürzlich darauf hin, daß selbst der große Pharao Ramses II. über dieses Merkmal verfügte. Dies mutet deshalb so erstaunlich an, da es ein typisch unsemitisches Äußeres verrät. Menschen mit rötlichen Haaren waren meist indogermanischer Herkunft. Nach dem frühen altestamentlichen Text Josua (15,17) ist Kenas ein Bruder Kalebs, eines bedeutenden Stammes, der in Juda aufging.

Doch Kenas war genealogisch ein Enkel Esaus, (Gen. 36,11-15) der zu den Fürstengeschlechtern Edoms bzw. Esaus gehörte. Der Josua-Text ist älter als die Chronik-Bücher des Alten Testamentes. Selbst wenn diese versuchen, Salomon als Nachfahre des Judassohnes Perez darzustellen, so stellt sich letztlich die Frage, warum Jakob/Israel in diesem Zusammenhang weder Perez, noch Serach noch Manasse als seine Nachfahren einsetzte. Bei Esau erschleicht Jakob sich das Erstgeburtsrecht, bei Manasse vertauscht er es einfach, zum Mißfallen des Vaters Josef, in der biblischen Patriarchengeschichte. Diese dunklen Absichten lassen Böses vermuten und führen später zu verwirrenden Ergebnissen. Israels König, der Benjaminiter Saul, zeigt durch seinen geplanten (vereitelten) Mordanschlag an David deutlich auf, daß der "Nicht-Israelit" David kaum sein rechtmäßiger Thronfolger gewesen sein dürfte. David besaß fünf zum Teil heidnische Frauen; bei Salomo spricht die Bibel übertrieben von genau "Eintausend"! Dies weist auf einen kulturübergreifenden Fruchtbarkeitskult hin, und nicht auf die strenge Disziplin des Jahwekults, der es verbot, mit heidnischen Geschlechtern zu verkehren. Der durch und durch Weise Salomo ist sogar ein starker Anhänger verschiedener Göttinnen, denen er Tempel baute. Wem aber folgte der Weise Salomo wirklich nach?

Salomo folgte der Astarte nach, der Göttin der Sidonier und baute Heiligtümer..."(1. Könige 11) Eine Stadt weiht er sogar der Thamar, der Frau Judas, der Mutter aller Juden. Salomo praktizierte sexualmagische Einweihungen und magische Riten, die ihn mit Weisheit erfüllten und läßt fanatische Israeliten sogar Frondienste verrichten. Und es ist die Königin des Südens, die seine Weisheit vollendet. Diese Königin des Südens erwähnt selbst Jesus noch tausend Jahre später im Evangelium als wichtige Richterin über den wahren Geschichts- und Geschlechtsverlauf, was ihre außergewöhnliche Wichtigkeit unterstreicht. Nachdem uns ein langer heidnischer Stammbaum bei Matthäus begegnet, in dem Jesus von verschiedenen, teilweise prostituierten Müttern aus verschiedenen Stämmen abstammt, endet dieser zuletzt bei der heidnischen Frau Judas. Ihr Name ist Thamar, und diese war nach den Originalschriften des Alten Testaments keine geringere als eine Hohepriesterin der Aschera, die in manchen Bibelüberlieferungen auch Astarte genannt wird, nicht weniger als vierzig mal(!) und somit im Alten Testament als Feindin Jahwes hervorsticht. Aschera heißt übersetzt soviel wie "Baum des Lebens", von dem der eifersüchtige Jahwe bereits Adam und Eva fernhielt.

Eine weitere Göttin, die uns im Paradies erscheint, ist eine Schwester der Aschera bzw. Astarte. Es ist die Göttin Isis, deren Symbol die Uräusschlange (Kobra) ist. Dieses Symbol ist zugleich das älteste Hieroglyphenzeichen Ägyptens und bedeutet Göttin und

Schlange zugleich! Wer ist uns also wirklich mit Weisheit und Erkenntnis im Paradies begegnet? An was glaubte dieser Stamm Juda eigentlich ursprünglich, was macht den jüdischen Glauben wirklich aus?

"Und alle Männer, die wußten, daß ihre Frauen anderen Göttern Rauchopfer darbrachten, und alle Frauen, die in großer Menge dastanden und das ganze Volk, das im Land Ägypten, in Patros, wohnte, antworteten zu dem Jeremia: Was das Wort betrifft, das du im Namen des Herrn Jahwe zu uns geredet hast, so werden wir nicht auf dich hören, sondern wir wollen bestimmt all das tun, was aus unserem eigenen Mund hervorgegangen ist, der Königin des Himmels Rauchopfer darbringen, und ihr spenden, so wie wir es getan haben, wir und unsere Väter, unsere Könige und unsere Obersten, in den Städten Judas und auf den Straßen von Jerusalem.

Da hatten wir Brot in Fülle, und es ging uns gut, und wir sahen kein Unglück. Aber seitdem wir aufgehört haben, der Königin des Himmels Rauchopfer darzubringen und ihr Trankopfer zu spenden, haben wir an allem Mangel gehabt und sind durch das Schwert und durch den Hunger aufgerieben worden. Und wenn wir der Königin des Himmels Rauchopfer darbrachten und ihr Trankopfer spendeten, haben wir da etwa ohne unsere Männer Kuchen bereitet, um sie so nachzubilden, und ihr Trankopfer gespendet?" (Altes Testament, Jeremia 44; 15-19)

In der Genesis-Geschichte muß sich Jahwe der ewigen Göttin beugen, die uns reinen Wein einschenkte, indem sie versprach, daß unsere Augen aufgetan werden und wir sehen können, wie Gott selbst. Das tyrannische Wesen des eifernden Bibelgottes, das sicherlich nicht der wahre, ewige Gott sein kann, muß wörtlich eingestehen: "siehe, der Mensch ist geworden wie einer von uns, zu erkennen Gutes und Böses." Aus Panik "trieb" Jahwe dann den Menschen aus dem Garten, damit dieser durch die fruchtbare Göttin Aschera nicht auch noch ewig lebe.

Der Schatten des Galiläers

Es fällt die Analogie zu Jesus auf, der im Lukasevangelium dazu Stellung bezieht, indem er die Hebräer anklagt, daß ihre Väter auf die falschen Propheten hereingefallen sind. Jesus stellte Brot als seinen Leib dar, um ihn symbolisch verzehren zu lassen. Ähnliches taten die Kinder der Himmelskönigin mit ihrem gebackenem Leib der Göttin, ihr zum Gedächtnis. Das Weinritual bezieht sich auf das Blut Jesu. Ein sicheres Zeichen des heidnischen Fruchtbarkeitsritus, der von der katholischen Kirche in abgeänderter Form später christianisiert wurde sowie viele heidnische Bräuche (z.B. das Osterfest).

Das Hohepriestertum der Juden sah darin heidnische Vorstellungen praktisch angewandter Magie. Böse Erinnerungen wurden erweckt an die ehemalige Fruchtbarkeitsreligion des Juda-Stammes. Aber wo ist der daran verbindlich ursprüngliche jüdische Glaube heute geblieben? Und was meint Johannes in seiner Offenbarung eigentlich, wenn er uns deutlich mitteilt, daß die, welche sich Juden nennen, gar keine Juden sind, sondern eine Synagoge des Satans? Glaubten die meisten Juden zur Zeit Jesu noch an die Himmelskönigin, wie es Juda, Thamar oder Salomo getan hatten? Betrachtet man ihre Wortführer, die Pharisäer und Schriftgelehrten, zur Zeit Jesu, so ist nicht davon auszugehen. Und warum ließ sich dieser Johannes ausgerechnet in der Endzeitgemeinde Ephesus nieder, einer Hochburg der Göttinnen-Verehrung? In jener Stadt befand sich etwa zur gleichen Zeit auch Paulus. Jener fanatische Irrlehrer des Ur-Christentums, der sein eigenes Evangelium verkündete und tatsächlich glaubte, er könne die Stadt mit seiner erlernten pharisäischen "Halacha- Pädagogik" missionieren. Der selbsternannte falsche Apostel hatte dort nichts anderes im Sinn, als die Epheser und ihre Göttin Artemis aufs tiefste zu beleidigen. Frauenfeind Paulus mußte die Stadt verlassen. Von Apostel Johannes ist dergleichen nichts zu hören, da er die heidnischen Mysterien in der Tiefe verstand.

Jesus, König, Hoher Priester und Magier

Die Frage seiner Herkunft jedoch bezeugt er eindeutig in der gnostisch geprägten Johannes-Offenbarung: "Ich bin die Wurzel und das Geschlecht Davids, der glänzende Morgenstern"!

Im 2. Petrusbrief erklärt der gleichnamige Schreiber, darauf zu achten: ". .. bis der Tag anbricht und der Morgenstern in euren Herzen aufgeht.. ." Jesus stellt sich damit unter das Symbol des Pentagramms (Morgenstern/ Sirius) , den man tatsächlich noch im heutigen Galiläa des öfteren als Verzierung auf Tempelwänden antrifft. Bezieht man hier das Geschlecht Davids mit ein, landen wir bei einem weiteren magisch-heidnischen Symbol, dem Hexagramm. Aber nicht die Sprache der Symbole ist es, die es zur Folge haben, daß ihn seine Gegner zu Lebzeiten als Zauberer, Besessenen oder oft einfach als Magier bezeichneten und seinem Wissen magische Kenntnisse unterstellten, sondern sein lebendiges und mystisch geprägtes Wirken.

Den Titel Magier wurde Jesus, der im "ausschließlich heidnisch durchsetzten Galiläa" (Makkabäerbrief und aram. Originaltext Mt. 4: 15) wirkte, jedenfalls nicht mehr los. Warum aber kommt im Neuen Testament oftmals der Begriff "heidnisch" als Negativfaktor vor? Dies rührt aus einer "fehlerhaften" Bibelübersetzung! Der aramäische Text gebraucht das Wort "ammey", was nur "weltliche Menschen" bedeutet! Unter weltlichen Menschen verstehe ich Ungläubige bzw. Atheisten oder Materialisten. Heiden waren auch zu Jesus Zeiten Göttergläubige und Hüter der Fruchtbarkeit. Denn es waren ja gerade Heiden, die Jesus erkannten, und nicht etwa Gottesleugner oder Materialisten oder gar führende Hebräer!

Hier ist eine große Diskrepanz zur Wirklichkeit entstanden. Heiden als durchaus gläubige Menschen sind meist pantheistisch geprägt, nicht etwa atheistisch. Im Pantheismus liegt die "lichtvolle Fülle aller Schöpfung". Dies ist genau das, was die Urchristen und

Gnostiker das "Pleroma" nannten. Jesus brachte weiter reine "Erkenntnis" (Gnosis) über die brachliegenden Glaubensvorstellungen. Im gnostischen Sinne "Werde, was du warst!" Die Gottheit schuf das Universum mit seiner Materie, die Seele ist nach dem Bildnis der ewigen Gottheit erschaffen, verliebte sich jedoch in die Materie und in sich selbst und wurde so in Blindheit eingeschlossen, aus der sie sich nur durch Erkenntnis wieder ans Licht begeben kann. Der Mensch kann sich aber von der Verzweiflung durch Vertrauen, von der sinnlichen Begierde durch Liebe, von der Habgier durch Großzügigkeit und vor allen Dingen von der Unkenntnis durch Erkenntnis befreien.

Dies erschließt insgesamt den wahren Bezug zu Jesus und seinen Lehren. Die Kirche behauptet heute, ihre paulinische (Irr)lehre sei das richtige Zeugnis Jesu, der Paulus zu Lebzeiten weder gekannt, noch bekannt oder beauftragt hat, zu lehren. Für den hermetischen Gnostizismus und Neuplatonismus (Häretik) standen das Gute und das Böse, auf der gleichen Stufe, und der Kampf zwischen den beiden Prinzipien war die kosmische Schlacht im Zentrum des inneren Seins. Dem Guten sowie dem Bösen wurde eine autonome Macht zugestanden, und beide existierten nicht nur innerhalb der Menschheit, sondern innerhalb des Menschen selbst. Keine äußere Form der Zugehörigkeit entscheidet wahre Herkunft oder Zukunft eines Menschen, sondern die Entscheidung im Menschen allein.

Deshalb sagte Jesus solche tragfähigen Sätze wie: "Das Reich Gottes ist in euch" oder „jedem geschieht nach seinem Glauben." Die Gedanken befruchten die Sinne und umgekehrt. Deshalb kannte Jesus nicht nur die griechische Form und den Wert der Liebe als "agape", sondern auch als "Eros"! Er vergibt Prostituierten ihre Sünden, weil diese viel geliebt haben. Wer viel liebt (Eros), dem wird auch viel vergeben. Ohne "Eros" gäbe es keine Menschheit. Auch das ist Wahrheit. Jesus rief ein Kind zu sich und stellte es mitten unter sie und sprach: "Wahrlich, ich sage euch: Wenn ihr nicht umkehret und werdet wie die Kinder, werdet ihr nicht ins Himmelreich kommen."

Um die genannten Dinge zu verstehen und zu erreichen, geht es eben um Erkenntnis. Dasselbe gilt für die Gleichnisse insgesamt, indem einige ihre Tiefe "erkennen", anderen ist dies nicht gegeben.

Der Sohn Gottes hat Vollmacht, im Lukasevangelium beteuert der Rebell der Wahrheit, daß er nicht gekommen sei, um Frieden auf der Erde zu schaffen, sondern Entzweiung. Er treibt Geister aus durch die Kenntnisse ihrer Namen, aber auch ohne solche Kenntnis. Er fordert zur Nachfolge auf wie die typischen Wandermagier, wird von den Frauen, die ihn begleiten, auch versorgt. Sein Leben besteht aus Zeremonie, Ritus und Gleichnissen. Der göttliche Magier, der seine Anhänger damit vereinigt, daß er ihnen, symbolisch übertragen, seinen Körper und sein Blut zu essen und zu trinken gibt. Dies drückt sogar ein Stück interkultureller Magie jener Zeit aus, dessen engste Analogien dazu einen deutlich ägyptischen Typus tragen. Fest steht: dieser Sohn Gottes hat Vollmacht, göttliche Vollmacht!

Sohn Gottes?

Dieser Titel stellt kein christliches Sondergut dar, sondern war seit Jahrtausenden Jahren ein gängiger Begriff, nicht nur im alten Ägypten! Sich als Sohn eines Gottes darzustellen, war auch im damaligen Herrschaftsgebiet Roms üblicher Brauch. So leiteten sich z.B. Cäsar und Augustus von dem Geschlecht der Aphrodite, bzw. deren Sohn Aeneas ab. Selbst Pilatus kann daran nichts Ungewöhnliches finden, und dessen heidnische Frau sagt zu diesem vor der Kreuzigung: Ich hatte einen schlechten Traum ... habe mit diesem Gerechten (Jesus) nichts zu schaffen!" Pilatus versuchte alles Denkbare, um Christus diesen Kreuzesweg zu ersparen! Jesus blieb immer ein Verkünder des Lichtes, auch wenn seine damaligen Feinde Gegenteiliges behaupteten, und er lehnte die Verbreitung des Glaubens, er sei der Messias, mehrfach entschieden ab (......sagt solches zu niemanden!) im Gegensatz zum Bekenntnis als der Menschensohn bzw. Sohn Gottes. Die Verwandten und Angehörigen Jesu sagten über ihn: „Er ist von Sinnen"!

Die dunklen Schriftgelehrten waren sogar aus Jerusalem gekommen und meinten, er sei dämonisch besessen, so hört man im Markus-Evangelium. Johannes' Kommentar erstreckt sich kurz und knapp und lautet: "Denn auch seine Brüder glaubten nicht an ihn."

Dies verwundert in einer Adoptivfamilie wenig. Jesus selbst leitete sich von Melchisedek ab. Zu Zeiten Melchisedeks, also am Ende des Goldenen Zeitalters, waren Ägypten und Kanaan noch Reichsgebiet Ägyptens. So kommt es auch nicht von ungefähr, daß Göttin Isis' Geschichte ihren Ursprung an dem Ort hat, von dem sich die Bibel als Wort ableitete. Von und aus Byblos (hebr. das Buch).

Dort ist der Ursprung des Isis/Osiris-Mythos und nicht etwa Giseh, wie einige vermuten mögen. Nicht weit hiervon liegen andere Mittelmeerstädte wie Tyrus und Sidon. Aus letzterer Stadt, der Stadt der Göttin Astarte, flüchtete unsere dort gebürtige heilige "Göttin

Europa" über das Meer nach Kreta, bereits im 3. Jahrtausend v. Chr. (so datiert wegen des Vorhandenseins der minoischen Kulturepoche, König Minos ist Sohn der Europa). Vielleicht flüchtete unsere heilige Europa, um der Verfolgung Jahwes in Kanaan zu entgehen, der schließlich keine anderen Götter bzw. Göttinnen neben sich duldete.

Aber das ist eine andere Geschichte... In diesen heidnischen Gebieten erkannte man Jesus, die heidnischen Bewohner glaubten an ihn und folgten ihm nach. Jesus sah sich in der Nachfolge des Melchisedek, dem Hohen Priester, der den Abram segnete, bevor der dieser den unheilvollen Bund mit Jahwe einging und seinen Namen in Abraham umänderte. Der kommende blutgierige und rachsüchtige Gott des Alten Testaments und des Talmud, der viele heidnische Völker ausrottete, wurde von Jesus durchweg angegriffen, indem er wohl immer wieder versuchte, den Schriftgelehrten ihre Thora richtig auszulegen. Dies sah man als Gotteslästerung an. Jesus sagte den Pharisäern und Schriftgelehrten auf den Kopf zu, daß diese den Teufel zum Vater hätten.

Dieser Streit rührt aus dem berechtigten Vergleich von 1. Chronika 21,1 und 2. Samuel 24,1. Weitere mystische Parallelen, die an magische Traditionen erinnern, sind, daß der Geist Jesus in die Wüste treibt. In Wahrheit war es die Stimme der Göttin, denn im Originaltext ist dieser Geist in der Wortbedeutung ja weiblicher Natur.

Ähnlich verhält es sich mit dem Begriff der Weisheit, die griechische Sophia, die ja oft auch personifiziert gedacht wird, wie z. B. bei Salomo und bei einigen gnostischen Gruppen. Jahrhunderte zuvor zogen Israels Propheten in die Wüste aus, um Jahwe zu begegnen. Jesus zieht aus, um Satan zu begegnen und ihn zu überwinden. Kein klassischer israelischer Prophet Jahwes zögerte jemals zu erklären: ‚Jahwe hat mich gesandt'. Von Jesus hört man den Namen dieses Gottes nicht ein einziges Mal, doch schilt er gerade die, welche diesen vertreten!

Jesus erklärte allen Umstehenden sogar wörtlich, daß er bereits vor Abraham war und wirkte.

Vor Abraham gab es keinen Jahwe-Bund!

Somit stehen wir bereits mitten im Geschehen des größten geistesgeschichtlichen Massenbetrugs an der Menschheit: das Alte und Neue Testament zu **einem** Buch mit **einem** Gottesbezug zu verbinden.

Ein elender Herrschaftsglaube, der aufrief, sich einfach die Natur untertan zu machen und dadurch jene katastrophalen Verhältnisse heraufbeschwörte, mit denen wir heute zu kämpfen haben. Die Wahrheit verkehrt diese Irrlehre heute nun ins sichtbare Gegenteil. Nicht mehr wir beherrschen die Natur, sondern zukünftig beherrscht die Natur uns, hart und unversöhnlich. Wir brauchen auch den monotheistischen Dualismus eines eifernden, launenhaften und parteiischen Gottes Israels nicht mehr, der im lügenhaften Wahn seiner Worte vorgibt, das Universum nur zu dem Zweck geschaffen zu haben, um sich von auserwählten Menschen anbeten zu lassen.

Die wahre Gottheit wohnt im Verborgenen, hatte Jesus gesagt, und kämpft nicht gegen Menschen wie Jakob auf einem Hügel, und läßt sich zudem noch von diesem Lügner überwinden.

Wem hier immer noch nicht jener seltsamer aufgegangen ist, daß Jesus unmöglich als Sohn des Jahwe aufgefaßt werden kann, der mag weiter an jenem unglaublichen Dogma hängen bleiben, dessen langer Schatten die Jahrtausende verdunkelte. Diese Jahrtausende tödlicher Theologie und ihre Phrasen gehen dem Ende entgegen und werden von der Realität eingeholt.

Es stehen heute jedem Einzelnen, der sucht, trotz nie dagewesener Massenbeeinflussung mehr Möglichkeiten zur Erkenntnis zur Verfügung als jemals in der Geschichte der Menschheit!

Die „Große Göttin" und die Religionen

Die Große Göttin wurde speziell von den „Buchreligionen" vollständig eliminiert. Das führte ganz deutlich zu einer jahrhundertelangen gesellschaftlichen Schieflage, die von den Funktionären derselben Religionen ganz bewußt aufrecht gehalten wird: Die Verteufelung der weiblichen Göttlichkeit, die Unterdrückung der Frau als solche und die Überhöhung eines männlichen Gottes, der die „Welt" alleine geschaffen haben soll....

Die „Große Göttin" wird aber zwingend gebraucht. Das zeigt mittlerweile auch schon die Wissenschaft, genau wie auch die ältere Spiritualität (also VOR den Buchreligionen!), daß sich ein ursprüngliches "Wesen" - zeitlos, raumlos, unendlich, unvorstellbar - sich wohl geteilt hat, in einen eher als männlich "gepolten" und einen eher weiblich "gepolten" Teil. Man spricht heute von einem holografisch fraktal strukturiertem Universum. Die Hermetiker sagen deshalb ja auch schon immer: Wie Oben, so Unten.

Es kann also definitiv keinen "Vatergott" ohne "Muttergöttin" geben. Die christliche Variante der „Wüstenväterreligionen" hat es ganz ohne „Mutter" nicht geschafft, das immer noch keltisch geprägte Mitteleuropa zu „knacken". So wurde aus der „Großen Mutter" die heilige Maria, die „Gottesmutter", die „Mutter Gottes" und man hat ihr alle Attribute der großen Göttin umgehängt, damit die Leute es nicht gleich merken, daß die „Gottesmutter" vollständig asexuell geworden ist, praktisch sterilisiert. Bei den Juden und im Islam ist die Frau an sich ja auch immer noch unrein und schon nur durch ihre Anwesenheit sündhaft. Es ist eine Schande, etwas was in uralten Schriften steht, immer noch ungeprüft als „Wahrheit" hinzustellen. Aber wenn's um die Macht geht.......

Wenn man nun der „Wahrheit näher kommen will, sieht die Sache schon ganz anders aus und man stellt fest, daß in diesem Fall die noch älteren Überlieferungen viel näher an unseren heutigen wissenschaftlichen Erkenntnissen sind, als die machtgeilen Buchreligionen. Nicht daß Macht an sich schon „Böse" ist – aber es kommt drauf an, was man draus macht. ...und so kommen wir mal zur weiblichen Göttlichkeit.

Der weibliche Aspekt der Schöpfungsurkraft wurde auch hierzulande zu Zeiten der Zeitenwende durchaus mit ISIS verknüpft. ISIS ist dann in der gallorömischen Zeit mit der keltischen „Göttin" Noreia verschmolzen zu ISIS-Noreia, die dann im christlichen zur „Heiligen Jungfrau Maria" zurückgestutzt wurde......

Isis - die grosse ägyptische Göttin

So um die Zeitenwende (!) hat sich die imperiale Idee mit ihrem eher als krankhaft einzustufenden Macht- und Egowahn durchgesetzt. Seither wird "Religion" im heutigen Sinne eindeutig machtstabilisierend eingesetzt, indem man "Dem Göttlichen" ein imperiales Gewand umgehängt hat. Die ganzheitlich integrierte, nonduale Weltsicht - die heute sogar von der Wissenschaft mehr und mehr bestätigt wird - hat sich so um 600 v.u.Z. global Ausdruck verschafft: Lao Tse, Gauthama Buddha, die vedischen Schriften und in Europa das ganzheitlich integrale Weltbild der Kelten, wie es sich allein schon durch die Einheit von dieser Welt und der Anderswelt ausdrückt. Der Höhepunkt dieser Phase war wohl so zwischen 400 und 200 v.u.Z.

Mit der Schlacht in Alesia (52 v.u.Z. / Südfrankreich) sind "die Kelten" dem römischen Imperium unterlegen - und Europa fiel für nahezu 2000 Jahre in eine finstere Zeit von Unterdrückung und Ausbeutung, was bis heute immer noch andauert. Hier muß ich hervorheben, daß das nicht nur eine theoretische Auseinandersetzung ist - nein, es ist eine gänzlich andere Denkweise, in die man sich als

"Dual" trainierter Angehöriger (um nicht zu sagen "Sklave") des Imperiums nur schwer hineindenken kann. Das sollte man sich bewußt machen. Aus dieser ganzheitlichen Sicht nun gibt es einen nicht näher beschreibbaren, aber ganz selbstverständlich immer und überall vorhandenen Urgrund des Seins - LaoTse nennt es "Das Wesen, das nicht genannt werden kann" - der "Alles was Ist" umfaßt.

Die Zeichen der Göttin

Als vor etwa 2000 Jahren, bei der Taufe im Jordan, Jesus eine Taube auf sein Haupt flog, dämmerte es der eingeweihten Priesterschaft des Zadok (Israels) langsam, was dies bedeutete. Der heidnische Taufritus war ihnen bereits ein Ärgernis, doch nun stockte ihnen der Atem...

Die Taube kam sichtbar - nach der alten heidnischen Initiation - als ein sicheres Zeichen der Anwesenheit der Himmelskönigin selbst. Den Pharisäern und Schriftgelehrten blieb nichts anderes übrig: Um ihre Glaubhaftigkeit zu bewahren, mußten sie diesen Lichtsohn der Göttin zu Fall bringen, notfalls sogar töten.

Die Taube war schließlich der Fruchtbarkeitsgöttin Astartes heiliges Tier. Aschera/ Astarte ist Jahwes größte Feindin. Ebenfalls war die Taube das Symbol der gefürchteten babylonischen Göttin Ischtar und der griechischen Aphrodite, die man als Schwestern der Astarte ansah.

Jesus von Nazareth bekam seinen Christustitel durch den Verdienst einer Frau, die sein Haupt mit kostbaren Öl salbte. Denn er sprach im Markusevangelium eindeutig darüber: "Wo das Evangelium gepredigt werden wird in der ganzen Welt wird auch von dem, was sie getan hat, geredet werden zu ihrem Gedächtnis."

Fortan war Jesus von Nazareth immer auch "der Gesalbte, der Christus". Der Christustitel bedeutet also: der "Gesalbte der Frauen" bzw. der "Göttin". Wäre Jesus nicht von Frauen gesalbt worden, hätte er niemals diesen Titel bekommen. Es verwundert oft, wie wenig überhaupt von den Jüngerinnen Jesu gesprochen wird, die ihn versorgten und begleiteten. Es ist ohne Übertreibung wohl geschehene Tatsache, daß Jesus mehr Jüngerinnen als Jünger hatte. Das berichten die Evangelien, indem sie einige Frauen beim Namen nannten: Maria aus Magdala, Johanna, Salome, Martha und Maria und viele andere.

Dieser mangelhafte Umstand ist dem Manne zu verdanken, der Zeit seines Lebens den Stachel Satans in sich trug, wie er ja selbst bekennt. sein Name ist Saulus, den wir alle als Paulus kennen. Die Jüngerinnen Jesu haben ihre Männer frühzeitig vor diesem Irrlehrer gewarnt, da sie dessen Tarnung erkannten. Leider waren dies entscheidende Stunden der Christenheit, indem einige Jünger erneut versagten. der Im Neuen Testament konfrontiert der König, Magier und Hohepriester Jesus seine Jünger mit dem kommenden Zeitalter: "Der Geist wird durch meine Jünger reden, wenn sie sich zu verantworten haben. Wie Schafe unter die Wölfe gesandt sollen sie ‚klug wie die Schlangen' und doch ohne Falsch wie die Tauben sein" Dies war den Vertretern Jahwes der Gipfel an Gotteslästerung. Die Schlange war als kluges Tier nur in Kanaan, Mesopotamien, Ägypten, Griechenland und Indien heilig. Nicht so in Israel. Dort wurde sie gehaßt.

Zum Schluß das 12. Kapitel aus der Johannes-Offenbarung, das die Astralmythologie Altägyptens berührt:.

Und die Erde half der Frau und die Erde öffnete ihren Mund und verschlang den Strom, den der Drache (Satan) aus seinem Munde warf. Und der Drache wurde zornig über die Frau und ging hin, Krieg zu führen mit den übrigen *ihres Samens*, welche die Gebote Gottes halten und das Zeugnis Jesu haben.

Es gibt keine höhere Weisheit als die je höhere Erkenntnis des Lichtes, das vom Vater ausgeht.

Der Schlüssel der Johannes-Offenbarung liegt im 12. Kapitel verborgen. "Und ein großes Zeichen erschien im Himmel: Ein Weib, bekleidet mit der Sonne, und der Mond war unter ihren Füßen, und auf ihrem Haupte eine Krone von zwölf Sternen..." Dies ist das eindeutige Erkennungszeichen der Göttin Isis. Während Astarte auf alten Medaillen immerhin den Aspekt des Halbmondes aufweist, wurde die ägyptische Isis stehend auf einem Halb-mond dargestellt, mit Sternen rings um ihr Haupt! Später übernahmen die Katholiken genau diese Symbolik für ihre Maria. Gleiche Analogien finden wir auch bei der Mutter-Kind-Darstellung, die ursprünglich Isis-Horus, später dann Maria-Jesus darstellen.

Daß die heidnischen Ursprünge zuerst bestanden, bedarf keiner weiteren Diskussion. Doch das paulinische Gedankengut siegte leider über das wahre Urchristentum. Seit Bestehen der Kirche (katholisch und evangelisch, aber auch die anglikanische Kirche und die orthodoxen Kirchen) existiert offiziell nur noch das paulinische Christentum, da Irrlehrer Paulus mit 13 Briefen die Hälfte des Neuen Testamentes ausschmückt. Die Widersprüche des Paulus zur Lehre Jesu sind offensichtlich) Im Jahre 326 n. Chr. ließ Kaiser Konstantin alle Bücher von Häretikern, Gnostikern und allen arianischen Christen, zu denen auch die germanischen Goten zählten, verbrennen.

Dabei war die gotische Bibel sogar älter als die Vulgata (latein. Bibelübers.) des Hieronymus. Letzterer verwunderte sich selbst über die ausgesprochene Härte, von nun an keine Notiz mehr von den "Zauberbüchern der Heiden über Jesus" nehmen zu dürfen.

Die Lehre Jesu - ganzheitlich gesehen

Trotz Dogmen und Katechismus waren es Menschen der Kirche, die aus ihrem Glauben heraus die Botschaft über die Jahrtausende erhalten haben: In der katholischen Bibel.

Im folgenden möchte ich durch Zitate aus Neuen Testament (NT) einmal aufzeigen, wie das Verhältnis Gott/Mensch ursprünglich gedacht war und wie Jesus es uns (wieder) nahegebracht hat:

(Jes29,13)   AT, 700 v. Chr.

Dieses Volk ehrt mich mit den Lippen, sein Herz aber ist weit weg von mir. Es ist sinnlos, wie sie mich verehren; was sie lehren sind Satzungen von Menschen.

(Matthäus 23,8-10)   NT

"Ihr aber sollt euch nicht Meister nennen lassen, denn nur einer ist euer Meister, ihr alle aber seid Brüder. Auch sollt ihr niemand auf Erden euren Vater nennen; denn nur einer ist euer Vater: Der im Himmel. Auch sollt ihr euch nicht Lehrer nennen lassen; denn nur einer ist euer Lehrer: Der Menschensohn."

Matthäus 6,5-6   NT

Wenn ihr betet, macht es nicht wie die Heuchler. Sie stellen sich beim Gebet gern in die Synagogen und Straßenecken, damit sie von den Leuten gesehen werden. Amen, das sage ich euch: Sie haben ihren Lohn bereits erhalten. Du aber geh in deine Kammer, wenn du betest, und schließ die Tür zu; dann bete zu deinem Vater, der im Verborgenen ist. Dein Vater, der auch das Verborgene sieht, wird es dir vergelten.

Phil.3,12-13: NT

"Nicht daß ich es schon erreicht hätte oder daß ich schon vollendet wäre. Aber ich vergesse, was hinter mir liegt und strebe danach, es zu ergreifen, weil auch ich von Jesus Christus ergriffen bin."

Matthäus 18,19-20 NT

Weiter sage ich euch: Alles, was zwei von euch auf Erden gemeinsam erbitten, werden sie von meinem himmlischen Vater erhalten. Denn wo zwei oder drei in meinem Namen versammelt sind, da bin ich mitten unter ihnen.

Markus 9,33-35 NT

Als er dann im Haus war, fragte er sie: "Worüber habt ihr gesprochen?" Sie schwiegen, denn sie hatten unterwegs darüber gesprochen, wer von ihnen der Größte sei. Da setzte er sich, rief die Zwölf und sagte zu ihnen: "Wer der Erste sein will, soll der Letzte von allen und der Diener aller sein."

Lukas 12,22-32 NT

Und er sagte zu seinen Jüngern: Deswegen sage ich euch: Sorgt euch nicht um euer Leben und darum, daß ihr etwas zu essen habt, noch um euren Leib und darum, daß ihr etwas anzuziehen habt.

Das Leben ist wichtiger als die Nahrung und der Leib wichtiger als die Kleidung. Seht auf die Raben: Sie säen nicht, sie ernten nicht sie haben keinen Speicher und keine Scheune; denn Gott ernährt sie. Wieviel mehr seid ihr wert als die Vögel! Wer von euch kann mit all seiner Sorge seinem Leben auch nur einen Tag hinzufügen? Wenn ihr nicht einmal so etwas geringes könnt, warum macht ihr euch dann Sorgen um all das übrige? Seht euch die Lilien an: Sie arbeiten nicht und spinnen nicht. Doch ich sage euch: Selbst Salomo war in all seiner Pracht nicht gekleidet wie eine von ihnen. Wenn aber Gott das Gras schon so prächtig kleidet, das heute auf dem Feld steht und morgen ins Feuer geworfen wird, wieviel mehr dann euch, ihr Kleingläubigen!

Darum fragt nicht, was ihr essen und was ihr trinken sollt, und ängstigt euch nicht! Denn um all das geht es den Heiden in der Welt. Euer Vater weiß, daß ihr das braucht. Euch jedoch muß es um sein Reich gehen; dann wird euch das andere dazugegeben.

Fürchte dich nicht, kleine Herde! Denn euer Vater hat beschlossen, euch das Reich zu geben.

Lukas 17,20-21 NT

Als Jesus von den Pharisäern gefragt wurde, wann das Reich Gottes komme, antwortete er: "Das Reich Gottes kommt nicht so, daß man es an äußeren Zeichen erkennen könnte. Man kann auch nicht sagen: Seht, hier ist es!, oder: Dort ist es! Denn: Das Reich Gottes ist schon mitten unter euch."

Was sagt uns Jesus damit?

Die Abkehr von der Ich-süchtigen Vergangenheit und Zuwendung zu seiner Botschaft vom Reich Gottes: Befreit euch von euch selbst und werdet von nichts besessen, nicht vom Reichtum, nicht vom religiösen Wissen, nicht von Ansehen, Einfluß, Macht, nicht von Angst vorm Leben oder vor dem Tod. Oder vor der Hölle. Erst wenn wir von nichts mehr besessen werden, können wir uns selbst, andere und das Göttliche in und um uns lieben lernen. Erst dann können wir das Reich Gottes überhaupt bemerken und danach streben, es hier und heute zu realisieren. Das ist gemeint.

Das Reich Gottes ist also keineswegs nur eine innere Angelegenheit, sondern auch eine gesellschaftlich-soziale. Heißt es doch im Lukasevangelium: "Das Reich Gottes ist mitten unter euch". Gott ist ein Gott des Werdens, der Entwicklung, ja der Evolution. Er hat vor Urzeiten die Regeln und Naturgesetze werden lassen, und er begleitet mit seinem Geist das Werden und Vergehen auch auf diesem Planeten, denn das Werden und Vergehen ist die Voraussetzung für Entwicklung. Die Rolle des Menschen dabei könnte man dabei als die eines Katalysators betrachten. Aber auch jeder einzelne Mensch ist aufgerufen, bei seinem Erdendasein sich selbst und sein Umfeld im Sinne der Schöpfung weiterzuentwickeln.

Das Reich Gottes unterscheidet sich wesentlich von weltlichen Reichen, hat aber dennoch wie diese eine unumstößliche Autorität: Den einen Schöpfergott, der seine Schöpfung liebt wie ein Vater.

Dieser eine Gott aber ist viel größer als wir uns je vorstellen können.

Jesus hat das ursprüngliche Verhältnis des Menschen zu seinem Schöpfer aufgezeigt. Er lehrte die DIREKTE Verbindung von Individuum zum Schöpfer. (Alles andere ist indirekt und somit das Gegenteil). Er hat aus diesem sehr persönlichen Verhältnis seine ungeheure Kraft geschöpft, nicht nur "Wunder" zu wirken, nein, den religiösen Wahn der Menschen aufzudecken und dem römischen Imperium die Stirn zu bieten. Und er hat dabei die Grenzen weltlicher Macht aufgezeigt.

Er selbst hat sich nicht gerade begeistert über Schriftgelehrte geäußert, obwohl es - zu Ehrenrettung unserer heutigen Akademiker - auch Schriftgelehrte gegeben hat, die trotz ihrer Ausbildung und der Zugehörigkeit zur Herrschenden Klasse den Kern der Botschaft nicht nur verstanden, sondern als maßgeblich für sich selbst angenommen hatten. Die anderen Kirchenoberen der Juden haben Jesu Botschaft zwar auch sofort verstanden, jedoch als systembedrohend eingestuft und mit allen verfügbaren Mitteln sofort bekämpft.

Viel notwendiger wäre es daher, tatsächlich alternative christliche Lebens-, Wirtschafts- und Organisationsformen zu entwickeln und zu erproben. Diese können notwendigerweise nicht überall gleich sein. Wohl aber können die tragenden Grundsätze gleich sein: Mit Gott, unserem Schöpfer und liebenden Vater für das Leben auf diesem Planeten und füreinander und miteinander zu leben und zu arbeiten. In gegenseitiger Achtung und Toleranz. Ein weiterer Punkt von herausragender Bedeutung ist das Kindschaftsverhältnis Jesu zum "Vater" - er sagt "Abba", was genauer mit liebender Papa übersetzt werden müßte. Dieses Kindschaftsverhältnis nimmt er jedoch gerade nicht nur ausschließlich für sich selbst in Anspruch: Wir alle stehen in diesem Kindschaftsverhältnis, ob wir es glauben/annehmen oder nicht. (Siehe auch das Zentralgebet "Vater Unser")

Noch klarer verdeutlicht wird dieses Verhältnis in dem Gleichnis vom verlorenen Sohn: (Lk 15.11 ff)

Ein Mann hatte zwei Söhne. Der jüngere von ihnen sagte zu seinem Vater: "Vater, gib mir das Erbteil, das mir zusteht". Da teilte der Vater das Vermögen auf. Nach wenigen Tagen packte der jüngere Sohn alles zusammen und zog in ein fernes Land. Dort führte er ein zügelloses Leben und verschleuderte sein Vermögen. Als er alles durchgebracht hatte, kam eine große Hungersnot über das Land, und es ging ihm sehr schlecht.

Da ging er zu einem Bürger dieses Landes und drängte sich ihm auf; der schickte ihn aufs Feld zum Schweinehüten. Er hätte gern seinen Hunger mit den Futterschoten gestillt, die die Schweine fraßen; aber niemand gab ihm davon.

Da ging er in sich und sagte sich "wie viele Tagelöhner meines Vaters haben mehr als genug zu essen, und ich komme hier vor Hunger um.. Ich will aufbrechen und zu meinem Vater gehen und zu ihm sagen: Vater, ich habe mich gegen den Himmel und gegen dich versündigt.

Ich bin nicht mehr wert, dein Sohn zu sein; mach mich zu einem deiner Tagelöhner. Dann brach er auf und ging zu seinem Vater. Der Vater sah ihn schon von weitem kommen, und er hatte Mitleid mit ihm. Er lief dem Sohn entgegen, fiel ihm um den Hals und küßte ihn. Da sagte der Sohn: "Vater, ich habe mich gegen den Himmel und gegen dich versündigt; ich bin nicht mehr wert, dein Sohn zu sein".

Der Vater aber sagte zu seinen Knechten: "Holt schnell das beste Gewand, und zieht es ihm an, steckt ihm einen Ring an die Hand und zieht ihm Schuhe an. Bringt das Mastkalb her und schlachtet es; wir wollen essen und fröhlich sein. Denn mein Sohn war tot und lebt wieder; er war verloren und ist wiedergefunden worden. Und sie begannen, ein fröhliches Fest zu feiern.

Man sieht an diesem Gleichnis sehr deutlich, daß man

- nichts **besonderes** tun muß

- keine speziellen Opfer bringen muß und

- keinen besonderen Ritus ausführen muß

um vom Vater angenommen zu sein. Man kann sich aus eigenem Willen aus der Kindschaft Gottes entfernen, ja sogar sehr weit entfernen - den Vater wird es schmerzen, aber er wird uns nie aufgeben. Wir selber müssen nichts weiter tun, als uns dafür zu entscheiden diese Kindschaft Gottes dankbar anzunehmen - und zwar so wie wir gerade sind. Ohne Zwang, ohne Vorwurf, aber eben doch bestimmt. Gehet hin und sündigt fortan nicht mehr, sagt Jesus.

(Lk 15,25 ff)

Sein älterer Sohn war unterdessen auf dem Feld. Als er heimging und in die Nähe des Hauses kam, hörte er Musik und Tanz. Da rief er einen der Knechte und fragte, was das bedeuten solle. Der Knecht antwortete: "Dein Bruder ist gekommen, und dein Vater hat das Mastkalb schlachten lassen, weil er ihn heil und gesund wiederbekommen hat".

Da wurde er zornig und wollte nicht hineingehen. Sein Vater aber kam heraus und redete ihm gut zu. Doch er erwiderte dem Vater: "So viele Jahre schon diene ich dir, und nie habe ich gegen deinen Willen gehandelt; mir aber hast du nie auch nur einen Ziegenbock geschenkt, damit ich mit meinen Freunden ein Fest feiern konnte. Kaum aber ist der hier gekommen, dein Sohn, der dein Vermögen mit Dirnen durchgebracht hat, da hast du für ihn das Mastkalb geschlachtet".

Der Vater antwortete ihm: "Mein Kind, du bist immer bei mir, und alles, was mein ist, ist auch dein. Aber jetzt müssen wir uns doch freuen und ein Fest feiern; denn dein Bruder war tot und lebt wieder; er war verloren und ist wiedergefunden worden". Der liebende Vater wirbt auch bei seinem älteren Sohn um Verständnis, daß er jedes seiner Kinder auf je eigene Weise liebt.

Und noch etwas: Der Vater kommt jedem seiner Kinder liebend gerne entgegen, um sie bei sich zu haben!

Nochmal: Die Kernaussage

1. Du sollst deinen Gott, Schöpfer und liebenden Vater lieben von ganzem Herzen, mit ganzem Sinn und mit ganzer Macht

2. Ebenso wichtig: Du sollst deinen Nächsten lieben wie dich selbst

Darin besteht das Gesetz und die Aussagen der Propheten. Alle übrigen Gebote und Verhaltensregeln ergeben sich aus diesen beiden.

(Matth. 22,36f.)

Das Reich Gottes ist also ein neuer Bewußtseinszustand (bei Jesus die Wiedergeburt aus dem Geiste), der weit über die Möglichkeiten äußerer Gesetzlichkeit hinausgeht.

Aus diesem neuen Bewußtsein heraus werden "Gesetze" überflüssig, weil man sich aus eigener innerer Überzeugung in die Gesetzmäßigkeiten der Natur und der Bedürfnisse seiner als Geschwister zu betrachtenden Mitmenschen und Mitgeschöpfen einordnet, getragen von seiner eigenen, vertrauensvollen Beziehung zum liebenden Schöpfer-Vater.

Es war sicher nicht die Absicht Jesu, eine neue Religion zu gründen. Vielmehr war er aus seinem Sendungsbewußtsein heraus daran interessiert, die Beziehung des nach des Vaters Gleichnis geschaffenen Menschen zu seinem Schöpfer (wieder) zu normalisieren. Im Tod Jesu am Kreuz verbindet sich der Höhepunkt menschlicher Ohnmacht mit dem absoluten Vertrauen zum Vater und der Liebe zu den Menschen. In der Auferstehung zeigt sich die Machtlosigkeit des Bösen, weil Jesus vertrauensvoll mit dem Vater in der Einheit des Heiligen Geistes war.

Das Revolutionäre seiner Aussage:

1. Die unmittelbare, persönliche, von Liebe getragene Gottesbeziehung

2. Die daraus abgeleitete Geschwisterlichkeit aller Menschen

3. Das "Reich Gottes" bzw. das "Königtum Gottes" als übergreifende, transzendente und einigende Idee für Menschen mit diesem neuen Bewußtsein.

Als Kinder Gottes sind wir Brüder und Schwestern Jesu. Dies sollte die Gläubigen als Familie Jesu, der unser Bruder und Lehrer ist, zu geschwisterlichem Zusammenleben im Geiste Jesu und im Bewußtsein der liebenden Gegenwart unseres Schöpfervaters ermutigen.

Wer Jesus, angeregt durch seine Botschaft in die Tiefen der Gotteserfahrung folgt, sieht sich durch Gott mit Gott und dadurch zugleich mit sich selbst beschenkt. Erst dadurch hat er den "Gott Jesu", den Vater, wirklich kennengelernt.

> *"Euch aber muß es zuerst um das Reich Gottes und seine Gerechtigkeit gehen; dann wird euch alles andere dazugegeben"*
>
> *Matth 6,33*

Das Vaterunser

1) Vater unser,

Der "Vater" (Abba, liebender Papa) gab uns etwas von seiner Lebenskraft. In Ihm leben wir, und er lebt in uns, in unserem Herzen. Alle Menschen haben denselben Vater.

2) Deine Gegenwart werde geheiligt.

Im Hebräischen Sprachverständnis steht der Name für die gesamte Existenz, also in diesem Zusammenhang insbesondere für die Gegenwart Gottes > geheiligt werde Deine Gegenwart

3) Dein Reich breite sich aus

Nach dem Zeugnis des Lukasevangeliums ist das Reich Gottes schon mitten unter uns. Warum sollen wir dann um sein Kommen beten? Wir erleben das Kommen und Gehen aller möglicher "Reiche"- nicht aber das des Göttlichen. Es ist auch nicht "Reich" im Sinne von Ausübung weltlicher Macht gemeint sondern - als Kontrapunkt - "Das Königtum Gottes über die Seinen".

Der Begriff "Reich" ist im Ursprung heidnisch - gottlos. Dagegen setzt Jesus das Reich Gottes, in dem sich alles auf den liebenden, verzeihenden und partnerschaftlich mit seinen Kindern zusammenarbeitenden Gott hin orientiert. Wenn wir im Geist der richtig verstandenen Bergpredigt zusammenleben, zusammenarbeiten und gemeinsam glauben und diesen Glauben zusammen leben, können wir das Reich Gottes tatsächlich erkennen und realisieren.

(Mt 6,25ff) "Sorgt euch nicht um euer Leben und darum, daß ihr etwas zu essen (Kleidung, Wohnung etc.) habt..., denn um all das geht es den Heiden. Euer himmlischer Vater weiß, daß ihr das alles braucht. Euch aber muß es zuerst um das Reich und um seine Gerechtigkeit gehen; dann wird euch alles andere dazugegeben."

Das Reich Gottes ist radikal anders, es ist nicht Ziel, Kapital und Macht zu vermehren, sondern Leben miteinander zu fördern und im Sinne der Schöpfung weiter zu entwickeln, also ein fortschreitender, dynamischer Prozeß. Nur sollte man wirklich mal damit anfangen!

4) Dein Wille geschehe

Also nicht unser Wille, schon gar nicht der weit verbreitete Wille, sich auf Kosten anderer Vorteile zu verschaffen, ist gefragt. Erst wenn es uns gelingt, uns selbst, unser "Ich" aus dem Vordergrund unseres Wollens zu nehmen, werden wir - jenseits des "Ich" - das lebendige Wollen des Göttlichen wahrnehmen, werden wir unser "Selbst" begreifen und wie etwas sein soll. Es ist das Wollen des Göttlichen, daß wir uns auf die Vollendung des Gottesreiches zu bewegen. Immer und überall.

5) Unser tägliches Brot gib uns heute,

"Brot" steht für alles, was wir heute im Leben benötigen. "Sorgt euch also nicht um morgen, denn "... der morgige Tag wird für sich selbst sorgen" (Mt 6,34).

6) und vergib uns unsere Schuld, wie auch wir vergeben unseren Schuldigern

"Denn wenn ihr den Menschen ihre Verfehlungen verzeiht, dann wird euer himmlischer Vater auch euch verzeihen. Wenn ihr aber den Menschen nicht verzeiht, dann wird euch euer Vater eure Verfehlungen auch nicht verzeihen" (Mt 6,14f).

Nur der kann verzeihen, der sich nicht selbst in den Mittelpunkt der Welt stellt, sondern um seine eigene Schwäche weiß. Der sich bewußt ist, daß er Sachverhalte nicht wahrnehmen kann wie sie "objektiv" sind, sondern nur aus seiner ganz persönlichen subjektiven Erfahrung heraus. Das Verbot, zu richten gehört hierher: Richten ist das Gegenteil von Verzeihen.

7) Und lasse uns der Versuchung nicht unterliegen, sondern bewahre uns vor dem Bösen

Es scheint paradox, dem Göttlichen zu unterstellen, es könne uns in Versuchung führen. Das griechische Wort für Versuchung kann auch "Erprobung" oder "Prüfung mit offenem Ausgang" bedeuten. Erprobung kann auch etwas positives sein. Eine Chance, sich zu bewähren, neue Erfahrungen zu sammeln. Solange wir noch nicht "Meister" sondern allenfalls "Jünger" sind, können solche Erprobungen sehr lehrreich sein.

Gott kann nicht von üblen Dingen versucht werden, noch versucht er selbst irgend jemand: "Vielmehr wird jeder versucht, indem er von seiner eigenen Begierde gereizt und gelockt wird" (Jak. 1,13-14).

Gott läßt Prüfungen zu, aber er führt uns nicht in Versuchung.

Also: Nicht Lippenbekenntnisse führen weiter, sondern nur die innere Einstellung, dem Wollen des Göttlichen zu folgen, führt ans Ziel.

Das Wollen des Göttlichen ist die positive, von gegenseitiger Achtung und Liebe getragene Entfaltung des eigenen und fremden Lebens, denn Leben ist das Göttliche. "Ich bin das Leben" sagte Jesus einmal von sich selbst (Joh 14,6).

Die Bergpredigt

Selig sind Menschen, die von nichts besessen werden, (Geld, Macht, Sex, Drogen....) denn Sie werden eingehen in das Göttliche.

Selig sind die Menschen, die sich in ihrem Können mäßigen, denn ihnen wird die Erde gehören.

Selig sind Menschen, die sich auf das Reich Gottes hin orientieren, denn sie werden dorthin gelangen.

Selig sind Menschen, die sich ihrer eigenen Schwächen und der Schwächen anderer erbarmen und sich und anderen verzeihen. Sie werden Barmherzigkeit erlangen.

Selig sind die Menschen reinen Herzens, denn sie werden Gott schauen.

Im Herzen des Menschen begegnen Emotionalität, Sozialität und Rationalität dem Göttlichen. Wer aus solcher Mitte heraus lebt, wird das Göttliche erfahren, das eben in dieser "reinen Mitte" wohnt. Deshalb ist es auch wichtig, in der Meditation zu beten, d. h. in die eigene Mitte hineinzugehen, um aus der eigenen Mitte heraus zu leben und mit dem Göttlichen zu kommunizieren.

Selig, die Frieden schaffen, denn sie werden Kinder Gottes genannt werden.

Gemeint ist der innere Friede, der jede destruktive Aggressivität, jede aktive Intoleranz, jedes moralische Verurteilen ausschließt. Dieser innere Frieden erst ermöglicht äußeren Frieden. Die Instrumente des Friedenschaffens, wie sie etwa die UNO bereitstellt, sind denkbar ungeeignet, ihr Ziel zu erreichen.

Selig, die um des Himmelreiches willen verfolgt werden, denn sie werden das Himmelreich besitzen. Das Reich Gottes steht im krassen Gegensatz zu unserer heutigen lebensfeindlichen, ja lebensbedrohenden macht- und profitorientierten Lebensweise.

Wenn man versucht, es zu realisieren, schafft man sich automatisch eine Unmenge Feinde - eben alle, die Macht und Profit verherrlichen und davon besessen sind, es um jeden Preis zu etwas zu bringen.

Die Freiheit der Kinder Gottes

ist die Freiheit vom "Gesetz" und das Erkennen, Anerkennen und Verinnerlichen der "Gesetzmäßigkeit" der Schöpfung.

Jesus formulierte das so: "Wenn eure Gerechtigkeit die der Schriftgelehrten nicht weit übertrifft, könnt ihr keinesfalls in das Reich Gottes gelangen".

Die Gleichnisse und Taten Jesu sind geradezu provozierend darauf angelegt, dieses befolgen der Gesetzmäßigkeit zu demonstrieren.

Der Kern der "Gesetzmäßigkeit" ist sehr einfach: Handle aus Liebe zur Schöpfung und deren Schöpfer, deinem Vater, und handle aus Liebe zu deinem Nächsten, dir gleich.

Die Liebe bewirkt, daß man gar nicht in die Nähe der "Gesetzlichkeit" kommt.

Schon Lao Tse formulierte:
"Wirkt Gesetzlichkeit,
stehen die Kriegsrosse an den Grenzen.
Wirkt Gesetzmäßigkeit,
ziehen die Kriegsrosse den Pflug"

Die Lehre der Wunder

Die Wunder Jesu haben nicht nur die Aufgabe, sein Leben und seine Lehre verständlicher zu machen, sie auszudeuten. Wunder zeigen - und bezeugen auch heute - die positive Macht des Göttlichen über die negativen Kräfte der Verwirrung und Zersetzung.

Das Christusbewußtsein ruht nicht, solange es das Volk nicht vollkommen frei sieht: Frei sowohl von Sünde und Tod, als auch von Unterdrückung und Knechtschaft. Die Welt von heute braucht kein neues Evangelium, sondern eine neue Evangelisation in der Kraft des Heiligen Geistes, begleitet von Heilungen und Wundern, die uns den Sieg Jesu über Sünde, Krankheit und Tod vor Augen führen. Was die „christliche Kirche" als Organisation nicht braucht, ist das Alte Testament. Das hat mit der Lehre Jesu nur sehr wenig zu tun. Genau deshalb sprach Jesus ja auch davon, daß man keinen neuen Wein in alte Schläuche gießen solle.....

Die Zeichen der „Wunder" waren für alle Menschen aller Zeiten vorgesehen. Und Wunder sind auch nicht auf irgendwelche „Gesandte Gottes" beschränkt - das geht gar nicht, wenn allesamt - wie Jesus selbst - Kinder Gottes sind. Im Markusevangelium wird deutlich, daß Jesus gerade nicht der allmächtige Wundertäter ist, sondern ein Heiler, der auf den Glauben der Kranken angewiesen ist. Erst der Glaube, das Vertrauen auf Gott, unseren Vater, läßt das Göttliche wirksam werden. Auch in unserer Zeit wirkt das Göttliche fort, uns Zeichen dafür zu geben, daß wir auf dem richtigen Weg sind!

Jesus ist auch nicht der Messias, wie ihn sich die Juden damals vorstellten: Der das Königreich Davids wieder errichtet und die Welt den Juden unterwirft. Nein, er ist der bevollmächtigte Botschafter, der das Reich Gottes verkündet. Mit den Spielregeln, die er z. B. in der Bergpredigt verkündet hat, und die so ganz anders sind als in weltlichen Königreichen.

Zum Beispiel so:

Viele Leute verurteilen andere mit den Worten: "Dies ist ein verkommener, perverser Mensch." - Nun gibt es aber keine perversen Menschen. Es gibt jedoch Leute, die mit übermächtigen Schwierigkeiten im Kampf liegen und mit ihnen nicht fertig werden.

Jesus aber kam, um diese unsere Ketten zu zerbrechen und uns frei zu machen. Was auf uns den Eindruck des Perversen macht, gerade davon befreit und heilt Jesus. Als der Räuber am Kreuz bat: "Jesus, denk an mich, wenn du in dein Reich kommst" da antwortete er nicht: "Nun , du warst ein sehr böser Mensch, hast viele beraubt und ermordet. Na ja, ich werde es mir überlegen." -

Er erwiderte auch nicht: "Ich werde morgen mit meinem Vater darüber reden. Mal sehen, wie er über diesen Fall denkt".

Er konnte dem Räuber die Zusicherung geben: "Noch heute wirst du mit mir im Paradies sein." (Luk. 23,43)

Wir können und dürfen unseren Nächsten nicht verurteilen. Anstatt ihn zu verdammen, sollten wir für die Heilung seines Herzens beten.

Wir werden dabei große Überraschungen erleben. Du wirst sehen, wie DICH der Vater dazu gebrauchen wird, das verletzte Gemüt deines Kindes, deines Mannes oder deiner Frau zu heilen. Wenn wir die vorhandene Situation prüfen, vergessen wir häufig die Macht desjenigen, der Jesus von den Toten auferweckt hat, in unsere Rechnung einzubeziehen. Weder die Wissenschaft noch die Technik können die Macht und das Wirken des Heiligen Geistes ersetzen.

Er, Jesus, ist das Wort, und sein Leben ist die fundamentalste und wichtigste Botschaft. So brauchen wir kein neues Evangelium, sondern aufs Neue die Verbreitung der Botschaft Jesu. Aber: Niemand kann Eifer, inneres Feuer, für die Verbreitung der Botschaft aufbringen, wenn er nicht vorher eine Begegnung mit Jesus, und zwar von Angesicht zu Angesicht, gehabt hat. Der Christ von heute sollte nicht so sehr Theorien und Doktrinen über Jesus in seinem Kopf haben, als vielmehr Jesus in seinem Herzen.

Oftmals ist unsere Lehre perfekt, aber man setzt etwas voraus, was nicht vorhanden ist. Unser großer methodischer Fehler besteht darin, daß wir jene Menschen, die noch nicht wiedergeboren sind, eindringlich belehren und theologisch wohlbegründet zu überzeugen versuchen. Es genügt nicht, wenn man nur Kopfwissen hat. Man muß Wissen haben, das aus dem Herzen und der Erfahrung kommt. Wer "neu geboren" ist, teilt "Neues Leben" mit. Wenn nicht, beschränkt er sich auf Theorie oder reine, blutleere Doktrin. Damit ein Lebewesen wachsen kann, muß es vorher geboren werden.

Das "Neue Leben" wird geboren, wenn wir auf die Botschaft der Erlösung und der Befreiung mit Glauben und Bekehrung antworten.

Es ist Zeitverschwendung, jenen Menschen, die noch "tot" sind, die noch nicht die Erfahrung des Lebens in Fülle gemacht haben, geistige Nahrung anzubieten. Zuerst müssen sie lebendig gemacht werden. Alles ruht auf einer Basis: Dem Christusbewußtsein. Es ist der Eckstein, über dem sich das ganze Gebäude erhebt und das es zusammenhält!

Der Plan Gottes umfaßt den ganzen Menschen. Daher soll die Verwirklichung des Reiches Gottes sich mit allen Ausdrucksformen des menschlichen Lebens befassen, die ganze Person ergreifen und umfassen. Sie soll befreien: Von Sünde, Unwissenheit und vom Tode. Aber sie soll auch die fundamentalen Bedürfnisse seiner Geschöpfe nicht außer Acht lassen: Nahrung Kleidung, Gesundheit, Freude, Freunde, Familie, Arbeit und Wohnung.

Die Befreiung muß auch alle menschlichen Strukturen umfassen:

- das politische, ökonomische und soziale Leben,
- die ungerechten und unmenschlichen Strukturen - sie sollen umgewandelt werden,
- die Kultur: Sie soll mit den Werten des Evangeliums durchdrungen und durch sie geprägt werden.

Das Evangelium soll also die Beziehungen der Menschen und der Völker untereinander verändern, indem es eine Zivilisation der Liebe und der gegenseitigen Toleranz aufbaut: Einen neuen Himmel und eine neue Erde. Das Evangelium ist keine Flucht aus der Wirklichkeit, sondern es ist der einzige Weg, der das ökonomische, politische, soziale, kommerzielle und kirchliche Leben positiv verändern kann.

Aber: Die Welt gibt sich nicht damit zufrieden, wenn wir von Jesus reden, sie will und muß erleben, wie er wirkt und handelt; sonst werden seine Geschöpfe nicht an Ihn glauben. Wir sind aufgerufen, die Ausrichtung unserer Interessen, die Lebensformen und Wertmaßstäbe, die unser Verhalten bestimmen, zu verändern. Damit die Welt erkennt, daß das Reich Gottes gekommen und Jesus tatsächlich der Erlöser ist, der kam, um allen Geschöpfen, Gemeinschaften und Nationen eine neue Form des Zusammenlebens zu offenbaren. Die einzige Möglichkeit, wie wir das ganze Evangelium allen Menschen bekanntmachen können, besteht darin, daß wir alle im Sinne des Neuen Bundes, den Jesus selbst verkündet hat, zusammenarbeiten und nicht nur zusammen arbeiten, sondern auch zusammen leben!

"Alle sollen eins sein: Wie du, Vater, in mir bist und ich in dir bin, sollen auch sie in uns sein, damit die Welt glaubt, daß du mich gesandt hast" (Joh. 17,21).

Nur der Göttliche Geist ist fähig, das Antlitz der Welt zu verändern, indem er das Bewußtsein derjenigen Menschen, die ihn als ihren Urgrund des Seins an sich annehmen, erneuert. ER, und nur er, gibt uns die Kraft und den Mut, laut zu verkünden, daß Jesus unser König, Lehrer, Bruder und Freund ist.

Das Reich Gottes und dieses System der Dinge

Lukas 17,20-21

Als Jesus von den Pharisäern gefragt wurde, wann das Reich Gottes komme, antwortete er: "Das Reich Gottes kommt nicht so, daß man es an äußeren Zeichen erkennen könnte. Man kann auch nicht sagen: Seht, hier ist es!, oder: Dort ist es! Denn: Das Reich Gottes ist schon mitten unter euch!" Es ist also nicht etwas theoretisches oder gar erst im Jenseits angeordnetes. Aber - wir haben es verlernt, es zu bemerken!

Wir sind

1. Viel zu verkopft, viel zu rational und (theo)logisch und

2. viel zu sehr in **dieses** System der Dinge verstrickt

Das Reich Gottes zu errichten bedeutet nichts anderes, als den Willen des Vaters hier und jetzt in die Tat umzusetzen! Schwierig, wenn man so sehr in dieses System der Dinge verstrickt ist, wie wir es sind, so sehr, daß wir das alles für normal halten, was um uns herum Unmenschliches geschieht! Christ sein bedeutet die Zugehörigkeit zum Reich Gottes, dem Reich der Freiheit, in dem die Kinder Gottes das Leben in Fülle haben. (Joh. 10,10) Jesus selbst verkündete immer das Reich Gottes als Zielvorstellung.

Was ist geschehen, daß wir zwar immer noch vom "Reich Gottes" reden, es aber nicht mehr sehen, nicht mehr begreifen? Nun, statt dem Reich Gottes ist erst mal die absolutistische Staatskirche gekommen. Zuerst im Römischen Reich (325 n. Chr. unter Kaiser Konstantin), dann im Heiligen Römischen Reich Deutscher Nation, bis hinein ins 3. Reich.

Diese Entwicklung stand von Anfang an im Gegensatz zu den Aussagen Jesu, die auch heute noch sehr klar in den Evangelien nachzulesen sind.

Den Gemeinden wurde verordnet, was wahr und gut, was richtig und sinnvoll ist. Das "Gesetz", das die jüdische Religiosität prägte, wurde nun auch in der christlichen Kirche wieder in den Vordergrund gestellt. Das fahrlässige Reden von Gott, das unverantwortliche Geschwätz über ihn und von ihm und zu ihm, zu dem so manche Theologie verführt, besorgt das Sterben Gottes in den Menschenherzen.

Was sind nun die Grundgesetze im Reich Gottes?

(Matth. 7,12) ... die Liebe zu Gott und den Menschen erfüllt das ganze Gesetz. (Alle anderen Gebote lassen sich daraus ableiten.)

Darin besteht das Gesetz und die Propheten.

- Alles, was ihr von anderen erwartet, das tut auch ihnen!"
- Richtet nicht, dann werdet auch ihr nicht gerichtet werden. Verurteilt nicht, dann werdet auch ihr nicht verurteilt werden.

Es mag überraschen, aber das Wort "Gnade" kommt bei Jesus nicht vor. Aus gutem Grund: Gnade definiert ein Unterordnungsverhältnis zwischen einem Mächtigen und einem Ohnmächtigen (wie etwa zwischen einem Richter und einem Verurteilten). Der Mächtige kann Gnade vor Recht ergehen lassen. Der Vater der Jesusbotschaft ist aber keineswegs der allmächtige Patriarch des alten Testaments! Die jesuanische Vater-Kind Beziehung ist eine Beziehung zwischen Gleichberechtigten.

Gott ist als "Abba - liebender Vater" seiner Kinder wegen da. Der Vater ist seines verlorenen Sohnes wegen da und nicht der verlorene Sohn seines Vaters wegen. Zu seinem Papa kann man zurückkehren, ohne Angst, was immer man auch ausgefressen haben mag. Er wird nicht gnädig verzeihen, sondern sich freuen, daß man zu ihm gekommen ist. Und Gott als unser aller Vater setzt noch was drauf: Zitat Jesus (Mt 6,8) "Euer Vater weiß, was ihr braucht, noch ehe ihr ihn bittet".

Das Göttliche Sein hat Jesus nicht in die Welt gesandt, damit er die Welt richte, auch nicht um geopfert zu werden, sondern damit die Welt durch sein Beispiel gerettet werde. Und so kümmert sich Jesus nicht um die Gesetze, wenn sie der Nächstenliebe entgegenstehen. Er heilte am Sabbat, ließ seine Jünger Ähren pflücken und er fastete auch nicht - denn: Der Sabbat ist für den Menschen da, nicht der Mensch für den Sabbat! (Mark. 2,27f). Eine weiße Weste vor dem Gesetz ist dabei unerheblich. Es kommt auf die Reinheit des Herzens an.

Denn von innen, aus dem Herzen der Menschen, kommen die bösen Gedanken, Unzucht, Diebstahl, Hinterlist, Ausschweifung, Neid, Verleumdung, Hochmut und Unvernunft. All dieses Böse kommt von innen und macht den Menschen unrein (Mark. 7,14f).

Jesu Reden über seinen Vater

(Matth. 13,46f, Mark. 3,31f, Luk. 8,19f)

Als Jesus noch in dem überfüllten Haus redete, kamen seine Mutter und seine Brüder und wollten ihn sprechen. Doch er fragte: "Wer ist meine Mutter? Wer sind meine Brüder?" Dann zeigte er auf seine Jünger: "Seht diese Männer dort, sie sind meine Mutter und meine Brüder. Denn jeder, der meinem Vater im Himmel gehorcht, der ist mein Bruder, meine Schwester und meine Mutter."

(Matth. 16,27f, Mark. 8,38f, Luk. 9,26f, Joh. 12,25)

"...Denn der Menschensohn wird mit seinen Engeln in der Herrlichkeit seines Vaters wiederkommen und jeden nach seinen Taten richten. Und ich sage euch: Einige von euch, die ihr hier steht, werden leben und die Herrschaft Gottes mit eigenen Augen sehen. Wer mir dienen will, der soll mir auf diesem Weg folgen. Denn wo ich bin, soll auch er sein. Und wer mir dient, den wird mein Vater ehren."

(Joh. 12,49f)

"...Denn ich habe euch nicht meine Gedanken weitergegeben; sondern der Vater, der mich gesandt hat, sagte mir, was ich reden und verkündigen soll. Und das ist gewiß: Sein Wort führt zum ewigen Leben. Deshalb gebe ich euch alles so weiter, wie ich es vom Vater weiß."

(Joh. 14,10f)

"Glaubst du nicht, daß ich im Vater bin und der Vater in mir ist? Was ich euch sage, habe ich mir nicht selbst ausgedacht. Es sind die Worte meines Vaters, der in mir lebt. Er handelt durch mich. Glaubt mir doch, daß der Vater und ich eins sind. Und wenn ihr schon meinen Worten nicht glaubt, dann glaubt doch meinen Taten.

Eins ist sicher: Wer an mich glaubt, wird die gleichen Taten vollbringen wie ich, ja sogar noch größere; denn ich gehe zum Vater. Worum ihr in meinem Namen bitten werdet, das werde ich euch geben, damit durch die Taten des Sohnes die Herrlichkeit des Vaters sichtbar wird. Was ihr also in meinem Namen erbitten werdet, das werde ich tun."

(Joh. 14,18f)

"Nein, ich lasse euch nicht als Waisenkinder zurück. Ich komme wieder zu euch. Schon bald wird mich niemand mehr in dieser Welt sehen. Ihr aber werdet mich sehen. Und weil ich lebe, werdet auch ihr leben. Dann werdet ihr erkennen, daß ich eins bin mit meinem Vater und daß ihr in mir seid und ich in euch bin. Wer meine Gebote annimmt und danach lebt, der liebt mich. Und wer mich liebt, den wird mein Vater lieben. Auch ich werde ihn lieben und mich ihm zu erkennen geben."

(Joh. 17,13f)

"Jetzt komme ich zu dir zurück. Aber dies alles wollte ich noch sagen, solange ich noch bei ihnen bin, damit meine Freude auch sie ganz erfüllt. Ich habe sie deine Worte gelehrt, und die Welt haßt sie deswegen, weil sie ebenso wie ich nicht mehr zu ihr gehören. Dennoch bitte ich dich nicht, sie aus der Welt zu nehmen. Aber schütze sie vor der Macht des Bösen. Laß sie dir immer ähnlicher werden und der Wahrheit gehorchen. Wie du mich in die Welt gesandt hast, so sende ich sie in die Welt. Für sie gebe ich mein Leben hin, damit ihr Leben dir gehört. Ich bitte aber nicht nur für sie, sondern für alle, die durch das Zeugnis meiner Jünger von mir hören werden und an mich glauben.

Sie alle sollen eins sein, genauso wie du, Vater, in mir bist und ich in dir bin, sollen auch sie in uns fest miteinander verbunden sein. Dann werden sie die Welt überzeugen, daß du mich gesandt hast.

Sie bleiben in mir und ich in dir: So sind wir vollständig eins. Und die Welt wird erkennen, daß du es bist, der mich gesandt hat, und daß du meine Jünger liebst, wie du mich liebst.

Vater, ich will, daß alle, die du mir gegeben hast, bei mir bleiben.

Sie sollen an meiner Herrlichkeit teilhaben. Du hast mir die Herrlichkeit gegeben; denn du hat mich geliebt, längst bevor die Welt geschaffen wurde. Gerechter Vater! Wenn die Welt dich auch nicht kennt, ich kenne dich, und diese hier haben erkannt, daß du mich gesandt hast. Ich habe ihnen gezeigt, wer du bist. Das werde ich auch weiter tun, damit deine Liebe zu mir auch sie erfüllt, ja damit ich selbst in ihnen lebe."

(Luk. 22,41)

Nicht weit von seinen Jüngern entfernt kniete Jesus nieder und betete: "Vater, wenn es möglich ist, bewahre mich vor diesem Leiden. Aber nicht was ich will, sondern was du willst, soll geschehen."

Jesu Reden über das Reich Gottes

Joh. 3,3f

...Darauf erwiderte Jesus: "Ich sage dir eins, Nikodemus: Wer nicht neu geboren wird, kann nicht in Gottes Reich kommen. Eine andere Möglichkeit gibt es nicht: Wer nicht umkehrt und durch Gottes Geist neu geboren wird, kann nicht in Gottes Reich kommen!

Ein Mensch kann immer nur menschliches, vergängliches Leben zeugen; aber der Geist Gottes gibt das neue, das ewige Leben. Wundere dich deshalb nicht, wenn ich dir gesagt habe: Ihr müßt neu geboren werden. Es ist damit wie beim Wind. Er weht, wo er will. Du spürst ihn auch, aber du kannst nicht erklären, woher er kommt und wohin er geht. So kann man auch nicht erklären, wie diese Geburt von sich geht, obwohl jeder ihre Auswirkungen spürt."

Matth. 5,10

Glücklich sind, die deshalb verfolgt werden, weil sie Gottes Willen tun. Sie werden mit Gott in seinem Reich leben.

Matth. 5,19f

Denn das sage ich euch: Auch der kleinste Buchstabe im Gesetz Gottes behält seine Gültigkeit, solange die Erde besteht. Wenn jemand auch nur den geringsten Befehl Gottes für ungültig erklärt oder andere dazu verleitet, der wird in Gottes Reich keine Rolle spielen. Wer aber anderen Gottes Gebote weitersagt und sich selbst danach richtet, der wird im Reich Gottes viel bedeuten.

Matth. 5,20

Aber ich warne euch: Wenn ihr nicht mehr aufweisen könnt als die Pharisäer und Schriftgelehrten, kommt ihr nicht in Gottes Reich.

Luk. 12,29f

Hört also auf, ängstlich danach zu fragen: Was werden wir essen? Was werden wir trinken? Macht euch darüber keine Sorgen! Wollt ihr denn leben, wie Menschen die Gott nicht als Vater kennen?

Er weiß genau, was ihr alles braucht. Sorgt ihr euch vor allem um das Reich Gottes, dann wird Gott euch alles andere geben. Du kleine Herde, du brauchst keine Angst vor der Zukunft zu haben!

Denn dir will der Vater sein Königreich schenken.

Matth. 13,31f   Mark. 4,30f   Luk 13,18f

Mit dem Reich Gottes ist es wie mit einem Senfkorn, das auf ein Feld gesät wird. Es ist ein winziger Same, aber wenn er aufgeht und wächst, wird er zu einer großen Pflanze, ja zu einem Baum, in dem die Vögel nisten können. Man kann das Reich Gottes auch mit einem Sauerteig vergleichen, den eine Frau zum Brotbacken braucht. Sie nimmt eine große Menge Mehl und mischt wenig Sauerteig darunter, bis alles davon durchsäuert ist.

Matth. 13,44f

Das Reich Gottes ist wie ein verborgener Schatz, den ein Mann auf einem Feld entdeckte - und wieder verbarg. In seiner Freude verkaufte er alles, was er hatte, um den Acker zu kaufen und so den Schatz zu bekommen.

Wer in das Reich Gottes will, muß handeln wie ein Kaufmann, der auf der Suche nach kostbaren Perlen ist. Er entdeckt eine Perle von unschätzbarem Wert. Deshalb verkauft er alles, was er hat, um sie zu besitzen.

Luk. 13,29f

"... Aus der ganzen Welt, aus Ost und West, aus Nord und Süd werden die Menschen in Gottes Reich, zu Gottes Fest kommen. Vergeßt nicht: Viele, die hier nichts gelten, werden dort hoch geehrt, aber viele, die hier einen großen Namen haben, sind dort unbekannt"

Matth. 18,1f

"Wer ist wohl der Größte im Reich Gottes?" fragten die Jünger. Jesus rief ein kleines Kind, stellte es in ihre Mitte und sprach: "Das will ich euch sagen: Wenn ihr euch nicht ändert und so werdet wie die Kinder, kommt ihr nie in das Reich Gottes. Und wer solch ein Kind mir zuliebe aufnimmt, der nimmt mich auf."

Mark. 10,14   Luk. 18,15f

"Laßt doch die Kinder zu mir kommen! Haltet sie nicht zurück! Denn für Menschen wie sie ist das Reich Gottes bestimmt. Habt ihr denn immer noch nicht begriffen: Wer nicht wie ein kleines Kind voller Vertrauen zu Gott kommt, dem bleibt das Reich Gottes verschlossen"

Mark. 10,23f   Luk. 19,24

"Wie schwer ist es doch für einen Reichen, in das Reich Gottes zu kommen!" Er sah, wie entsetzt seine Jünger über diese Worte waren. Deshalb wiederholte er ausdrücklich: "Für Menschen, die viel besitzen, ist es fast unmöglich, dieses Ziel zu erreichen. Eher geht ein Kamel durch ein Nadelöhr, als daß Menschen, die an ihrem Reichtum hängen, in Gottes Reich kommen"

Luk. 20,35f

Wer aber das ewige Leben erlangt und einmal in Gottes Reich sein darf, für den wird es keine Ehe mehr geben. Er wird auch nicht mehr sterben wie die Menschen hier auf der Erde, sondern wie die Engel ewig leben und zu den Kindern Gottes gehören. Denn er ist vom Tod zu einem neuen Leben auferstanden.

Mark. 9,1

Dann sagte Jesus zu seinen Zuhörern: "Das sage ich euch: Einige von euch werden erleben, wie das Reich Gottes in seiner ganzen Macht sichtbar wird."

Matth. 24,14

Die Heilsbotschaft vom Reich Gottes wird in der ganzen Welt verkündet werden, damit alle Völker sie hören. Dann erst wird das Ende kommen.

Matth. 25,34

Dann wird der Richter zu denen an seiner rechten Seite sagen: "Kommt her! Euch hat mein Vater gesegnet. Nehmt das Reich Gottes in Besitz, das er seit der Erschaffung der Welt für euch als Erbe bereithält!"

Joh. 19,36

Jesus antwortete Pilatus: "Mein Königreich gehört nicht zu dieser Welt, man kann es mit keinem anderen Reich vergleichen. Wäre ich ein weltlicher Herrscher, dann hätten meine Leute für mich gekämpft, damit ich nicht in die Hände der Juden falle. Aber mein Reich ist von anderer Art."

Matth. 22,14

...viele sind eingeladen, aber nur wenige sind bereit zu kommen!

Meister Eckhart

1260 - 1327

Vieles vom Leben dieses Großen unter den Denkern seiner Zeit liegt im dunkeln, andere Fakten lassen sich nur indirekt belegen, und doch wird ihm auch heute bezeugt, er zähle zu den Gestalten, die nur alle Jahrtausende aufträten, Buddha, Laotse, Plotin oder Nietzsche vergleichbar.

„Kein Deutscher vor ihm, keiner nach ihm hat je so geredet, ja, einige Worte von ihm lassen sich nur noch mit den gebieterischen Selbstbekenntnissen der größten Propheten und Religionsstifter aller Zeiten vergleichen."

Eckhart wurde um 1260 in Hochheim bei Gotha geboren. In jungen Jahren trat er dem Konvent der Dominikaner in Erfurt bei, studierte Theologie und Philosophie in Köln und wurde in den neunziger Jahren Prior des Erfurter Dominikanerkonvents und zugleich, auf Wunsch des schon genannten Dietrich von Freiberg, Vikar von Thüringen. Aus dieser Zeit stammt sein erstes uns bekanntes Werk in deutscher Sprache: „Die Reden der Unterscheidung", Niederschriften abendlicher Tischgespräche, in denen es um die Gegenüberstellung von echten und äußerlichen Verhaltensformen geht.

1302 erhielt Eckhart in Paris die Magisterwürde und nannte sich seitdem „Magister in Sacra Theologia". „Meister" Eckhart - ein Titel, den er zu Recht führte, wie der Philosoph Franz von Baader, der Eckhart im 19. Jahrhundert wiederentdeckte, feststellt, denn „er übertrifft alle Mystiker".

Nach der Rückkehr nach Deutschland wurde Meister Eckhart 1303 zum Provinzial der neu gegründeten Ordensprovinz Saxonia gewählt.

1314 ist er urkundlich in Straßburg belegt und entfaltete als berühmter und verehrter Prediger eine rege Tätigkeit am Oberrhein. Vermutlich sind in dieser Zeit das berühmte „Buch der göttlichen Tröstung" und die Predigt „Vom edlen Menschen" entstanden.

1323 wurde Eckhart auf die Lehrkanzel des Albertus Magnus in Köln berufen. Nach nur dreijähriger Lehr- und Predigttätigkeit eröffnete der Kölner Erzbischof Heinrich von Virneburg einen Inquisitionsprozeß gegen Eckhart wegen „Verbreitung glaubensgefährdender Lehren unter dem Volke". Der Prozeß, dessen Akten in einer Handschrift der Soester Stadtbibliothek

erhalten sind, endete nach mehrjährigen Untersuchungen in Köln und beim päpstlichen Stuhl in Avignon 1321 mit der Verurteilung von 28 Thesen aus Eckharts Werken. Eckhart, der am 13. Februar 1327 in einer öffentlichen Erklärung in der Kölner Dominikanerkirche feierlich seine Rechtgläubigkeit beteuert hatte und für den Fall, daß man ihm Irrtümer in seinen Schriften nachweisen könne, zum Widerruf bereit war, starb wahrscheinlich noch 1327 in Köln.

Im folgenden werden einige der Predigten und Auszüge aus den genannten deutschen Schriften Eckharts wiedergegeben.

Reden der Unterscheidung

Von der Abgeschiedenheit und vom Innehaben Gottes

Ich ward gefragt: Manche Leute zögen sich ganz von den Menschen zurück und wären gern allein, und daran läg' ihr Friede, und daß sie in der Kirche wären, -ob das das Beste sei? Da sagte ich: Nein! Und merke dir, warum. Mit wem es recht steht, wahrlich, dem ist's an allen Stätten und bei allen Leuten recht. Mit wem es aber unrecht steht, dem ist's an allen Stätten und bei allen Leuten unrecht. Mit wem es aber recht bestellt ist, der hat Gott in Wahrheit bei sich. Wer aber Gott recht in Wahrheit hat, der hat ihn an allen Stätten und auf der Straße und bei allen Leuten gerade so gut wie in der Kirche oder in der Einöde oder in der Zelle. Wenn er ihn nur recht, wenn er ihn nur immer hat, so kann ihn niemand hindern.

Warum?

Da hat er Gott allein und meint allein Gott, und alle Dinge werden ihm lauter Gott. Solch ein Mensch trägt Gott in allen seinen Werken und an allen Stätten, und dieses Menschen ganzes Tun wirkt lediglich Gott. Denn wer das Werk verursacht, dessen ist das Werk eigentlicher und wahrhafter denn dessen, der es ausführt. Meinen wir also Gott lauterlich und allein, fürwahr! so muß er unser Tun wirken, und an allen seinen Werken kann ihn niemand hindern, keine Vielheit und keine Stätte. Niemand also kann diesen Menschen hindern, denn er meint nichts und sucht nichts und schmeckt ihm nichts als Gott; der wird ja mit dem Menschen durch dessen ganze Gesinnung eins. Und so wie Gott durch keine Mannigfaltigkeit zerstreut werden kann, so kann auch diesen Menschen nichts zerstreuen noch vermannigfaltigen. Denn er ist eins in dem Einen, da alle Mannigfaltigkeit Einheit und Unvermannigfaltigkeit ist.

In allen Dingen soll der Mensch Gott ergreifen und soll sein Gemüt gewöhnen, alle Zeit Gott gegenwärtig zu haben in seinem Innern, in der Meinung und in der Minne. Gib acht darauf, wie du nach deinem Gotte trachtest. Wie du in der Kirche bist oder in der Zelle - dieses selbe Gemüt behalte und trage es unter die Menge und in die Unruhe und in die fremde Welt. Und - wie ich schon öfter gesagt habe - wenn man von „Gleichheit" spricht, so ist damit nicht gemeint, daß man alle Werke, alle Stätten oder alle Menschen für gleichwertig erachten soll. Das wäre gar unrecht; denn es ist ein besser Werk zu beten, als zu spinnen und eine edlere Stätte die Kirche denn die Straße.

Du sollst aber in deinem Tun ein gleiches Gemüt und ein gleiches Vertrauen haben und einen gleichen Ernst hegen gegen deinen Gott. Traun!

Verharrtest du in solcher Gleichheit, so hinderte dich niemand, deinen Gott gegenwärtig zu besitzen.

Wer aber Gott nicht also in Wahrheit innehat, sondern ihn immer von draußen her nehmen muß in diesem und jenem, und wer Gott in ungleichmäßiger Weise sucht, mittels eines Werkes, bei Menschen oder Örtern: der hat Gott nicht. Und da kann's leicht geschehen, daß den Menschen etwas hindert, denn er hat ja Gott nicht und sucht und minnt und meint ihn nicht allein. Und darum hindert ihn nicht nur böse Gesellschaft, ihn hindert auch die gute und nicht nur die Straße, sondern auch die Kirche, nicht allein böse Worte und Werke, nein, sondern auch gute. Denn das Hindernis liegt in ihm - Gott ist in ihm noch nicht alle Dinge geworden. Wäre Gott ihm das, so wäre ihm an allen Orten und bei allen Leuten recht und wohl. Denn er besäße Gott; den könnte ihm niemand rauben, und niemand könnte ihn in seinem Werke hindern.

Woran liegt nun dieses wahre Innehaben Gottes, daß man ihn wirklich besitze? Dieses wahrhafte Gott-Innehaben liegt am Gemüte und an einem innigen, aufmerksamen Sich-Hinwenden und Trachten nach Gott. Nicht an einem stetigen gleichmäßigen Drandenken; denn das wäre der Natur ein unmögliches Vorhaben und sehr schwer und wäre nicht einmal das Allerbeste. Der Mensch soll sich nicht begnügen mit einem gedachten Gott; wenn der Gedanke vergeht, so vergeht auch der Gott. Viel mehr! Man soll haben einen wesentlichen Gott, der erhaben ist über den Gedanken des Menschen und aller Kreatur. Der Gott vergeht nicht, der Mensch kehre sich denn mit Willen von ihm ab.

Wer Gott so im Wesen innehat, der nimmt Gott göttlich und dem leuchtet er in allen Dingen; denn alle Dinge schmecken ihm nach Gott, und Gott spiegelt sich ihm aus allen Dingen - in ihm blickt Gott allezeit. In ihm ist eine abgeschiedene Abkehr und ein inneres Gestalten seines geminnten, gegenwärtigen Gottes. Es ist, wie wenn es einen hitzig dürstet so in rechtem Durst:

Der mag anderes tun als trinken und mag wohl auch anderer Dinge gedenken; aber was immer er tue oder bei wem er sei, in welcher Absicht, in welchen Gedanken oder welchem Geschäft - ihm vergeht doch das Bild des Trankes nicht, dieweil sein Durst währt; und soviel größer der Durst ist, soviel lebendiger und inwendiger, gegenwärtiger und stetiger ist das Bild des Trankes. Oder wer da heiß ein Ding liebt mit ganzer Kraft, so daß ihm nichts anderes Lust gibt und zu Herzen geht als dieses nur und trachtet allein nach ihm und nach gar nichts weiter: wahrhaftig, wo der Mensch auch ist oder bei wem, was er auch beginne oder tue, so verlischt doch in ihm nimmer, was er so liebt, in allen Dingen findet er desselben Dinges Bild, und es ist ihm umso lebendiger da, je mehr seine Liebe stärker und stärker wird. Solch ein Mensch sucht die Ruhe nicht, denn ihn stört keine Unruhe. Dieser Mensch ist Gott um so wohlgefälliger, als er alle Dinge göttlich nimmt und für mehr, denn sie an sich selber sind. Traun!

Dazu gehört Eifer und Liebe, ein sorgsames Achtgeben auf des Menschen Inwendigkeit und eine wache, wahre, wirkliche Einsicht, auf der das Gemüt stehen kann gegenüber Dingen und Menschen. Das kann der Mensch nicht durch Fliehen lernen, indem er vor den Dingen flüchtet und sich zur Einsamkeit kehrt weg von der

Außenwelt; sondern er muß eine innerliche Einsamkeit lernen, wo oder bei wem es sei. Er muß die Dinge zu durchbrechen lernen und seinen Gott darinne greifen und ihn kräftiglich in sich gestalten können in einer wesenhaften Weise.

Gerade so, wie wenn einer will schreiben lernen. Soll er die Kunst verstehen, so muß er sich viel und oft darin üben, wie sauer und schwer es ihm auch werde und wie unmöglich es ihm dünke. Wird er nur fleißig üben und oft, so lernt er's und gewinnt die Kunst. Traun, zuerst muß er sich jeden Buchstaben einzeln denken und den oft und genau in sich vorbilden. Dann aber, wenn er die Kunst innehat, so wird er völlig ledig der Vorstellung und des Drandenkens und schreibt fließend und frei, es seien Federübungen oder kühne Werke, die aus seiner Kunst erstehen sollen.

Ihm genügt's zu wissen, daß er seine Kunst ausübt. Und wenn er auch nicht immer daran denkt, er vollbringt dennoch, woran er auch denken mag, sein Werk kraft seiner Kunst. Also soll auch der Mensch von Gottes Gegenwart durchdrungen, soll mit der Form seines geminnten Gottes durchformt und in ihm eingewest sein, daß ihm seine Gegenwärtigkeit leuchte ohne alles Bemühen, daß er die Urbilder aller Dinge erfasse und der allzumal ledig bleibe. Dazu gehört anfangs ein Drandenken und ein aufmerksames Einprägen wie beim Schüler zu seiner Kunst.

Die Lehre Buddhas

Gottes Weisheit ist so weit wie der Ozean und sein Geist ist voll von großem Mitgefühl. Gott selbst hat keine Form, jedoch manifestiert er sich in Erhabenheit und leitet uns mit seinem ganzen mitfühlenden Herzen

Der Buddhismus ist nach meiner Meinung ein der Lehre Jesu verwandtes Gebäude. Viele Elemente dieses Gebäudes weisen große Übereinstimmung mit Aussagen Jesu auf. Gemäß nachfolgender Begriffsbestimmung bedeutet das Wort "Buddha" viel mehr als nur den Namen Gautama Buddhas, der nach unserem europäischen Namensbegriff eigentlich Gautama Siddharta hieß, nämlich:

- In Übereinstimmung mit dem Göttlichen zu sein

- Inkarnationen des Göttlichen

- Abstrakter Sammelbegriff alles Göttlichen.

Um die Darstellung der Lehre Gautama Buddhas unserem europäischen Denken anzupassen, habe ich in diesem Kapitel das Wort "Buddha" der Bedeutung gemäß mit "Gott" oder "Göttlich" übersetzt. Gautama Buddha lebte etwa 600 Jahre vor Jesus. Es ist interessant, jedoch kaum bekannt, daß indische Könige buddhistische Missionare in alle Welt gesandt haben, um die Lehre Buddhas zu verbreiten. Auch zur Zeit Jesu war in Alexandria mindestens eine buddhistische Missionsstation, und es ist wahrscheinlich, daß die Lehre Buddhas auch in hebräischen Kreisen diskutiert wurde.

Man kann also davon ausgehen, daß Jesus die Lehre Buddhas bekannt war. Der folgende Text ist eine Übersetzung des Autors und entstammt dem Buch "The Teaching of Buddha", herausgegeben von der Buddhist Promoting Foundation, Japan.

Folgende Begriffe beinhalten wesentliche Glaubensgrundsätze bzw. Aussagen des Buddhismus und stehen deshalb zum besseren Verständnis gleich am Anfang.

1) Buddha

a) Bezeichnung Gautama Siddhartas (auch: Gautama Shakyamuni oder Buddha Shakyamuni = aus dem Shakya-Klan), des Gründers des Buddhismus, als er vor ca. 2500 Jahren im Alter von 35 Jahren den Zustand der Erleuchtung erreichte.

b) Buddha bedeutet darüber hinaus auch:

- in Übereinstimmung mit dem Göttlichen zu sein

- Inkarnationen des Göttlichen

- abstrakter Sammelbegriff alles Göttlichen

2) Die wahre Lehre (Dharma)

des einen Erleuchteten (Gautama Buddha)

3) Ich-losigkeit "Nicht-Seele" (Anatman)

Eine der fundamentalsten Aussagen des Buddhismus. Keine Existenz, kein Phänomen in dieser Welt hat irgendeine substantielle Realität.

Keinerlei Existenz ist von Dauer, deshalb besitzt eine solche vorübergehende Existenz auch keine Substanz von Dauer. Im Buddhismus gibt es deshalb auch keine "Seele" im christlichen Sinn.

4) Flüchtigkeit, Vergänglichkeit (Anitya)

Jede Existenz und jedes Phänomen in dieser Welt ist ständig der Veränderung unterworfen und hat deshalb ultimativ keine substantiell Realität. Nichts bleibt auch nur für eine Augenblick gleich. Alles stirbt oder endet irgendwann in seiner Zukunft, und das ist gleichzeitig die Ursache von Leiden an sich. Dies soll jedoch keinen pessimistischen oder nihilistischen Ansatz darstellen, denn auch Wachstum, Fortschritt und Reproduktion sind Manifestationen des dauernden Wechsels.

5) Schriften (Sutra)

Die Aufzeichnungen von (Gautama) Buddhas Lehren.

6) Die Taten (Karma)

Nach dem Gesetz von Ursache und Wirkung sammeln sich gute und böse Taten und haben Auswirkungen auf dieses und darüber hinaus auf folgende Leben.

7.) Die Bruderschaft (Samgha)

Bestehend aus Mönchen, Nonnen und Laien.

8) Perfekte Seelenruhe, Gelassenheit (Nirvana)

Dies ist der Zustand, in dem alle menschliche Verderbtheit und Leidenschaft erloschen ist, und zwar durch bestimmte Praktiken (wie z.B. ZEN) und Meditation in rechter Weisheit.

9) Rad der Wiedergeburt (Samsara)

Andauernde Wiederholung von Geburt und Tod von der Vergangenheit durch die Gegenwart in die Zukunft hinein. Solange man nicht zur Erleuchtung gelangt, ist man diesem Kreislauf unterworfen. Die den Zustand der Erleuchtung erreicht haben, werden "Buddhas" (die Göttlichen) genannt.

10) Ans andere Ufer gelangen (Paramita)

Bedeutet Gottes Land durch verschiedene buddhistische Praktiken zu erreichen. Folgende 6 Disziplinen werden als diejenigen betrachtet, mit deren Hilfe man den Kreislauf von Geburt und Tod durchbrechen kann und in Gottes Land der Erleuchtung gelangt: Opferbereitschaft, Sittlichkeit, Geduld, Ausdauer, Konzentration und Weisheit.

11) Nicht Substantiell (Sunyata)

Eine der fundamentalen Aussagen des Buddhismus. Nicht-substantiell bedeutet das Ungeborene, keine Eigennatur, keine Dualität. Deshalb gibt es im Buddhismus kein andauerndes EGO als Wirklichkeit. Nichts ist Substanz oder von Dauer, weil alles von Kausalzusammenhängen (dem Gesetz von Ursache und Wirkung) abhängig ist. Jedoch sollte man auch dieses Prinzip nicht als unveränderliche Aussage betrachten. Alles Sein, menschlich oder nicht-menschlich, ist relativ. Deshalb ist es Narrheit, eine bestimmte Aussage, Lehre oder Theorie als einzig Absolute zu betrachten.

Gautama Buddhas letzte Worte an seine Jünger

45 Jahre lang zog Gautama Buddha durch das Land seiner Väter und predigte und überzeugte Menschen, seinem Beispiel zu folgen. Als er achtzig Jahre alt war, wurde er krank und sah voraus, daß er bald sterben würde. Als er bemerkte, daß seine letzte Stunde gekommen war, legte er sich zwischen zwei große Bäume und predigte zu seinen Jüngern bis zu seinem letzten Augenblick:

"Macht euch selbst zu einem Licht. Vertraut auf euch selbst, verlaßt euch auf keinen Anderen! Macht meine Lehre zu eurem Licht. Vertraut darauf und macht euch von keiner anderen Lehre abhängig! Betrachtet euren Körper; bedenkt seine Unreinheit; ihr wißt, daß sowohl seine Schmerzen als auch sein Entzücken Ursachen des Leides sind, wie könnt ihr da nachsichtig sein mit seinem Verlangen? Betrachtet euer "Selbst"; bedenkt seine Vergänglichkeit; wie könnt ihr darüber in Zweifel geraten und Hochmut und Selbstheit pflegen, wenn ihr doch wißt, daß dies unvermeidlich in Leiden endet? Betrachtet alle Substanzen; könnt ihr unter ihnen allen eine mit einem andauernden "Selbst" finden? Sind sie nicht alle mehr oder weniger komplexe Ansammlungen, die - früher oder später - allesamt auseinanderfallen und sich zerstreuen?

Seid nicht verwirrt durch die Universalität des Leids, sondern folgt meiner Lehre, auch nach meinem Tod, und ihr werdet befreit sein von Schmerz. Tut dies, und ihr werdet in Wahrheit meine Jünger sein, die meine Lehren bewahren, immer darüber nachsinnen und sie praktizieren. Wenn ihr meinen Lehren folgt, werdet ihr immer glücklich sein.

Der Kern meiner Lehren ist, Geist und Sinne selbst zu beherrschen. Haltet euren Sinn frei von Begierden, und ihr werdet eurem Körper Gutes tun. Haltet euren Geist rein und eure Worte aufrichtig und ehrlich.

Denkt immer an die Vergänglichkeit eures Lebens und ihr werdet in der Lage sein, Ärger und Begierden zu widerstehen und ihr werdet in der Lage sein, alles Übel zu vermeiden. Wenn euer Geist oder Sinn in Versuchung gerät und sich in Begierden verstrickt, müßt ihr die Versuchung beherrschen und unterdrücken. Seid Meister eures eigenen Geistes, Sinnes und Herzens. Eines Menschen Geist macht ihn zum Göttlichen (Buddha), oder er macht ihn zu einer Bestie; fehlgeleitet durch Irrtum wird man zu einem Dämonen; erleuchtet - wird man zu einem Göttlichen. Deshalb beherrscht euren Geist und euren Sinn und laßt sie nicht vom rechten Pfad abweichen!

Wenn ihr meinen Lehren folgt, sollt ihr einander respektieren und nicht miteinander streiten; ihr sollt euch nicht wie Öl und Wasser abstoßen, sondern wie Milch und Wasser vereinigen. Studiert zusammen, lernt zusammen, praktiziert die Lehre zusammen. Verschwendet nicht euren Geist und eure Zeit in Nichtstun und Streit. Erfreut euch der Blüten der Erleuchtung zu ihrer Zeit und erntet die Früchte des rechten Pfades.

Die Lehre, die ich euch gegeben habe, habe ich dadurch gewonnen, daß ich dem Pfad selbst gefolgt bin. Auch ihr sollt dieser Lehre folgen und ihrem Geist zu jeder Gelegenheit entsprechen. Wenn ihr sie ablehnt, bedeutet das, daß ihr mich nie wirklich kennengelernt habt. Das bedeutet, ihr seid weit weg von mir, sogar wenn ihr gerade bei mir seid. Wenn ihr jedoch meine Lehre akzeptiert und praktiziert, seid ihr mir sehr nahe, auch wenn ihr gerade fern von mir seid. Meine Jünger, mein Ende ist nahe, unsere Trennung naht, aber lamentiert nicht!

Das Leben ist ewige Veränderung; niemand kann der Auflösung des Körpers entgehen. Dies mache ich jetzt durch meinen eigenen Tod deutlich: Mein Körper zerfällt wie ein auseinanderbrechender Karren. Klagt nicht vergebens, nehmt zur Kenntnis: Nichts ist von Dauer und lernt daraus die Leere des menschlichen Lebens.

Pflegt keine unwerten Wünsche, damit nicht das Veränderbare

unveränderbar werde. Der Dämon weltlichen Verlangens sucht ständig nach Chancen, Geist und Sinn zu täuschen. Wenn eine Viper in eurem Zimmer ist, und ihr eine ruhige Nacht verbringen möchtet, müßt ihr sie zuerst hinausjagen. Ihr müßt die Bindungen an weltliche Leidenschaften brechen und diese hinwegtreiben, wie ihr es mit einer Viper tun würdet. Ihr müßt unumgänglich euren euch eigenen Geist und Sinn schützen.

Meine Jünger, mein letzter Augenblick ist gekommen, vergeßt jedoch nicht, daß der Tod nur die Auflösung des physischen Körpers bedeutet. Der Körper wurde durch Eltern geboren und von Nahrung ernährt; ebenso unvermeidlich sind Krankheit und Tod.

Aber das Wahre Göttliche ist kein menschlicher Körper:

- Es ist Erleuchtung.

Der menschliche Körper muß vergehen, die Weisheit der Erleuchtung wird für immer fortdauern durch die Wahrheit der Lehre und durch das Praktizieren der Lehre. Diejenigen, die nur meinen Körper sehen, sehen mich in Wirklichkeit gar nicht. Nur diejenigen, die meine Lehre annehmen, sehen mich wirklich.

Nach meinem Tod soll die Lehre (Dharma) euer Lehrer sein. Folgt der Lehre, und ihr werdet Mir treu sein. Während der letzten 45 Jahre meines Lebens habe ich nichts von meiner Lehre zurückgehalten.

Es gibt keine Geheimlehre, es gibt auch keine versteckten Bedeutungen; alles wurde offen und frei verkündet.

Meine Jünger, im nächsten Augenblick werde ich ins Nirvana hinübergehen.

Dies sind meine Anweisungen".

Der ewige und gepriesene Gott

Der Geist Gottes ist von großer liebender Freundlichkeit und großem Mitgefühl. Die große liebende Freundlichkeit ist die Gesinnung, alle Menschen mit allen und jeden Mitteln zu retten. Das große Mitgefühl ist die Gesinnung, unverzüglich krank zu sein mit den Kranken und zu leiden mit den Leidenden. "Euer Leiden ist mein Leiden und euer Glücklichsein ist mein Glücklichsein" sagt Gott und - gerade wie eine Mutter immer ihr Kind liebt, vergißt Er diese Gesinnung nicht für einen Augenblick; denn es ist die Natur des Göttlichen, mitfühlend zu sein. Gottes Mitgefühl entspricht den menschlichen Bedürfnissen; der menschliche Glaube ist eine Reaktion auf dieses Mitgefühl und führt ihn zur Erleuchtung, gerade so wie eine Mutter ihre Mutterschaft an ihrer Liebe zu ihrem Kind erkennt; worauf das Kind, indem es auf diese Liebe reagiert, sich sicher und wohl fühlt.

Jedoch, die Leute verstehen diesen Geist Gottes nicht und fahren fort, unter den Illusionen und Begierden zu leiden, die aus ihrer Unwissenheit entstehen. Sie Leiden unter ihren eigenen Taten, verstärkt durch ihre weltlichen Leidenschaften, und wandern mit der schweren Bürde ihrer üblen Taten durch das Gebirge der Verblendung.

Denke nicht, das Mitgefühl Gottes ist nur für das gegenwärtige Leben; es ist eine Manifestation des zeitlosen Mitgefühls des ewigen Gottes, das seit jener urdenklichen Zeit existiert, zu der die Menschheit in ihrer Ignoranz auf Abwege geriet. Der ewige Gott erscheint bei den Menschen immer in den freundlichsten Formen und bringt die weisesten Methoden der Erlösung mit sich. Das Wirken der Göttlichkeit ist ewig andauernd wie auch die menschliche Ignoranz endlos ist. Und wie die menschliche Ignoranz bodenlos ist, ist Gottes Mitgefühl grenzenlos. Gottes Mitgefühl umfaßt alle Menschen und seine sich nie vermindernden Bemühungen haben ihr Glück zum Ziel.

Er liebt alle Menschen wie Eltern ihre Kinder lieben und Er wünscht sich für sie die höchste Glückseligkeit, besonders daß sie die Fähigkeit erlangen, diesen Ozean von Leben und Tod zu überwinden.

Gottes Erlösung und Befreiung für uns

Diese Welt ist ein brennendes Haus, aber die Leute, die darin Leben, merken nicht, daß es brennt und sind in Gefahr, zu verbrennen.

Deshalb weist Gott in seinem Mitgefühl Wege zu ihrer Rettung. Gottes Mitgefühl umfaßt alle Menschen mit der Liebe eines Vaters zu seinem einzigen Sohn. In dieser Liebe plant Er die weisesten Methoden, die Menschen zu führen, sie zu lehren und mit dem Schatz der Erleuchtung zu beschenken. So wie Regen gleichmäßig über alle Vegetation fällt, so breitet sich Gottes Mitgefühl über alle Menschen aus. Aber genau so, wie verschiedene Pflanzen unterschiedlich auf den Regen reagieren, werden Menschen unterschiedlicher Natur und in unterschiedlichen Umständen durch unterschiedliche Wege und Methoden geheilt. Eltern lieben alle ihre Kinder, dennoch drücken sie ihre Liebe zu einem kranken Kind mit besonderer Zärtlichkeit aus. Gott ist ein Vater in seinem Mitgefühl und eine Mutter in seiner liebenden Freundlichkeit.

In ihrer Unwissenheit und ihrer Bindung an weltliche Begierden handeln Menschen oft in großem Eifer. Gott ist ebenso eifrig aus Mitgefühl für alle Menschen. Sie sind hilflos ohne Gottes Mitgefühl; sie sollten als seine Kinder seine rettende Botschaft annehmen.

Der ewige Gott

Gemeinhin glaubt man, daß Gautama Siddharta derjenige ist, der als Bettelmönch den Weg zur Erleuchtung gefunden hat. Jedoch, bis dahin war ein langer, langer Weg der Vorbereitung, denn Gott hat immer schon existiert in dieser Welt, die ohne Anfang oder Ende ist. Gott allein kennt die Welt, wie sie ist. Er sagt nie, daß etwas real ist oder irreal, oder gut oder schlecht. Er zeigt die Welt einfach, wie sie ist. Was Gott lehrt ist dies: Alle Menschen sollten die Wurzeln ihrer Tugenden in Übereinstimmung mit ihrer jeweils eigenen Natur, ihren Taten und ihrem Glauben kultivieren. Diese Lehre übertrifft alle Versprechungen und Enttäuschungen dieser Welt. Gott lehrt nicht nur durch Worte, sondern auch durch sein Leben. Obwohl sein Leben endlos ist, benutzt Er die Zweckdienlichkeit von Geburt und Tod um Leute zu erwecken, die diesem Leben mit seinen Begierden verhaftet sind.

Die Gestalt Gottes und seiner Tugenden

Versuche nicht, Gott durch seine Gestalt oder seine Eigenschaften zu erkennen. Weder die Gestalt noch die Eigenschaften sind der wahre Gott. Das wahrte Göttliche ist die Erleuchtung selbst. Der wahre Weg, das Göttliche zu erkennen, ist den Zustand der Erleuchtung zu erreichen. Obwohl wir von seiner Gestalt sprechen, hat das wahre Göttliche keine bestimmte Gestalt und das menschliche Auge kann ihn nicht wahrnehmen. Auch durch eine fehlerlose Beschreibung seiner Eigenschaften erkennt man ihn nicht. Er kann sich jedoch in jeder Gestalt mit allen erdenklichen exzellenten Eigenschaften manifestieren. Die Gestalt des Göttlichen ist die Erleuchtung selbst! Formlos und ohne Substanz ist Er seit jeher und wird es immer sein. Es ist ein ewiger Körper dessen Substanz Weisheit ist. Er ist ewig und unverändert er selbst.

Die Erleuchtung erscheint als das Licht der Weisheit, das Menschen in ein neues Leben hineinerweckt und bewirkt, in der Welt Gottes wiedergeboren zu werden. Die dies erkennen, werden Kinder Gottes; sie halten und ehren seine Lehre und vermitteln sie der Nachwelt. Nichts kann wunderbarer sein als die Macht Gottes.

Gottes dreifaltige Gestalt

1. Die Gestalt der Lehre; sie ist die Substanz der Wahrheit selbst, sie erfüllt das Universum und reicht überallhin, sie existiert für immer, gleich ob Menschen daran glauben oder nicht.

2. Die Gestalt Gottes in Mitgefühl und Weisheit; sie manifestiert sich durch die Symbolik von Geburt und Tod, die Lehre und die Offenbarung seines heiligen Seins um alle Menschen zur Rettung zu führen.

3. Gott erschien in der Welt in körperlicher Gestalt und lehrte die Menschen entsprechend ihren Fähigkeiten die Aspekte von Geburt, Entsagung dieser Welt und das Erreichen der Erleuchtung. Um die Menschen zu führen, gebrauchte Gott in dieser Form jedes Mittel wie auch Krankheit und Tod.

Obwohl Gott einen dreifaltigen Körper hat, ist sein Geist und sein Sinn ein einziger: Alle Menschen zu retten. Seine Göttlichkeit erfüllt alles, sie macht die Erleuchtung zu seinem Körper und - wie die Erleuchtung - zeigt Er sich allen, die fähig sind, die Wahrheit zu erkennen.

Das Auftreten Gottes in der Welt

Es ist selten, daß Gott selbst in der Welt auftritt. Wenn Gott in der Welt auftritt, strebt Er nach Erleuchtung, verkündet Er die wahre Lehre, zerreißt die Netze des Mißtrauens, beseitigt die Verlockung der Begierden an ihrer Wurzel, verstopft die Quellen des Bösen vollständig unbehindert und bewegt sich auf der Erde wie Er will.

Gott erscheint in der Welt des Leides, weil Er die Menschen nicht im Stich lassen kann. Er kommt, um die wahre Lehre zu verbreiten und alle Menschen mit seiner Wahrheit zu heiligen. Wenn Gott einen Menschen findet, der unter der schweren Bürde seiner weltlichen Leidenschaften leidet, fühlt Er Mitleid und trägt die schwere Bürde mit ihm. Wenn Er einen Menschen findet, der unter der Täuschung der Welt leidet, wird Er die Täuschung mit dem reinen Licht seiner Weisheit aufklären.

Wenn der Mond untergeht, sagen die Leute, er ist verschwunden; und wenn er aufgeht, sagen sie, er ist wieder da. Jedoch, der Mond verschwindet weder, noch erscheint er. Er ist immer und unverändert auf seiner Bahn. Gott ist genau wie der Mond: Weder verschwindet Er, noch erscheint Er; es scheint nur so, aus Liebe zu den Menschen, daß Er sie lehren kann. Die Tatsache, daß Gott erscheint oder nicht erscheint, hängt von den Umständen ab. Wenn sie günstig sind, erscheint Er; sind sie ungünstig, scheint Er abwesend. Jedoch, ob Er uns erscheint oder nicht, Er bleibt immer unverändert Derselbe und unverändert gegenwärtig.

In Wirklichkeit geht die Natur aller Dinge über die Unterscheidung zwischen Erscheinen oder Nichterscheinen, zwischen Kommen und Gehen, zwischen Gut und Böse weit hinaus. All diese Dinge sind in Wahrheit gegenstandslos und vollständig gleichförmig. Die Unterscheidung entsteht nur durch die fehlerhafte Wahrnehmung derer, die diese Erscheinungen beobachten.

Die Botschaft Gautama Buddhas

Die "Vierfach Edle Wahrheit"

1. Die Welt ist voll von Leid. Geburt ist Leid, Altern ist Leiden, Krankheit und Tod sind Leiden. Einem hassenden Menschen zu begegnen ist Leid, von einem geliebten Menschen getrennt zu sein ist Leiden, vergeblich um die Befriedigung der eigenen Bedürfnisse zu kämpfen ist Leiden.

In Wahrheit ist ein Leben, das nicht frei ist von Begierden und Leidenschaft, immer mit Schmerz und Leid verbunden. Dies wird "Die Wahrheit des Leidens" genannt.

2. Die Ursache des menschlichen Leids ist unzweifelhaft im Verlangen des physischen Körpers und den Illusionen weltlicher Leidenschaften begründet. Verfolgt man diese Verlangen und Leidenschaften zu ihrem Ursprung, findet man, daß sie im starken Verlangen der körperlichen Instinkte wurzeln. Auf diese Weise sucht das Verlangen mit seinem starken Drang sich zu befriedigen nach allem was begehrlich ist, auch wenn dies manchmal der Tod ist. Dies wird "Die Wahrheit der Ursache des Leids" genannt.

3. Wenn das Begehren, das die Ursache aller menschlicher Leidenschaften ist, zum Erliegen gebracht werden kann, werden die Leidenschaften aussterben und alles menschliches Leiden wird beendet sein. Dies wird "Die Wahrheit über die Beendigung des Leids" genannt

4. Um einen Zustand des Nicht-Begehrens und Nicht-Leidens zu erreichen, muß man einem bestimmten Pfad beschreiten. Die Stationen dieses Edlen Achtfachen Pfades sind: - Rechte Sicht, rechte Gedanken, rechte Sprache, rechtes Verhalten, rechte Lebensführung, rechte Bemühung, rechte Achtsamkeit und rechte Konzentration. Dies wird "Die Wahrheit des Edlen Pfades zur Beseitigung der Ursachen des Leids" genannt.

Die Menschen sollten diese Wahrheiten klar im Kopf behalten, denn die Welt ist angefüllt mit Leid. Wenn jemand dem Leiden entfliehen möchte, muß er die Stricke weltlicher Leidenschaften - welche die einzige Ursache des Leids sind - unweigerlich zertrennen.

Ohne weltliche Leidenschaften zu leben kann nur durch Erleuchtung erreicht werden und Erleuchtung kann wiederum nur durch die Disziplin des Edlen Achtfachen Pfades erreicht werden. Diejenigen, welche die Vierfach Edle Wahrheit verstanden haben, heißen "Leute, welche die Augen der Erleuchtung erlangt haben".

Wenn ein Mensch die Vierfach Edle Wahrheit klar verstanden hat, dann wird ihn der Edle Achtfache Pfad von der Gier wegführen; und wenn er frei ist von Gier, wird er sich nicht mit der Welt herumschlagen, nicht töten, nicht stehlen, nicht Ehebruch begehen, nicht betrügen, nicht schmeicheln, nicht neiden, nicht die Geduld verlieren, nicht die Vergänglichkeit des Lebens vergessen und er wird nicht ungerecht sein.

Dem Edlen Pfad zu folgen, ist wie einen dunklen Raum mit einem Licht in der Hand zu betreten: Die Dunkelheit wird verschwinden und der Raum wird sich mit Licht füllen. Menschen, welche die Bedeutung der Edlen Wahrheiten verstehen und gelernt haben, dem Edlen Pfad zu folgen sind im Besitz des Lichtes der Weisheit, das die Dunkelheit der Unwissenheit vertreibt.

Es ist ewiges und unveränderbares Gesetz dieser Welt, daß alles erschaffen wird durch eine Serie von Ursachen und Bedingungen und ebenso verschwindet durch das gleiche Gesetz; alles ist ständig im Fluß, nichts bleibt auch nur einen Augenblick unverändert.

Tatsächlich ist es der eigene Geist und Verstand der Menschen, der die Ursache allen Kummers, Jammers, Schmerzes und der Qual ist.

Diese ganze Welt der Verblendung ist nichts als der Schatten dieses verblendeten Geistes. Und doch ist es der gleiche Geist und Sinn, der die Welt der Erleuchtung hervorbringt.

Die Vier Wahrheiten in dieser Welt:

1. Alle Lebewesen kommen aus der Unwissenheit

2. Alle Objekte der Begierde sind vergänglich, unsicher und mit Leiden verbunden

3. Alle existierenden Dinge sind ebenso vergänglich, unsicher und mit Leid verbunden

4. Es gibt nichts in dieser Welt was "Ich" oder "mein" genannt werden könnte

Diese Wahrheit, daß alles vergänglich, vorübergehend und Ichlos ist, hat keine Beziehung zu der Tatsache des Erscheinens oder Nicht-Erscheinens Gottes in der Welt. Diese Wahrheiten sind unbestreitbar; Gott weiß das, deshalb predigt Er die Reine Lehre zu allen Menschen.

Die "Bewußtsein allein" Theorie

Verblendung und Erleuchtung haben ihren Ursprung im Bewußtsein. Jede Existenz und jede Erscheinung erwächst aus den Funktionen des Bewußtseins, gerade so, wie verschiedene Dinge aus dem Ärmel eines Zauberers erscheinen. Die Aktivitäten des Geistes sind grenzenlos, sie formen die äußeren Umstände des Lebens. Ein unreines Bewußtsein umgibt sich mit unreinen Dingen, ein reines Bewußtsein umgibt sich mit reinen Dingen. Folglich haben die äußeren Umstände keine anderen Grenzen als die Aktivitäten des Bewußtseins.

Wie ein Bild von einem Künstler gemalt wird, werden die äußeren Umstände von den Aktivitäten des Bewußtseins geschaffen. Während die von Gott geschaffenen äußeren Umstände rein sind, sind die von gewöhnlichen Menschen geschaffenen nicht so. So wie ein einziges Bild eine unendliche Vielzahl von Details enthalten kann, füllt der menschliche Geist seine Lebensumstände mit Ereignissen und Dingen an.

Es gibt nichts in der Welt, was nicht geistgeschaffen ist. Gott hat das richtige Verständnis all dieser vom menschlichen Geist geschaffenen Dinge und Verhältnisse. Deshalb können jene, die das wissen, den wirklichen Gott wahrnehmen.

Jedoch ist das Bewußtsein, das seine Umgebung selbst schafft, nie frei von Erinnerungen, Ängsten oder Jammern, die aus Unwissenheit und Gier entstanden sind - und das nicht nur in der Vergangenheit, sondern auch in Gegenwart und Zukunft.

Aus Unwissenheit und Gier ist die Welt der Verblendung und Täuschung entstanden, und all der riesige Komplex der zugehörigen Ursachen und Bedingungen existiert im menschlichen Bewußtsein und nirgendwo anders. Leben und Tod haben ihre Ursache im Bewußtsein und existieren im Bewußtsein.

Folglich, wenn das Bewußtsein, das sich mit Leben und Tod beschäftigt, fortschreitet, schreitet auch die Welt mit Leben und Tod mit ihm fort. Ein unerleuchtetes und verwirrtes Leben entsteht aus einem Bewußtsein, das durch seine eigene Welt der Verblendung verwirrt ist. Wenn wir lernen, daß es außerhalb unseres Bewußtseins keine Welt der Verblendung gibt, wird der verwirrte Geist klar; und weil wir aufhören, unreine Umstände zu produzieren, erreichen wir Erleuchtung.

Auf diesem Weg ist die Welt von Leben und Tod durch das Bewußtsein geschaffen, ist in Knechtschaft dieses Bewußtseins, ist regiert durch dieses Bewußtsein; das Bewußtsein aber ist der Meister jeder Situation. Die Welt der Leidens ist durch das verblendete sterbliche Bewußtsein entstanden.

Deshalb ist Alles primär geschaffen, gesteuert und beherrscht durch das Bewußtsein. Wie die Räder dem Ochsen folgen, der den Karren zieht, so folgt das Leid einer Person, die mit unreinem Bewußtsein spricht und handelt.

Wenn aber ein Mensch mit reinem Bewußtsein redet und handelt, folgt ihm das Glück wie ein Schatten. Die im Bösen handeln, werden verfolgt von dem Gedanken "Ich habe falsch gehandelt" und die Erinnerung an diese Tat bleibt erhalten bis zu ihrer unvermeidlichen Vergeltung in den folgenden Leben.

Jedoch diejenigen, die aus guten Motiven handeln, werden glücklich durch den Gedanken "Ich habe gut gehandelt" und sie werden noch glücklicher, wenn sie daran denken, daß die gute Tat andauerndes Glück für die folgenden Leben bringt. Wenn das Bewußtsein unrein ist, werden die Füße entlang eines schweren, holperigen Weges straucheln, da werden viele Stürze sein und viel Schmerz. Wenn aber das Bewußtsein rein ist, wird der Weg sanft und die Reise friedvoll.

Wer sich der Reinheit von Körper und Geist erfreut, geht den Weg der Göttlichkeit und durchbricht das Netz der eigensüchtigen, schmutzigen Gedanken und bösen Begierden.

Es war einmal ein Mann, der auf einer langen Reise an einen Fluß kam. Er sagte zu sich selbst: "Diese Seite des Flusses ist sehr schwierig und gefährlich, das andere Ufer scheint mir leichter und sicherer, aber wie komme ich hinüber?" Er baut sich aus Ästen und Schilfrohr ein Floß und überquert sicher den Fluß. Daraufhin dachte er sich: "Das Floß war mir sehr nützlich, den Fluß zu überqueren. Ich will es nicht hier lassen, es verrottet sonst am Ufer. Ich nehme es mit mir." So nahm er freiwillig eine unnötige Bürde an. Kann man diesen Mann einen Weisen nennen?

Diese Parabel lehrt, daß sogar ein gutes Ding, wenn es überflüssig wird, weggeworfen werden sollte. Mehr noch, wenn es ein schlechtes Ding ist. Gott macht es zu seiner Lebensregel, um unnötige und nutzlose Diskussionen zu vermeiden. Dinge kommen nicht und gehen nicht, sie erscheinen nicht und sie verschwinden nicht; deshalb kann man Dinge nicht bekommen oder verlieren. Gott lehrt, daß Dinge weder erscheinen noch verschwinden weil sie sowohl über die Bestätigung wie auch über die Verleugnung ihrer Existenz hinausgehen.

Und doch glauben die unwissenden Menschen dieser Welt, daß dies hier eine reale Welt ist und handeln deshalb entsprechend dieser absurden Annahme. Jedoch so wie diese Welt nur eine Illusion ist, führen ihre auf dieser Fehleinschätzung basierenden Handlungen in Schmerz und Leiden.

Ein weiser Mensch, wissend, daß diese Welt illusionär ist, handelt nicht, als ob sie real wäre. So entflieht er dem Leiden.

Der Mittlere Weg

Für diejenigen, die den Pfad zur Erleuchtung gewählt haben, gibt es zwei Extreme, die sorgfältig zu vermeiden sind: Zuerst ist da das Extrem der Nachgiebigkeit gegenüber den Begierden des Körpers. Das zweite ist das gerade gegenteilige Extrem, das diejenigen befällt, die dieses Leben ablehnen und meinen, einen extrem asketischen Weg gehen zu müssen und ihren Geist und Körper unverhältnismäßig quälen.

Den Edlen Pfad, der über diese beiden Extreme hinausgeht, der zu Erleuchtung und Weisheit und innerem Frieden führt, könnte man als Mittleren Weg betrachten. Was ist der Mittlere Weg? Er besteht aus dem **Achtfach Noblen Pfad**: Rechte Sicht, rechte Gedanken, rechte Sprache, rechtes Verhalten, rechte Lebensführung, rechte Bemühung, rechte Achtsamkeit und rechte Konzentration (Meditation). Folgt man dem Pfad zur Erleuchtung, ist es wichtig, sich keinesfalls in Extreme zu verfangen oder zu verwickeln; das bedeutet, immer dem Mittleren Weg zu folgen. Wenn jemand irgendwelchen Dingen anhängt, gerade in dem Augenblick, mit einem mal, beginnt Leben in Verblendung und Täuschung. Wer dem Edlen Pfad zur Erleuchtung folgt, wird nicht Vergangenes beklagen und nicht versuchen, Zukünftiges vorherzusagen, sondern mit ausgeglichenem und friedvollem Bewußtsein erwarten, was kommt.

Es kann zum Hindernis werden, wenn man die Erleuchtung als eine "Sache" betrachtet, die es zu erringen gilt. Wenn Leute sich Erleuchtung wünschen und versuchen, sie zu erringen, bedeutet das, daß die Verblendung immer noch in ihnen ist; deshalb dürfen diejenigen, die dem Weg zur Erleuchtung folgen, nicht danach drängen, und wenn sie die Erleuchtung gewinnen, dürfen sie sich nicht dabei aufhalten.

Wenn Leute in diesem Sinn Erleuchtung erlangen, bedeutet das, daß alles Erleuchtet ist wie es ist. Deshalb sollten Leute dem Pfad zur

Erleuchtung folgen, bis in ihren Gedanken weltliche Leidenschaften und Erleuchtung identisch werden, wie sie es ohnehin sind.

Dieser Begriff des universellen "Eins-seins" - daß Dinge in ihrer innersten Natur keine Unterscheidungsmerkmale haben - heißt "Sunyata". Sunyata bedeutet nicht-substantiell, das Ungeborene, keine Eigennatur, keine Dualität. Es gibt nichts in der innersten Natur der Dinge das in Begriffen der Unterscheidung ausgedrückt werden könnte; deshalb werden alle Dinge als nicht-substantiell betrachtet.

Wo immer Licht ist, ist auch Schatten; wo immer Länge ist, da ist auch Kürze; wo immer Weiß ist, da ist auch Schwarz; gerade wie diese Begriffe zeigen, die Eigennatur von Dingen kann nicht allein existieren, sie sind nicht-substantiell.

Aus dem selben Grund kann Erleuchtung nicht ohne Unwissenheit existieren oder Unwissenheit ohne Erleuchtung; wenn sich Dinge in ihrer innersten Natur nicht unterscheiden, wie kann dann Dualität sein?

Die Menschen denken für gewöhnlich, daß sie mit Geburt und Tod verbunden sind, in Wirklichkeit gibt es diese Begriffe jedoch nicht. Wenn Menschen diese Tatsache erkennen können, wird ihnen der Nicht-Gegensatz von Werden und Vergehen klar. Weil die Menschen den Gedanken der Ego-Persönlichkeit pflegen, hängen sie an dem Gedanken von Besitz; weil es jedoch eine Sache wie "Ego" nicht gibt, kann es auch keine Dinge wie "Besitz" geben. Wenn Menschen diese Tatsache erkennen können, wird ihnen der Nicht-Gegensatz von Werden und Vergehen klar.

Weil die Menschen den Gedanken der Ego-Persönlichkeit pflegen, hängen sie an dem Gedanken von Besitz; weil es jedoch eine Sache wie "Ego" nicht gibt, kann es auch keine Dinge wie "Besitz" geben.

So weit sich Menschen frei von Gegensätzen und von diesen Gegensätzen entfachten Emotionen halten, so weit erkennen sie die universelle Wahrheit des Sunyata.

Ein Mensch muß erst selbst die Verlorenheit inmitten der felsigen Berge von Ichsucht und Eigennutz erfahren, bevor in ihm der Wunsch erwacht, einen Pfad zu finden, der ihn zur Erleuchtung führt. Wer die Gefahren des Pfades auf sich nimmt, dem wird auf dem Gipfel der waffenstarrenden Berge des Eigennutzes und inmitten der Feuer des Hasses eine angenehme Brise wehen, und am Ende wird er erkennen, daß der Eigennutz und die weltlichen Leidenschaften, gegen die er gekämpft und gelitten hat, die Erleuchtung selbst sind.

Gott lehrt den Mittleren Weg, der über die Vorurteile der üblichen gegensätzlichen Begriffe hinausgeht, der Dualität zu "Eins" verschmelzen läßt.

Das Reine Bewußtsein

Unter den Menschen gibt es viele unterschiedliche Mentalitäten und Temperamente in vielen unterschiedlichen Rassen und nicht zuletzt den Unterschied der Geschlechter. All das macht keinen Unterschied, mit richtiger Übung können alle Erleuchtung erreichen. Fünf Fähigkeiten sind notwendig, wenn man aufbricht, dem Edlen Pfad zur Erleuchtung zu folgen: Gute Gesundheit, Vertrauen, Fleiß, aufrichtige Absicht und Weisheit.

Wenn jemand diese Fähigkeiten hat - unabhängig vom Geschlecht - ist es möglich, zur Erleuchtung zu kommen. Es ist nicht sehr schwierig, Gottes Lehre zu erlernen, denn alle Menschen haben eine natürliche Neigung zur Erleuchtung.

Wenn ein König von Banditen geplagt wird, muß er zuerst herausfinden, wo ihr Lager ist, bevor er sie angreifen kann. Ebenso muß jemand, der von weltlichen Leidenschaften bedrängt wird, zuerst ihre Ursachen herausfinden. Wenn jemand in einem Haus ist und die Augen aufmacht, wird er zuerst das Innere des Zimmers wahrnehmen, erst später wird er aus dem Fenster schauen. In gleicher Weise können wir nicht äußere Dinge wahrnehmen, bevor wir nicht die Augen für das Innere öffnen.

Das bewußte Selbst im Körper sollte zuerst die Dinge innerhalb des Körpers kennen; im Allgemeinen sind die Menschen jedoch sehr viel mehr an äußeren Dingen interessiert und wissen oder achten nur wenig auf die Dinge in ihrem Inneren. Wenn Geist und Sinn außerhalb des Körpers sind, wie können sie mit den Bedürfnissen des Körpers Kontakt halten?

Tatsächlich spürt der Körper, was der Geist weiß, und der Geist weiß, was der Körper spürt. Aber deshalb kann man nicht behaupten, der Geist befinde sich außerhalb des Körpers. Wo existiert dann die Substanz des Bewußtseins?

Bedingt durch ihre eigenen Handlungen und in die Irre geführt durch zwei fundamentale falsche Auffassungen irren die Menschen seit frühester Vergangenheit in Unwissenheit herum.

Zuerst, sie glaubten, daß der unterscheidende Geist, der aus der Wurzel dieses Lebens aus Geburt und Tod stammt, ihre wahre Natur sei.

Zweitens, sie wußten nicht, daß sie - verdeckt durch den unterscheidenden Geist - im Besitz des Reinen Geistes der Erleuchtung sind, der ihre wahre Natur ist.

Der unterscheidende Geist dient nur der Unterscheidung scheinbarer Unterschiede, welche durch Gier und andere Unreinheiten in Beziehung zum Selbst entstehen. Der unterscheidende Geist unterliegt Ursachen und Bedingungen, entbehrt jeder Eigensubstanz und ist ständiger Veränderung unterworfen. Weil aber die Menschen glauben, daß dieser Geist ihr wahres Selbst ist, unterwerfen sie sich durch diesen Irrtum der Welt der Ursachen und Bedingungen, die Leiden schafft.

Grundsätzlich hat jeder Mensch einen Reinen Geist, der jedoch meist durch die Verunreinigung weltlicher Begierden verdeckt wird, die sich aus den jeweiligen Lebensumständen ergeben. Dieses getrübte Bewußtsein ist nicht jemandes eigentliche Natur; etwas ist hinzugefügt worden, wie ein Eindringling oder sogar ein Gast in einer Wohnung, nicht jedoch der Gastgeber. Es ist also ein Irrtum zu glauben, dieser getrübte Geist sei das wahre, eigene Bewußtsein. Man muß sich dauernd selbst an diese Tatsache erinnern, wenn man danach strebt, das reine, unveränderliche und fundamentale Bewußtsein der Erleuchtung in sich zu erwecken. Die Störungen des menschlichen Bewußtseins werden sowohl durch Gier als auch durch die Reaktionen auf jemandes ständig wechselnde Umstände hervorgerufen. Das Bewußtsein, das nicht durch die sich ereignenden Dinge gestört wird, das unter allen Umständen ruhig und klar bleibt, ist das wahre Bewußtsein und sollte die Führung übernehmen.

Ein Gasthaus ist nicht verschwunden, bloß weil der Gast es nicht mehr sieht. Man kann auch nicht sagen, das wahre Selbst wäre verschwunden, weil das durch wechselnde Umstände hervorgerufene, getrübte Bewußtsein verschwunden ist. Was sich mit wechselnden Bedingungen verändert, ist nicht die wahre Natur des Bewußtseins. Es ist nur ein "Zwischenbewußtsein", das abhängig von wechselnden Lebensumständen von einem Augenblick zum anderen andere Gefühle hervorbringt. Dies ist nicht das wahre Bewußtsein. Hinter den Begierden und weltlichen Leidenschaften, die das "Zwischenbewußtsein" beschäftigen, da wohnt, klar und ungetrübt, das fundamentale und wahre Wesen des Bewußtseins.

Wasser hat in einem runden Gefäß eine runde Gestalt, in einem rechteckigen Gefäß jedoch eine rechteckige Gestalt, obwohl Wasser selbst keine spezielle Gestalt aufweist. Wenn die Menschen ihre Anhaftung an solche scheinbaren und falschen Unterscheidungen aufgeben würden und die Reinheit ihres eigentlichen Bewußtseins wiederherstellen würden, würden Geist und Körper von Trübungen und Leiden befreit; sie würden den Frieden erkennen, der mit dieser Freiheit einhergeht.

Auch wenn den Menschen die Tatsache nicht bewußt ist, daß sie im Besitz dieser höheren Natur sind, und wie degeneriert und unwissend sie auch immer sein mögen, Gott verliert nie sein Vertrauen in sie, weil Er weiß, daß alle Tugenden der Göttlichkeit in ihnen angelegt sind.

Gott erweckt den Glauben in jenen, die durch Unwissenheit in die Irre geführt sind und ihre eigene, wahre Gott-Natur nicht sehen, führt sie weg von ihren Schimären und lehrt sie, daß ursprünglich kein Unterschied zwischen ihnen selbst und der Göttlichkeit ist. Wenn aber ein Mensch glaubt, er wäre zur Erleuchtung gelangt, so täuscht er sich, denn - obwohl er sich möglicherweise in diese Richtung bewegt - er hat die Göttlichkeit noch nicht erreicht.

Gott-Natur und Ichlosigkeit

Das Konzept der "Ich-Persönlichkeit" ist eine Vorstellung, die der unterscheidende Geist entwickelt hat und der er dann verfallen ist. Diese Vorstellung muß jedoch verworfen werden. Ganz im Gegenteil ist die Gott-Natur etwas nicht Beschreibbares, das zuerst befreit werden muß. In gewisser Weise ist gleicht sie einer "Ego-Persönlichkeit", jedoch nicht im Sinne von "Ich", "Ich bin" oder "Mein". Um falsches Verständnis zu korrigieren und die Anhaftung an eine "Ego-Persönlichkeit" aufzubrechen, verwirft Gott die Existenz des "Ego"; erst wenn das falsche Verständnis korrigiert und die Anhaftung beseitigt ist, erläutert Er die Realität des Wahren Bewußtseins, der Gott-Natur. Er führt die Menschen zur Erkenntnis der Reinheit ihrer Gott-Natur.

Die Gott-Natur ist jedem Menschen zu Eigen, gleichgültig wie tief er in Gier, Schuld oder Narrheit verstrickt ist, oder wie schwer jemand mit seinen Taten und ihren Folgen belastet ist. Die Gott-Natur kann man nicht verlieren und sie kann nicht zerstört werden; wenn alle Verunreinigungen durch den Wildwuchs weltlicher Leidenschaften und der Gier beseitigt sind, kommt sie früher oder später unweigerlich zum Vorschein. Das Wesen des Menschen, Körper wie auch Geist, wird sich verlieren; das Wesen der Göttlichkeit ist unzerstörbar.

Die Gott-Natur ist ohne Zweifel die brillanteste Eigenschaft der menschlichen Natur. Gott lehrt, daß - obwohl die menschliche Natur Unterschiede ohne Zahl aufweisen kann, wie z.B. zwischen Mann und Frau - es in Bezug auf die Gott-Natur keinen Unterschied gibt. Reines Gold gewinnt man durch Schmelzen und Reinigen von Erz. Wenn die Menschen das Erz ihres Bewußtseins schmelzen und all die Verunreinigungen durch weltliche Leidenschaften und Egoismus entfernen würden, sie würden alle dieselbe reine Gott-Natur wiedererlangen.

Gottes Angebot der Befreiung

Wie bereits erwähnt, haben sich die Menschen schon immer ausgiebig ihren weltlichen Leidenschaften hingegeben und während sie große Lasten intolerabler Handlungen umherschleppen, häufen sie Sünde über Sünde auf - unfähig, diese Lebensgewohnheiten aus eigener Kraft und Weisheit zu durchbrechen.

Wenn sie nun unfähig sind, diese weltlichen Leidenschaften und Begierden zu überwinden, wie können sie erwarten, ihre wahre Natur der Göttlichkeit zu erkennen?

Gott, der die menschliche Natur durch und durch kennt, hatte große Sympathie für die Menschen und legte ein Gelübde ab, daß Er alles Mögliche tun würde - auch wenn es für Ihn selbst große Härte bedeutete - sie von ihren Ängsten und Leiden zu befreien.

Um dies zu bewirken, inkarnierte Er sich vor undenklichen Zeiten und legte folgende zehn Gelübde ab:

1) So wahr ich die Göttlichkeit erreiche, ich werde nicht ruhen bis jeder in meinem Land sicher ist, die Göttlichkeit zu erreichen und zur Erleuchtung zu gelangen.

2) So wahr ich die Göttlichkeit erreiche, ich werde nicht ruhen bis mein verheißendes Licht die ganze Welt erfaßt.

3) So wahr ich die Göttlichkeit erreiche, ich werde nicht ruhen bis mein sich über alle Zeiten bemühendes Leben unzählige Menschen gerettet hat.

4) So wahr ich die Göttlichkeit erreiche, ich werde nicht ruhen bis alle Göttlichen in den zehn Richtungen vereint meinen Namen preisen.

5) So wahr ich die Göttlichkeit erreiche, ich werde nicht ruhen bis Menschen aufrichtigen Glaubens, die sich durch zehnmaliges wiederholen meines Namens in aufrichtigem Glauben bemühen, in meinem Land wiedergeboren werden und tatsächlich das Ziel dieser Geburt erreichen.

6) So wahr ich die Göttlichkeit erreiche, ich werde nicht ruhen bis die Menschen überall danach streben, Erleuchtung zu erreichen, die Tugenden zu praktizieren und sich aufrichtig wünschen, in meinem Land geboren zu werden. Im Augenblick ihres Sterbens werde ich sie mit einer großen Schar jener, die dieses Ziel schon erreicht haben, in meinem "Reinen Land" willkommen heißen.

7) So wahr ich die Göttlichkeit erreiche, ich werde nicht ruhen bis die Menschen überall wenn sie meinen Namen hören, an mein Land denken und sich wünschen, dort geboren zu werden, aufrichtig ihre Tugenden wecken und pflegen und so fähig werden, alles nach ihres Herzens Wunsch zu vollenden.

8) So wahr ich die Göttlichkeit erreiche, ich werde nicht ruhen bis alle, die in meinem Reinen Land geboren sind, sicher die Göttlichkeit erreichen, so daß sie viele Andere zur Erleuchtung und zu einem Lebenswandel großen Mitgefühls führen können.

9) So wahr ich die Göttlichkeit erreiche, ich werde nicht ruhen bis die Menschen in aller Welt von meinem Geist liebenden Mitgefühls erfaßt werden, der ihr Bewußtsein und ihren Körper reinigt, so daß sie sich über die Dinge dieser Welt erheben können.

10) So wahr ich die Göttlichkeit erreiche, ich werde nicht ruhen bis die Menschen überall, wenn sie meinen Namen hören, die richtigen Vorstellungen über Leben und Tod bekommen und die perfekte Weisheit erreichen, die mitten in der Gier und des Leids der Welt ihr Bewußtsein rein und ruhig erhält."

"So lege ich diese Gelübde ab: Ich werde nicht in die Göttlichkeit eingehen, bis sie erfüllt sind. Als Quelle unbegrenzten Lichts werde ich die Schätze meiner Weisheit und Tugend freisetzen und ausstrahlen, alle Länder erleuchten und alle leidenden Menschen befreien und unabhängig machen".

Jene, die glauben, werden Eins mit Gott.
Wer auch immer an Gott denkt,
an den denkt auch Gott
und geht frei in dessen Bewußtsein ein.
Deshalb sollte Jeder,
der in Reinheit und Ernsthaftigkeit glaubt,
sein Bewußtsein und seinen Geist
als Gottes Bewußtsein und Geist betrachten.

Lao Tse - Tao Te King

Das Buch vom Weltgeschehen und seinem Wirken, eines der großen Weisheitsbücher der Menschheit, verfasst etwa 600 v.Chr. durch den chinesischen Weisheitslehrer Laotse, wird hier in der Übersetzung des verstorbenen Kenners östlicher Weisheit, Walter Jeven, vorgelegt. Erkenntnis kennt keine Grenzen.

I

DAS Wesen / das begriffen werden kann /
Ist nicht das Wesen des Unbegreiflichen.
Der Name / der gesagt werden kann /
Ist nicht der Name des Namenlosen.
Unnambar ist das All-Eine / ist Innen.
Nambar ist das All-Viele / ist Außen.
Begehrdenlos ruhen / heißt Innen erdringen.
Begehrdenvoll handeln / heißt beim Außen verharren.
All-Eines und All-Vieles sind gleichen Ursprungs /
Ungleich in der Erscheinung.
Ihr Gleiches ist das Wunder / Das Wunder der Wunder /
Alles Wunder-Vollen Tor.

II

WER da sagt: Schön / schafft zugleich: Unschön.
Wer da sagt: Gut / schafft zugleich: Ungut.
Bestehen bedingt Nichtbestehen. Verworren bedingt Einfach.
Hoch bedingt Nieder. Laut bedingt Leise.
Bedingt bedingt Unbedingt / Jetzt bedingt Einst.
Also der Erwachte:
Er wirkt / ohne zu werken.
Er sagt / ohne zu reden.
Er trägt alle Dinge in sich zur Einheit beschlossen.
Er erzeugt / doch besitzt nicht.
Er vollendet Leben / beansprucht nicht Erfolg.
Weil er nicht beansprucht / erleidet er nie Verlust.

III

AUSGEZEICHNETE nicht bevorzugen /
So sind nicht Gezeichnete.
Besitz nicht schätzen /
so sind nicht Besitzgierige.
Nicht werten das Außen / so ist nicht Unwert im Innen.
Also der Erwachte:
Er macht Volkes Herz begehrdenlos /
Und es wird Überfluß haben.
Schwindet Begehren /
erscheint Kräftigkeit.
Nicht übt er Gescheitsein /
Und sind Gescheite /
so beirrt er sie im Handeln.
Ist Nichthandeln /
Geschieht die Große Ordnung.

IV

Das Wesen ist gleich wie die Leere eines Gefäßes.
Wer Wesen auswirkt / ist wie die Leere /
Und sammelt nicht an.
Leer ist es dennoch der unermeßliche Schoß aller Dinge.
Standpunkte entgipfelnd /
Aus löst es Daseins Verworrenheit.
Überschattend Blendung /
Auf hellt es Einklang des Seins.
Stet ist seine Beschlossenheit.
Unkund seiner Herkunft erkennen wir:
Es war vor dem Anfang alles Geschehens.

V

Das Unermeßliche kennt nicht Einzel-Liebe /
Es durchdringt Alles und bringt sich dar.
Der Erwachte kennt nicht Einzel-Liebe /
Er durchdringt Alles und bringt sich dar.
Gleicht nicht das Unermeßliche einem Blasebalg?
Seine Leere ermöglicht seine Fülle.
Schnell erschöpft sind die Wogen der Liebe und des Hasses.
Nie erschöpft sich die innere Meeresruhe.

VI

DIE tiefe Ruhe dauert.
Sie ist die Mutter alles Todlosen.
Auf ihrer Bewegung beruht die Werdung Himmels und der Erden.
Die tiefe Ruhe ist Bewegung in sich selbst.
Ihre Bewegung beruht in sich selbst.

VII

HIMMEL und Erde währen.
Weil sie nicht Eigen leben / darum währen sie.
Weil sie Un-Eigen leben / darum währt ihr Eigenstes.
Also der Erwachte:
Er tritt zurück und ist doch der Führende.
Sich verschwendend gewinnt er sich.
Nichts zu seinem Eigen erraffend /
Vollendet sich sein Eigenstes.

VIII

HÖCHSTE Vollkommenheit ist gleich wie Wasser.
Tränkend alle Dinge durchdrängt es sie.
Nie meidet es Niederstes.
Darin gleicht es dem Wesen.
Das Vollkommene des Wohnens
zeigt sich in der Gemäßheit der Stätte.
Das Vollkommene der Gesinnung
erweist sich schweigend
Das Vollkommene der Gesellschaft
offenbart sich als
Durchdrängung.
Das Vollkommene der Führung
enthüllt sich als Ausfluß der Großen Ordnung.
Auf blüht Vollkommenheit des Wirkens
als Äußerung innerster Eignung.
Aus drückt sich Vollkommenheit des Tuns
als Eingreifen zur richtigen Stunde.
Das Vollkommene dringt ein.
Der Äußerliche kann ihm nichts anhaben.

IX

BESSER / ein Gefäß ungefüllt lassen /
Als füllen und mit beiden Händen tragen.
Besser / ein Schwert nicht schleifen /
Als schleifen und sich der Schärfe rühmen.
Besser / das Haus ohne Schätze /
Als Schätze und auf der Hut sein müssen.
Fülle und Vorzüge verleiten zu Äußerlichkeit.
Äußerlichkeit leitet ab vom Wesen.
Ist das Werk geäußert / sich ihm entäußern /
Also der Erwachte.

X

WER im Vielen nicht wahrt Beschlossenheit /
Werkt Geteiltheit.
Wer dem Einen sich auftut / Wirkt Geeintheit /
Und wird lauter / den Himmel im Herzen.
Wer Beschlossenheit wahrt / leitet gut.
Wer dem Einen sich auftut / erreicht Fruchtbar
Wer den Himmel im Herzen hat /
Braucht nicht Wissen noch Erfahrung /
Denn er erfährt das Wissende.
Das Ungekannte zeugt und ernährt.
Zeugt alle Dinge und enteignet sich ihrer.
Es wirkt ohne Werkung.
Es zwingt / ohne Zwang anzutun.
Das ist das Wunder-Volle des Ungekannten.

XI

DREISSIG Speichen treffen die Nabe /
Die Leere dazwischen macht das Rad.
Lehm formt der Töpfer zu Gefäßen /
Die Leere darinnen macht das Gefäß.
Fenster und Türen bricht man in Mauem /
Die Leere damitten macht die Behausung.
Das Sichtbare bildet die Form eines Werkes.
Das Nicht-Sichtbare macht seinen Wert aus.

XII

ÜBERTRIEBENE Farben fährden das Sehen.
Überstiegene Töne töten das Hören.
Überspitzte Kost kostet den Geschmack.
Überreizte Erregung erregt Unnatürlichkeit.
Überhäufter Besitz besitzt den Besitzenden.
Also der Erwachte:
Ihn verleitet nicht Zeitliches. Ihn leitet das Zeitlose.

XIII

EHRE und Ruhm bedeuten beide Gefährdung.
Was meint das:
Ehre und Ruhm bedeuten beide Gefährdung?
Ruhm bedeutet die Möglichkeit / Ruhm zu verlieren.
Ehre bedeutet die Möglichkeit / entehrt zu werden.
Habe ich nicht vorher Ehre erlangt /
Kann mich nicht nachher Entehrung treffen.
Habe ich nicht vorher Ruhm erlangt /
Ereilt mich nicht nachher Vergessen.
Ehre und Ruhm zielen auf Selbstheit.
Selbstheit ist aller Gefährdungen Born /
Führt zu Spaltung und Beunruhung /
Fernt von Einung und Beruhung.
Wer Selbstheit folgt / verliert sich im Begrenzten.
Wer Allheit folgt / findet sich im Unbegrenzten.

XIV

WIR schauen es / doch sehen es nicht.
Es ist unsichtbar.
Wir hören es / doch horchen es nicht.
Es ist unerhorchbar.
Wir fassen es / doch erfassen es nicht.
Es ist unerfaßbar.
Dies Dreifache ist das untrennbar Einfache.
Es ist das Undurchdringliche und doch das Lichte.
Es flutet und ebbt / Aus All ins Nichts.
Gestaltung des Gestaltlosen.
Erscheinung des Erscheinungslosen.
Es ist das Fließende / Unnambare.
Man geht ihm entgegen und sieht nicht Anfang.
Man folgt ihm nach und sieht nicht Ende.
Es ist der Kreislauf der Wiederkehr des Ewigen.

XV

DIE Einstigen durchdrängte das Ungekannte /
Darum blieben sie ungekannt.
Die Wortereichen kamen ihnen nicht bei /
Denn das Ungekannte fassen nicht Worte.
Höchstens läßt sich ihre Art kennzeichnen.
Achtsam waren sie / wie solche / die einen Fluß durchwaten.
Wach / wie solche / die gefährdet sind.
Unvertraut / wie solche / die fremd sind.
Unstarr / wie vergehender Schnee.
Unfertig / wie das Vollendete.
Unangefüllt / wie ein Getäle.
Undurchdringbar / wie trübe Flut.
Wie ist möglich / daß Getrübtheit sich kläre?
Nicht beunruhen / dann wird Klärung nach und nach.
Wie ist möglich / daß Beruhung sich feste?
Nicht handeln wollen / dann wird Ruhe nach und nach.

Die Einstigen ruhten in der Leere.
Darum entleerte sie die Ruhe.
Wer da leer ist wird alt und hat nie nötig Erneuerung.

XVI

AUFGETAN SEIN in die All-Leere /
Ist Beschlossensein von der Nichts-Fülle.
Was da geblüht hat / vergeht.
Was da vergangen ist / wird wieder blühen.
Was da endet ins Nichts / Ist unendend wie All.
Dieser Vorgang entspricht der Gesetzmäßigkeit.
Die Gesetzmäßigkeit ist der Maßstab für alle Vorgänge
Der Vorgang der Gesetzmäßigkeit wirkt Leben.
Der gesetzliche Vorgang werkt Dasein.
Dasein ist Ablauf eines gesetzlichen Vorgangs.
Leben ist Kreisung des Vorgangs der Gesetzmäßigkeit.
Wer in die Kreisung fand ist erwacht /
Aus dem gesetzlichen Vorgang: Dasein
In den Vorgang der Gesetzmäßigkeit: Leben.
Der Erwachte hat das Erhabene des Zeitlosen /
Das Zeitlose des Erhabenen.
Er mittelt das Unmittelbare unmittelbar.
Nicht ausgesetzt Undauerndem / dauert er unausgesetzt

XVII

DIE frühesten Herrscher waren kaum gekannt.
Die späteren wurden verehrt. Die noch späteren gefürchtet.
Die letzten verachtet.
Wird Gesetzmäßigkeit verlassen /
Werden Gesetze verhängt.
Gesetze schaffen gesetzliche Vorgänge.
Gesetzliche Vorgänge führen zu Zerfall.
Die frühesten Herrscher wahrten Gesetzmäßigkeit.
Und das Volk fühlte sich frei.

XVIII
Das große Eins-sein erstarb /
Da entstand Güte und Rechtschaffenheit.
Klugheit stand auf /
Da erschien List und Gleisnerei.
Das Blutband zerriß /
Da ward Kindespflicht und Verwandtschaft.
Völker entglitten der Gesetzmäßigkeit /
Da kam Gesetzestreue und Beflissenheit.

XIX
VERZICHT auf Heiligkeit / Meidung des Wissens /
Und hundertfach wüchse das All-Gemeinsame.
Verzicht auf Wohlwollen / Meidung der Pflichten /
Und allen gemeinsam wäre das Ursprüngliche.
Verzicht auf Listigkeit / Meidung des Aufwands /
Und Diebstahl und Mord erstürbe in der Gemeine.
Mit diesen Stücken vertrieb man Gesetzmäßigkeit.
Auf kam Sonderung des Innen / Gemeinsamkeit des Außen.
Der Einzelne verallgemeinerte in der Gemeinsamkeit /
Nicht aber sonderte das All-Gemeinsame den Einzelnen.

XX
HÄUFUNG des Wissens vergrößert Beunruhigung.
Zwischen Sicher und Vielleicht / Ist da ein Unterschied?
Ist da ein Unterschied zwischen Gut und Schlecht?
Behauptungen zugeben oder bestreiten /
Ermöglicht neue Möglichkeit der Behauptungen.
Die Leute sind glücklich / wie an voller Tafel /
Wie im Frühling auf hohe Türme gestiegen.
Ich scheine gelassen / wunschlos.
Sie haben in Hülle / mich hüllt Nichthaben.
Sie fühlen Sicherheit / mich füllt Chaos.

Sie scheinen erhellt / ich scheine benachtet.
Sie sind voll Sonderheiten / ich scheine unsonders.
Sie stehen / ich schwanke.
Sie kommen vorwärts / Hörige des Ablaufs.
Ich bleibe zurück / ein Nichtdazugehöriger.
Ihre Sonderheiten haben sie gemeinsam.
Ihre Gemeinsamkeit macht sie ununterschieden.
Ich unterscheide mich /
Denn mich nährt das All-Gemeinsame.

XXI
ÄUSSERUNG höchsten Lebens /
Ist Übereinstimmung mit der Gesetzmäßigkeit.
Übereinstimmung mit der Gesetzmäßigkeit /
Bedeutet Auswirkung des Wesens.
Wesen / unsichtbar / ungreifbar : Beschließt alle Dinge.
Wesen / undeutbar / unbestimmbar /
Wirkt Werdung aller Dinge.
Wesen / untrennbar / unverbindbar /
Schafft Formung aller Dinge.
Seine Leere ermöglicht Innen Halt.
Innen Halt erzeugt Inhalt.
Inhalt erruht Leben. / Leben erkreist Unvergehen.
Wie geschieht mir dies Wissen?
Indem ich lebe.

XXII
Das Teil wird zum Ganzen.
Schwaches erfährt Stärkung.
Leere erhält Inhalt.
Vergehendes wird neu.

Den Wunschbefreiten erfüllt Leben.
Den Wunschbeschwerten verläßt Leben.
Also der Erwachte:
Das Eine erdringend / durchdrängt ihn das Eine.
Ohne Selbstbewußtsein / wird es ihm selbst bewußt
Ohne Selbstbetonung / betont es ihn selbst.
Ohne Selbstbetrieb / treibt es ihn selbst.
Ohne Selbsterhöhung / höht es ihn selbst.
Er ist erhaben /
Niemand kann etwas mit ihm haben.
Der Einstigen Spruch:
Das Teil wird zum Ganzen /
Der Erwachte bestätigt ihn.

XXIII
SICH nicht in Worten velieren /
So wird Durchdrängung nicht verdrängt.
Ein Wirbelwind währt keinen Morgen /
Ein Platzregen keinen Tag.
Beide sind Himmels und der Erden.
Können Erde und Himmel Unstetes nicht halten /
So viel weniger der Mensch. Darum:
Wer Stetes hält / dem eint sich die Ordnung des Steten /
Und Stetes wird in ihm Ordnung.
Wer Wesen hält / dem eint sich die Macht des Wesens /
Und Wesen wird in ihm Macht.
Wer Unstetes hält / den behält Unstetes /
Und Unstetes wird über ihn Macht.
Den Un-Erwachten /
Blind für die Himmel volle Leere des Seins /
Beherrscht Daseins himmellose Fülle.

XXIV

Auf Zehen erheben / kein Stehn.
Auf Stelzen schreiten / kein Gehn.
Wer da scheinen will/erleuchtet nicht.
Wer was sein will/unterscheidet sich nicht.
Wer sich rühmt / verdunkelt sich.
Wer sich liebt / entgleitet sich.
Ihn meidet Durchdrängung.
Er ist gleich wie ein faulender Speiserest /
Wie ein unnützer Auswuchs.
Nicht so der Durchdrängte.

XXV

EIN Sein ist / unendsam /
Das war vor Beginnens Anbeginn.
Alles durchdrängend / dennoch unerdringbar.
Tränkende Mutter der Schöpfung: Es ist das Unnambare /
Gekennzeichnet als Wesen.
Benamt / ausspreche ich: Das Höchste.
Höchst / ist es unfaßbar. / Unfaßbar / ist es beschlossen.
Beschlossen / ist es das Kreisende.
Das Höchste ist Großes / Der Himmel ist Großes /
Die Erde ist Großes / Der Mensch ist Großes.
Von allem Großen ist der Mensch eines.
Des Menschen Norm ist die Erde.
Der Erde Norm ist der Himmel.
Des Himmels Norm ist das Wesen.
Das Wesen ist Norm an sich.

XXVI

WAHRHAFT Schweres zeugt wahrhaft Leichtes.
Die tiefe Ruhe beruhigt Unruhe.
Also der Erwachte:
Er wandert leicht / ohne Trennung vom Schweren.
Glänzendes läßt ihn gelassen.
Wo aber Glänzendes bewegt / entsteht Leichtheit.
Benimmt Leichtheit / schwindet Innen Halt.
Ersteht Wogung / vergeht Ordnung.

XXVII

GUTER Gänger braucht nicht Gängelung /
Guter Sprecher braucht nicht Versprechung /
Guter Rechner braucht nicht Berechnung /
Guter Schließer nicht Schloß noch Riegel /
Und doch kann niemand öffnen /
Guter Binder nicht Band noch Strick /
Und doch kann niemand lösen.
Also der Erwachte:
Er beschließt alles in sich /
Niemand kann Einzelnes aus ihm lösen.
Er ist aller Dinge Lösung / Denn er beschließt alles in sich.
Durchdrängend wird er umfassend.
Die Gehöhten finden zu ihm hinab /
Die Geniederten finden zu ihm hinauf.
So wirkt Wesen zwiefach aus ihm.
Weckend die Alle umfassende Beschlossenheit /
Zeugt es die Beschlossenheit der Einzelnen.
Das ist das Wunder-Volle des Wesens.

XXVIII

SICH zeugend wissen /
Dennoch empfänglich bleiben /
Heißt der Welt Urtrieb leben.
Treibend ins Uferlose /
Uferloses jüngt ihn zur Triebreinheit.
Sich hell wissen /
Dennoch umschattet bleiben /
Heißt der Welt Urbild leben.
Anfangend im Unbedingten /
Unbedingtes jüngt ihn zum Uranfänglichen.
Sich wert wissen / Dennoch wertlos scheinen /
Heißt der Welt Urgrund leben.
Aufnehmend Gesetzmäßigkeit /
Gesetzmäßigkeit jüngt ihn zum einfältig Aufnehmenden.
Einfältig aufnehmen können /
Heißt Gefäß des Wesens werden.
Gefäß des Wesens sein /
Heißt höchster Herrscher sein.

XXIX

DIE Welt bewältigen durch Gewalt /
Die Vorgänge ergeben / daß dies unmöglich ist.
Die Welt untersteht dem Walten des Übergewaltigen /
Man kann sie nicht vergewalten.
Sie nehmen wollen heißt sie verlieren.
Sie behandeln wollen heißt sie verwirren.
Denn im Ablauf der Vorgänge bedingt
Vorangehen / Zurückbleiben
Entflammen / Erkalten
Zunehmen / Abnehmen
Gewinnen / Verlieren.
Also der Erwachte:
Ihn lenkt nicht Ungestüm /
Nicht Unruhe / Nicht Unwesen.

XXX

WALTEN im Einklang mit der Gesetzmäßigkeit /
Ist Walten ohne Gewalt.
Unter Waffen gehen heißt Untergang.
Hinter strengen Herren tobt strengere Herrschung /
Hinter großen Heeren folgt größere Verheerung.
Wahrhafter Kämpfer begnügt sich mit der Entscheidung
Aus scheidet er Erraffung.
Er brüstet sich nicht seiner Tat
Und vermeidet ihre Berühmung.
Sein Kampf entspricht der Gesetzmäßigkeit. :
Nicht treibt ihn Äußeres zum Äußersten.
Ist Äußerstes erlangt / so ging Einklang verloren.
Was nicht im Einklang ist /
hat schnell ausgeklungen.

XXXI

WAFFEN sind Werkzeuge der Trauer /
Verächtlich dem Leben Achtenden.
Nicht drängt der Durchdrängte zu ihnen.
Waffen sind Werkzeuge der Trauer.
Nur gezwungen braucht sie der Erhabene.
Sein Kampf entspricht der Gesetzmäßigkeit.
Beruhung ist des Erhabenen Weise /
Nichts weiß er von den Weisen der Waffenfreudigen.
Waffenfreude ist Mordfreude.
Wen Mordfreude erfüllt / hat Leben verlassen.
Freudenfeier hat Ehrenplatz Links.
Trauerfeier hat Ehrenplatz Rechts.
Ist Sieg / so steht die Truppe links / der Führer rechts.
Sein Platz entspricht der Trauerfeier.
Tötung heißt Trauer schaffen.
Wessen Handwerk Tote schafft /
Der sei wie bei Trauerfeier.

XXXII

WESEN / beschlossen / ist namenlos.
Namenloses Nichts /
Dennoch durch Nichts auf der Welt zu bewältigen.
Verstünde ein König es zu wahren /
Das Volk verstummte / wie in Ehrfurcht vor Erhabenem.
Frei von Führern / die Rechte schaffen /
Schüfe es Rechtschaffenheit aus sich.
Wesen / durchdrängend / wird nambar.
Nambare Vielheit / dennoch den Vielen Waltung weisend.
Verstünden sie Waltung zu erkennen /
Ihr Erdensein wäre frei von Wirrnis.
Des Wesens Beziehung zum Erdensein ist vergleichbar
Den Bächen und Flüssen /
Drängend ins Beschlossene des Meeres.

XXXIII

ANDERE kennen verlangt Wahrnehmung /
Sich kennen verlangt Einsicht.
Andere bezwingen verlangt Stärke /
Sich bezwingen verlangt Durchdrängung.
Wer einsichtig ist / ist unerschöpfbar.
Wer durchdrungen ist / ist unbezwingbar.
Nicht aufgeben Beruhung heißt währen.
Nicht sterben mit dem Tode heißt ewig sein.

XXXIV

NICHTS ist / das Wesen nicht durchdrängt /
Alle Dinge wartend / allgegenwärtig.
Alles Lebens Entfaltung nährt Wesen /
Keine Entfaltung ohne Wesens Durchdrängung.
Ist Entfaltung erreicht / nicht drängt es sich auf.
Beherrschend alles / nicht spielt es den Herrscher.

Es gleicht dem Nichtigsten / ist Nichts /
Es ist unansehnlich.
Nichts ist / das nicht rückkehrt in sein Nichts /
Es ist unübersehbar. Also der Erwachte:
Er entfaltet sich ohne Aufdrängung.
Er erhebt sich nicht /
Durchdrängung macht ihn erhaben.

XXXV
DER Durchdrängte ist fähig /
Die große Ordnung wieder herzustellen.
Er wird Sammelpunkt und verweigert sich Keinem.
Er wirkt Beruhung und Schwere / die leicht macht.
Klang und Sang läßt den Vorübergehenden lauschen /
Das Namenlose aber erscheint unansehnlich /nichts nütz.
Nach ihm sehen / heißt nichts erblicken.
Nach ihm hören / heißt nichts erhorchen.
Doch ständig benützt /
Wächst seine Nützlichkeit ins Beständige.

XXXVI
WILL man nehmen /
Muß man vorher gegeben haben.
Will man schwächen /
Muß man vorher gekräftigt haben.
Will man beschränken /
Muß man Ausdehnung abwarten.
Will man messen /
Muß man Maßstab wissen.
Dies erkennen /
Heißt die geheimen Zusammenhänge erkennen

Wahre Härte ist nur ein Grad von Zartheit.
Wahre Zartheit ist nur ein Grad von Härte.
Wie der Fisch nicht leben kann ohne Wasser /
So ist nicht Leben /
Wo nicht Gesetzmäßigkeit herrscht.

XXXVII
WESEN kennt nicht Tun um Äußerliches /
Wesen äußert Nicht- Tun /
Doch ist nichts Wesentliches ohne sein Tun.
Könige und Führer / äußerten sie Nicht- Tun /
Alle Geschöpfe würde verwandeln Ursprünglichkeit.
Wären Begehrden /
Ursprünglichkeit lenkte sie zur Einfalt.
Einfalt kennt nicht Tun um Äußerliches /
Einfalt äußert Nicht- Tun.
Nicht- Tun erregt Beruhung /
Beruhung erwirkt Gesetzmäßigkeit.

XXXX
WESEN / indem es eingeht /
entfaltet es sich
Indem es ruht / wirkt es Wesen.
Allheit entspringt dem Sein /
Sein entruht dem Nichtsein.

XXXXI
DER Durchdrängte ist wesentlich /
Der halb Durchdrängte ist es bald / bald nicht.
Der Verdorrte lacht über Wesentliches.
Lachte er nicht / es wäre nicht das Wesentliche.
Und also wurde gesagt:

Wer erleuchtet ist / ist undurchdringlich.
Wer sich entfaltet / geht ein. / Wer aufgetan ist / ist beschlossen.
Wer erhaben ist / fußt tief. / Wer durchdrungen ist / ist leer.
Wer beruht / beunruhigt /
Und Wenige ersehnen sein Los.
Das unändernd Währende ändert fortwährend.
Endloses Viereck zeigt nicht Ecken.
Endloses Gefäß zeigt nicht Grund.
Endloser Klang zeigt nicht Töne.
Endloses Bild zeigt nicht Form.
Wesen ist verborgen.
Es ist alles Sichtbaren Anfang /
Alles Sichtbaren Ende.

XXXXIII
Das Nachgiebige überwindet das Starre.
Das Nichtsichtbare durchdringt das Sichtbare.
So wird das Tätige des Nicht-Tuns ersichtlich.
Aussagen ohne Worte / Auswirken ohne Tun /
Wenigen gelingt es.

XXXXIV
RUHM oder Wesen / Was steht näher?
Wesen oder Reichtum / Was gilt mehr?
Halte Wesen und verliere Jenes.
Halte Jenes und verliere Wesen /
So naht Verdorrung / naht Leblosigkeit.
Haben verhindert Erhaben.
Reichtum verhindert Erreichen.
Wer Fülle meidet / erreicht Erfüllung.
Wer inne hält / erhält Innen Halt.
So naht Durchdrängung / naht Todlosigkeit.

XXXXVI

WIRKT Gesetzmäßigkeit auf Erden /
So ziehen die Kriegsrosse den Pflug.
Bewirken Gesetze Irdisches /
So wachen die Kriegsrosse an den Grenzen.
Kein Übel größer / als Ehre zum Gesetze machen.
Kein Unheil größer / als Handeln zum Ziele setzen.
Kein Mangel größer / als Gewinnsucht besitzen.
Genüge haben verschafft immer genügend haben.

XXXXVII

OHNE hinaus zu gehen / kann man draußen sein.
Ohne hinaus zu sehen / kann man schauen.
Weit hinaus gehen / verhindert eingehen.
Je näher man der Welt ist /
desto weniger sieht man von ihr.
Also der Erwachte:
Er erfährt Fernstes lohne zu wandern.
Er erkennt / ohne zu kennen.
Er vollendet / ohne zu handeln.

XXXXVIII

WISSEN führt zu Mehrung /
Wesen führt zu Minderung /
Es mindert Minderung / bis erreicht ist Nicht-Tun.
So wird alles Wesentliche getan.
Nicht-Tun erreichen /
Heißt Himmel und Erde zu eigen bekommen.
Erschlossen Allem / durchdringt ihn Alles /
Alles durchdrängend / beschließt er Alles.
Wer da Tun hat /
Dem verschließen sich Himmel und Erde.

XXXXIX
DER Erwachte ist nicht bei sich / Er ist bei Allen.
Gleich zu Guten und Unguten / wirkt er ausgleichend.
Mäßig zu Rechten und Unrechten / wirkt er gesetzmäßig.
Er lebt beschlossen im Vielen / Aufgetan dem Einen.
So treiben die Herzen ihm zu / Wie zur nährenden Mutter.

L
VORWÄRTSKOMMEN ist Leben genannt /
Eingehen ist Tod genannt.
Drei von Zehn sind Lebenliebende /
Drei von Zehn sind Todfürchtende /
Drei von Zehn sind Lebenliebende und Todfürchtende.
Warum? Weil sie vorwärts kommen wollen.
Der Eine doch / den Leben durchdrängt /
Schreitet durchs Land / Und fürchtet nicht Tiger noch Einhorn /
Geht durch den Feind / Und fürchtet nicht Heere noch Waffen.
Nicht fänden Einhorn und Tiger an ihm
eine tödliche Stelle /
Noch wüßten die Waffen ihn tödlich zu treffen. /
Warum? Weil er eingeht ins Todlose.

LI
WESEN erschließt alle Dinge.
Erschließend nährt es / Nährend gestaltet es /
Gestaltend vollendet es.
So ist Gestaltung zugleich Bestätigung des Gestaltenden
So ist Vollendung zugleich Bestätigung des Beginnende!
Solches geschieht in der Großen Ordnung /
Nicht geschieht es auf Verordnung.
So ist Erschaffung / doch kein Besitzer.
So ist Inhalt / doch kein Geber.
So ist Reifung / doch kein Wächter.
So ist Erkennen / doch nicht Gekanntes.
Das ist das Geheimnis des Ungekannten.

LII

Das Unermeßliche / alles Werdenden Ursprung /
Ist alles Gewordenen Mutter
Erkennen die Mutter / heißt Kindschaft erkennen.
Kindschaft erkennen / heißt fortleben die Mutter.
Fortleben die Mutter befreit von Endlichkeit.
Beschlossen im Vielen / aufgetan dem Einen /
Nie verstrickt Endliches.
Aufgetan dem Vielen / verschlossen dem Einen /
Naht endlose Verstrickung.
Wahrnehmung des Nichtigen erfordert Größe des Schauens.
Wahren das Zarte ist das Geheimnis der Kraft.
Seine Kindschaft auswirken / Ist Heimkehren zur Mutter.
Heimkehren zur Mutter / Befreit von Endlichem

LIV

WER in der Leere wurzelt / den wirft nichts um.
Wen die Leere umfängt / den fängt nichts ein.
Wer in die Leere eingeht / geht aus durch die Geschlechter
Leere im Einzelleben zeugt Fülle /
Im Zusammenleben zeugt Entrückung /
Im Gemeinleben zeugt All-Gemeinsamkeit /
Im Volksleben zeugt Einheit /
Im Weltleben zeugt Gesetzmäßigkeit.
Solchermaßen ist Fülle Maßstab für Einzelleben /
Entrückung Maßstab für Zusammenleben /
All-Gemeinsamkeit Maßstab für Gemeinleben /
Einheit Maßstab für Volksleben /
Gesetzmäßigkeit Maßstab für Weltleben.
Wie geschieht mir dies Wissen?
Durch der Leere Geschehen.

LV

DER Durchdrängte ist gleich wie ein Kind.
Nicht beängstet durch schwirrendes Insekt /
Noch durch der reißenden Tiere Begier /
Nicht behemmt durch Wissen um Geschlecht /
Dennoch Wirkzeug des Urtriebs /
Erweist sich seines Leibes Vollkommenheit.
Widerstandsfähig wie eben ein Kind /
Das stundenlang schreit ohne heiser zu werden /
Erweist er Einklang mit der Gesetzmäßigkeit.
So im Einklang vollzieht an ihm
Sich das Geheimnis des Ungekannten.
Alles Wissens Fülle stäubt ihm zu Weisheit.
Verharren bei Daseins Gesetzen nennt man Stärke.
Doch Verharren führt zu Erstarren.
Gegen Gesetzmäßigkeit Gesetztes geht schnell gen Ende

LVI

DER Durchdrängte redet nicht /
Wer da redet / ist nicht durchdrängt.
Durchdrängt / ist er beschlossen /
Aufgetan ins Beschlossene.
Nicht einnehmend Standpunkte /
Nicht benimmt ihn Verwirrung.
Befreit von Selbstheit /
Ist er Allen zunächst.
Doch nicht berührt von Freundung wie Feindung /
Von Vorteil wie Nachteil /
Von Berühmung wie Berümpfung /
Ist er unnahbar.

LVII

MIT Gesetzlichkeit mag man verwalten /
Mit Geschicklichkeit mag man vorwärts kommen.
Aber der wahre Herrscher herrscht durch Nicht- Tun.
Der Ablauf der Vorgänge ergibt:
Je mehr Verwaltung / um so mehr Gewalt.
Je mehr Verordnung/ um so mehr Übertretung.
Je mehr Waffen / um so mehr Unruhe.
Je mehr Gesetzlichkeit / um so weniger Gesetzmäßigkeit.
Also der Erwachte:
Er meidet Verwaltung /
Und die Leute fühlen sich frei.
Er meidet Verordnung /
Und die Leute erfühlen die Große Ordnung.
Er meidet Schärfe / Und die Leute entzweit nicht Tun.
Er wahrt Gesetzmäßigkeit /
Und die Leute finden sich im Nicht- Tun.

LIX

Das Volk vorwärts treiben zur Vollendung /
Geschieht durch Zurückbleiben.
So findet das Volk ins Uranfängliche.
Uranfänglich werden /
Heißt wieder erlangen die Fülle der Leere.
Solche Fülle enthebt der Mängel.
Enthoben sein ist Erhaben sein.
Erhaben sein ist Begrenzung verlieren.
Begrenzung verlieren ist Teil des Grenzenlosen sein.
Teil des Grenzenlosen sein ist währen.
Währen ist wie das Mütterliche sein.
Es wurzelt im Bodenlosen und treibt ins Uferlose.
Es geht ein /
Und doch verlischt nicht die Spur seines Unvergehens.

LXI

Das große Reich hält sich hoch / Indem es sich tief hält.
Tiefem Talbett streben die Flüsse zu.
Es sei wie das Mütterliche / das Unübersehbare
Das Alle übersehen.
Unsichtbar diendend / zwingt es das Sichtbare.
Das große Reich gewinnt die kleinen / Unsichtbar dienend.
Unsichtbar dienend / Gewinnen die kleinen Reiche das große.
Jenes gewinnt Anhänger / diese gewinnen Schutz.
Beides geschieht durch unsichtbar Dienen.
Zwingt so das große Reich das Vielfache ins Einende /
So zwingen die kleinen Reiche das Einende ins Vielfach
Also waltet das Große / Durch unsichtbar Dienen.

LXII

Das Beschlossene beschließt alle Dinge /
Erschlossen den Durchdrängten /
Bereit / sich den Verdorrten zu erschließen.
Worte / die es tränkt / aussagen das Eine.
Tun / das es erwirkt / zeitigt Wirkung des Nicht- Tuns.
Und besäße einer die Erde /
Und opferte alles irdischen Pracht /
Nicht gliche es der Gabe /
die Hingabe erreicht.
Hingabe erreicht Durchdrängung.
Durchdrängung war der Einstigen Besitz.
Nicht Erdisches besitzend / nicht besessen /
Blieben sie aufgetan dem Beschlossenen.
Das Beschlossene gibt selbst Verdorrtem wieder Saft /
Darum schätzten die Einstigen es als das Höchste.

LXIII

WESENTLICHES tun / erfordert Nicht-Tun /
Erfordert Vollführen / ohne Wissen um Vollführung
So ist Wahrnehmung des Ganzen /
Ohne Behemmung durch Einzelnes.
Das Große im Kleinen sehen /
Das Eine im Vielen sehen /
So erkennt man Gesetzmäßigkeit.
Gesetzmäßigkeit vollführt bevor Vorhandensein ist.
So ist Vollbringung des Schweren / weil leicht zu vollführen.
So ist Vollbringung des Großen / weil klein begonnen.
Alles Schwere entruht dem Leichten.
Alles Große entwird dem Kleinen.
Der Erwachte tut nicht Großes /
Darum vollbringt er Großes.
Wer viel verspricht / hält wenig.
Wer alles leicht findet / findet alles schwer.
Der Erwachte wird schwer befunden.
Seine Schwere macht leicht /
So vollbringt er leicht Schweres.

LXIV

Das noch nicht Wogende ist leicht beruhigt.
Noch nicht Gekommenem ist leicht zuvor zu kommen.
Das noch Spröde ist leicht zerbrochen.
Das noch Winzige ist leicht zerstreut.
Begegne den Dingen / bevor sie da sind.
Gib Richtung / bevor sie Berichtigung heischen.
Ein Baum entsproßt haarfeiner Wurzel.
Ein Turm hat eine Erdscholle zum Grund.
Die längste Wanderung beginnt mit dem ersten Schritt.
Wer handelt / verdirbt.
Wer festhält / verliert.
Der Erwachte handelt nicht / so erspart er Behandlung.

Er besitzt nicht / so erspart er Verlust.
Nicht handeln wollen / so verdirbt nichts durch Behandlung.
Beendung bedenken bevor Beginn ist /
So verscherzt man nicht Erreichen.
Der Erwachte begehrt Begehrdenlosigkeit /
Besitzt Besitzlosigkeit / Erlernt Verlernen /
Achtet das nicht Beachtete /
Verwirklicht das nicht Wirkliche /
Betätigt Nicht- Tun.

LXV
DIE Einstigen / die Durchdrängung einte /
Lehrten nicht Wissen.
So erwies sich die Weise der Weisen.
Volk / wissensbeschwert /
ist schwierig zu lenken.
Förderung des Wissens erweist Vergrößerung der Unordnung.
Förderung der Einfalt erweist die Große Ordnung.
Richtmaß erkennen /
Heißt das Geheimnis der Gesetzmäßigkeit erschließen,
Der Gesetzmäßige unterscheidet sich.
Er hat das Einende der großen Unterschiedlichkeit.

LXVIII
GUTER Herrscher ist nicht herrisch.
Guter Krieger ist nicht kriegerisch.
Guter Richter berichtigt nicht.
Guter Zwinger bezwingt nicht.
So erweist sich die Verwirklichung des nicht Wirklichen. /
So erweist sich die Bewegung des Beruhenden.
So erweist sich der Zusammenschluß des Beschlossenen.
Des Wesens Weise.

LXX
MEINE Worte führen Viele im Munde /
Doch Wenige vollführen sie.
Was ich sage / umschließt das Eine / das Alles umschließt. /
Was ich vollführe entspricht der Gesetzmäßigkeit /
Die Alles vollführt.
Gesetzmäßigkeit übersehend / übersieht man mich.
Wenige übersehen mich nicht /
Eben das unterscheidet mich.
Das Hehre ist wie ein hären Kleid /
Beschlossen / erschließt es seine Schätze tief Innen.

LXXII
ÜBERSEHEN die Leute das Unübersehbare /
So naht unabsehbares Elend.
Macht sie nicht stumpf ihrem Selbst nachlaufen.
Macht sie nicht leben / als wäre Leben Hast und Last.
Ist Meidung dessen /
Das sie stumpf ihrem Selbst nachlaufen läßt /
So geschieht nicht / Daß Hast und Last ihr Leben ausmacht.
Der Erwachte weiß / ohne daß er Wissen sammelt.
Er hält sich wert / doch hält sich nicht hoch /
Darum hält ihn das Höchste.
Gehalten vom Höchsten /
Macht Sehen das Nicht-Sichtbare.

LXXIII
ZEITIGT Mut Gefahr für Gesetzlichkeit /
Erfolgt Zeichnung.
Zeitigt Mut Verdienst für Gesetzlichkeit /
Erfolgt Auszeichnung.
Gesetzlichkeit heißt das eine nützlich /
Das andere schädlich.

Wem aber ist Gesetzmäßigkeit Maßstab?
Darum werkt der Erwachte nicht / er wirkt.
Er streitet nicht und bekommt doch.
Er spricht nicht und erhält doch Antwort.
Er ruft keinem und hat doch Zustrom.
Seine Weise ist Beruhung /
Und doch ist Bewegung / unmerklich aber wirksam
Das Netz des All-Geschehens hat weite Maschen /
Niemand merkt es / niemand entgeht ihm.

LXXIV
WEIL die Vielen an ihrem Leben hängen /
Darum kann man sie mit dem Tod schrecken.
Wäre Leben / so lebten sie Eingehen /
Wer im Leben könnte dann mit dem Tod schrecken?
Es ist ein Vollführer.
Wer da vollführt an seiner Statt /
Gleicht dem / der statt des Holzfällers die Axt führt.
Der kommt selten davon / ohne sich zu verletzen.

LXXV
DIE unten sind stumpf /
Weil Die oben überspitzt sind /
Darum sind Die unten stumpf.
Die unten sind ungelenk /
Weil Die oben zu viel lenken /
Darum sind Die unten ungelenk.
Die Vielen nehmen das Sterben nicht groß /
Weil ihr Leben zu klein verläuft /
Darum nehmen sie das Sterben nicht groß.
Geht die Welt aufs Außen aus /
So achtet niemand Eingehen.

LXXVI

UNSTARR geht der Mensch ins Leben ein.
Verliert er Leben / ward er starr.
Ist Treibendes unstarr / so ist Eingehen.
Setzt Erstarren ein / so ist Zerfall.
Beginnt Starr und Fertig / beginnt Ende.
Währt Unstarr und Unfertig / ist endloser Beginn.
Darum ist nicht Sieger / wer Kraft ausbreitet.
Dadurch, daß er Kraft ausbreitet /
Lädt der Baum zum Fällen.
Dadurch daß er Kraft ausbreitet /
Verliert der Mensch Leben.

LXXVII

DIE Weise der Leere ähnelt dem Spannen des Bogens /
Die Wölbung strecken / die Höhlung füllen /
Durch Fülle leeren / durch Leere füllen.
So erweist sich / daß dem Vollen genommen wird /
Daß dem Leeren gegeben wird.
Nicht so des Menschen Weise:
Er nimmt dem / der bekommen sollte /
Und gibt dem / der hat.

LXXVIII

NICHTS Nachgiebigeres in der Welt als Wasser /
Dennoch zwingt es das Härteste.
Groß im Aufgeben / ist es groß im Erreichen.
Nicht greifbar / ergreift es.
Das Nicht-Sichtbare überwindet das Sichtbare.
Unstarr übernimmt Starr.
Jeder weiß es / Keiner erweist es.
Wer erträgt / wird getragen /
Wer sich aufgibt / behauptet sich.
Wunder-Volles klingt wunderlich.

LXXX

EIN leises Land / einfältig Volk /
Befreit von Wissen / erwiese das Ungekannte.
Ehrend Kreisung / fürchtend Entkreisung /
Ehrfürchtig priese man das Tod Genannte.
Nicht wäre Unbleibens um zu erraffen.
Helme und Waffen hingen ungebraucht.
Schiffe und Wagen führen nicht.
Man griffe wieder zu Knotenschnüren statt Schrift.
Es schmeckte die Kost /
Und einfach fiele das Kleid.
Die Stuben wären Stätten der Stille.
Der Leere Fülle macht das Herz weit.
Und stünden die Wände der Nachbarn so nahe /
Daß man Hunde und Hähne herüber hörte /
Nicht fände man Zeit /
einander die Hände zu geben.
Gesetzmäßigkeit triebe lang Leben.
Es bliebe Beschlossenheit.

LXXXI

WAHRE Worte sind nicht gefällig /
Gefällige Worte sind nicht wahr.
Die Wortereichen reichen das Leblose. /
Der Lebende bereichert durch das Wortlose /
Wissen verdrängt Weisheit. /
Das Wissende haben heischt Nicht-Wissen haben.
Der Erwachte sammelt nicht und hat doch. /
Je mehr er vergibt / um so mehr erwirbt er /
Je mehr er erwirbt / um so mehr vergibt er.
Des Wesens Weise ist: Erschließen ins Beschließende.

Die Vedischen Schriften

"ICH weile im Herzen aller Lebewesen, und von mir kommen Erinnerung, Wissen und Vergessen. Das Ziel aller Veden ist es, Mich zu erkennen. Ich bin der Verfasser des Vedānta, und ich bin der Kenner der Veden." (Bhagavad-gītā 15.15)

Om

Die Bhagavad-Gita

Bhagavad-Gita (Bhagavad-Gītā), "Bhagavad" leitet sich aus Bhagavanab, was soviel bedeutet wie der Besitzer aller Füllen. Gita heisst Gesang. Wörtliche Übersetzung: Der Gesang dessen, der alle Füllen besitzt. Die Bhagavad-Gita ist eine Selbstdarstellung Krishnas (Ein Aspekt des Göttlichen) und seiner Kräfte.

Sie ist Teil des grossen Epos Mahabharata. http://www.bhagavad-gita.org/index-german.html

Die Ashtavakra-Gita

Die Ashtavakra-Gita ist ein alter Sanskrittext von höchstem Wissen und höchster Weisheit. Man schätzt sie auf etwa 500 v.u.Z. In der westlichen Welt ist diese Schrift nahezu unbekannt.

http://www.ashtavakra.de/

"Wie kann Wissen erlangt werden? Wie kann Befreiung erreicht werden? Wie ist Nicht-Anhaftung möglich?" fragt König Janaka den Weisen Ashtavakra.

Du bist weder Erde, noch Wasser, noch Feuer, noch Luft, noch Raum. Du bist der Beobachter dieser fünf Elemente als Bewusstsein.

Dies zu verstehen, ist Befreiung. Wenn Du dich von der Identifikation mit dem Körper befreist und entspannt in und als Bewusstsein verweilst, wirst Du in genau diesem Moment glücklich sein, in Frieden, frei von Bindung.

Die Vedischen Schriften enthalten mehrere Textschichten, die zum Teil miteinander verwoben sind.

Die ältesten, die Samhitas (Hymnen), entstanden um 1200 bis 900 v.Chr. Zu ihnen gehören

Die Rigveda die 1028 Hymnen enthält, insgesamt über 10.000 Verse

Die Samaveda hauptsächlich umgeordnete Verse aus dem Rigveda

Die Yajurveda (Krishna und Shukla): Prosa, hauptsächlich Mantras

Die Atharvaveda magische Formeln, Hymnen und Mantras.

Rigveda, Samaveda und Yajurveda zusammen bilden das dreifache Wissen, das später durch die Atharvaveda ergänzt wurde.

So um 800 bis 600 v. Chr. entstanden die Brahmanas, Texte für Opfer- und andere Rituale.

Aus den Jahren 700 bis 500 v. Chr. stammen die Upanishaden, was wörtlich bedeutet: sich um den Lehrer herum setzen. Es sind spirituelle Weisheiten, die zumeist im direkten Austausch zwischen Lehrer und Schüler vermittelt wurden.

Die Upanishaden gelten als Grundlage für die yogische und hinduistische Philosophie Indiens.

Die Veden sind direkte intuitive Offenbarungen und werden als gänzlich übermenschlich betrachtet, ohne einen bestimmten Autor. Der Ausdruck Veda stammt von der Wurzel Vid, wissen. Das Wort Veda bedeutet Wissen, auf Schriften übertragen, kennzeichnet es ein Buch des Wissens.

Die Upanishaden sind der wichtigste Teil der Veden. Die Upanishaden sind sozusagen die Essenz der Veden. Die Upanishaden sprechen von der Identität des Individuums, von der individuellen Seele und von der Höchsten Seele. Die Upanishaden sind der schlussfolgernde Teil der Veden oder das Ende der Veden. Die auf ihnen basierende Lehre wird Vedanta genannt. Die Upanishaden sind Kern und Ziel der Veden. Sie bilden die Grundlage des Hinduismus.

Die Veden sind also wohl die ältesten Schriften des Hinduismus und die ältesten religiösen Texte in einer indoeuropäische Sprache. Die Autorität der Veden als grundlegende Wahrheiten des Hinduismus wird bis zu einem gewissen Grad durch alle Hindus angenommen.

Die Veden sind die Literatur der Arier, die Nord-West-Indien um 1500 v. Chr. erobert haben und beziehen sich auf das Feuer-Opfer, welches Mittelpunkt ihrer Religion war. Das Ende der vedischen Periode ist etwa 500 vuZ. anzunehmen.

Götter und Opfer

Im vedischen Opfer werden durch Hymnen oder Mantras ein Gott oder Götter angerufen. Angebote von Nahrung, Butter oder Soma sind vorbereitet, das Feuer dient als ein Vermittler zu den Göttern. Die Gesamtzahl der Götter soll 33 sein, obwohl in den Vedischen Schriften mehr als 33 Götter erwähnt werden. Die Hauptarten der vedischen Götter sind himmlische, atmosphärische und terrestrische Götter.

Die wichtigsten Götter sind Agni, der Gott des Feuers, er spielt eine zentrale Rolle im Opfer, und Indra, der Kriegs- und Donner-Gott. Es gibt auch mehrere solare Gottheiten, einschließlich Surya, Savitri, Pushan und Vishnu. Varuna ist der alles sehende Gott der Gerechtigkeit und Hüter der kosmischen Ordnung.

Soma verkörpert die Pflanze, deren berauschender Saft als eine Opfergabe angeboten wird.

Im Laufe der Zeit wurden die Opfer zunehmend aufwendiger und die Priester wurden - wie in jeder Religion - hochgezüchtete Spezialisten.

Das Kastenwesen des Hinduismus

Die Wurzeln des Kastensystems gehen bis 1500 vuZ. zurück, als indogermanische Gruppen nach Indien einwanderten. Die indogermanischen Priester führten eine erste einfache Kastenordnung ein, die dann um 100 vuZ durch ein Gesetzbuch festgeschrieben wurde. So wurden die vier großen Kastensysteme geschaffen, die noch heute bestehen. Tja - dann wurde wieder Religion draus gemacht. Ein Schelm, wer Böses dabei denkt. Zunächst die Brahmanen: An der Spitze dieser Ordnung stehen die Brahmanen, die irdischen Götter.

Kschatrija: An zweiter Stelle steht die Kaste der Krieger

Waischia: An dritter Stelle folgt die Kaste der Bauern und Händler.

Schudra: Die vierte Kaste, die der Arbeiter, ist zum Dienst für die drei höheren Kasten verpflichtet, besonders für die Kaste der Brahmanen.

Harijans: Die fünfte Kaste der Kastenlosen oder Unberührbaren stehen in der sozialen Ordnung noch weit unter der Kaste der Schudra. Hier sammeln sich Ausgestoßene, die wegen religiöser oder sozialer Vergehen aus ihrer ehemaligen Kaste ausgestoßen wurden.

In eine Kaste wird man geboren und der Brauch verlangt, nur Mitglieder der gleichen Kaste zu heiraten. Durch die Vorstellung von Samsara und Karma (Wiedergeburt entsprechend der Taten eines vorherigen Lebens) konnte sich das Kastensystem im hinduistischen Kulturraum festigen. Die vier ursprünglichen Kasten wurden im Laufe der Jahrhunderte immer weiter unterteilt. Man schätzt, das es mittlerweile zwischen 2000 und 3000 unterschiedlichen Kasten gibt. Auch wenn das Kastensystem inzwischen per Gesetz abgeschafft wurde, besteht es den Köpfen vieler Hindus unterschwellig immer noch weiter.

Ganzheitlich Sein

Hier spricht das "Höhere Selbst" als Fraktal von "Alles was IST". Im ganzheitlich non-dualen Denken gibt es so etwas wie "Gott" oder "Götter" nicht. Solange man noch im dualen Denken verhaftet ist, behilft man sich gerne mit der Aussage "Alles ist Gott". Wo sich das Fraktal und "das Ganze" im Transzendenten vermischt, habe ich Großschreibung eingesetzt, um das kenntlich zu machen.

Du bist auf der Suche. Langsam gewinnst du einen Einblick in die wirklichen Zusammenhänge und beginnst, auf Mich in deinem Inneren zu hören. Ja, hör mir zu! ICH bin Alles was IST, war und immer sein wird - deshalb bist du immer schon ein Teil von Mir. ICH bin dein höheres Selbst, der innerste transzendente Teil von dir, durch den du stets in Resonanz mit MIR bist und in der Lage, langsam die Wirklichkeit zu erkennen. Ich spreche zu dir, der du immer schon Ich bist, warst, und immer sein wirst, auch wenn dir das bisher noch nicht bewußt war. Du brauchst keinen anderen Lehrer oder Meister - ist dir nicht schon aufgefallen, daß ich dich immer mit Allem versorgt habe, was Du je für deine Entwicklung gebraucht hast, sei es Buch oder Lehre, Lebensumstände oder Erfahrungen?

Was dich hier anspricht, ist Meine Botschaft aus deinem Inneren, zu deinem menschlichen Bewußtsein gesprochen. Alles, was dich je ansprach, war nur die Bestätigung dessen, was in dir schon gegenwärtig war. Deine menschliche Persönlichkeit ist ein Fraktal Meiner allumfassenden Wirklichkeit. Befreie dein Ego von seinen "vernünftigen" Illusionen und von seinem selbstverherrlichenden Denken. Vielleicht ist deine Persönlichkeit jetzt stark genug, um deine privaten Glaubensvorstellungen, deine angenommenen Meinungen und die Trugbilder deines Verstandes abzulegen. Dein Verstand kann jetzt verstehen, daß er eben nicht ganz viel wirklich versteht und auch nicht verstehen kann und daß es viel besser für ihn ist, auf Mich in deinem Inneren zu hören. Stelle dich und deine Persönlichkeit mit deinem Verstand einfach in meinen Dienst -

ICH Bin dein höheres, wirkliches Selbst.

Wenn du dann das Wahre vom Falschen, das Wirkliche vom Schein unterscheiden kannst, dann wird dein bewußtes Denken ebenso machtvoll alles Gewünschte erschaffen, wie dein unbewußtes Denken in der Vergangenheit all das erschuf, was du einst wünschtest, nun aber verabscheust. Denn durch dein unbewußtes Denken oder weil dein Denken sich nicht bewußt war, wie deine Wünsche deine schöpferische Kraft steuern, sind deine Welt und dein Leben jetzt so, wie du sie dir irgendwann in der Vergangenheit gewünscht hast.

Zur Ganzheit finden

Aus diesem unbewußten Zustand werdet ihr erst ganz erwachen, wenn ihr wieder völlig eures höheren Selbstes in euch bewußt werdet und euch, den Menschen, nicht länger als den äußerlich einen, sondern als zwei erkennt: einen aktiven, denkenden, aggressiven Teil, deshalb Mann genannt, und einen passiven, fühlenden, aufnahmefähigen, gebärenden Teil, genannt Weib.

Du weißt, daß das, was du suchst, direkt hinter dem Schleier existiert. Du weißt, daß du dich mit einer bestimmten Person treffen wirst, und du erkennst, daß das eine bestimmte Zeit erfordern wird. Du erkennst, daß die fehlende Ganzheit dich unvollständig sein läßt. Wenn du dich unvollständig fühlst, kannst du dich nicht auf die Vision der Ganzheit konzentrieren, die für dich genau die Dinge anziehen kann, die du benötigst, um deine Ganzheit herzustellen. Jeder Mensch sucht seine Ganzheit, sein polares Gegenstück, um die eigene Ich-Bin-Ganzheit zu ergänzen, so daß sie, wenn beide als ein "ganzer Mensch" in ihrer vollen Kraft zusammen sind, Mir dort dienen können, wo es sich ergibt.

Gut und Böse

Ihr habt von der Frucht des sogenannten Baumes der Erkenntnis von Gut und Böse gegessen und auch auch von ihr gelebt, bis ihr alles sogenannte Böse gesehen und erkannt und in ihm den Keim des sogenannten Guten entdeckt hattet, ihn aufnahmt und ins rechte Licht rücktet. Von dieser Zeit an wußtet ihr, daß Gut und Böse keine wirkliche Existenz haben, und nur relative Begriffe sind, die äußere Bedingungen von verschiedenen Gesichtspunkten her darstellen, oder daß sie nur unterschiedliche äußere Aspekte einer zentralen inneren Wahrheit sind, deren Wirklichkeit das ist, was du zu erkennen, zu sein und auszudrücken suchst. Bevor du dein höheres Selbst jedoch wahrhaft kennen kannst, mußt du lernen: alles, was Ich dir gebe, ist gut, es ist zur Anwendung da, zur Anwendung durch Mich; du persönlich hast daran keinen Anteil oder ein tatsächliches Anrecht darauf. Nur wenn du Allem diesen Sinn gibst, wird es dir echten Segen bringen.

Vielleicht drücke Ich durch dich herrliche Sinfonien in Klang, Farbe oder Sprache aus, die sich - entsprechend der menschlichen Ausdrucksweise - als Musik, Bild- oder Dichtkunst darstellen und andere so bewegen, daß sie dir als einem Großen des Tages zujubeln. Ich mag durch deinen Mund sprechen oder dich inspirieren, viele herrliche Wahrheiten zu schreiben. Sie führen dir womöglich viele Nachfolger zu, die dir als einem ganz ausgezeichneten Prediger oder Lehrer begeistert zustimmen. Vielleicht sogar heile Ich durch dich verschiedene Krankheiten, befreie von Besessenheit, mache Blinde sehend und Lahme gehend und vollbringe andere erstaunliche Werke, die die Welt Wunder nennt. Ja, das alles kann Ich durch dich wirken.

Ja, euch alle, die ihr mit Mir zu wirken sucht - ganz gleich, was für Gaben ihr habt - will Ich zu einer lebendigen Kraft zum Besten der Gemeinschaft werden lassen, einer Kraft, die die Lebensweise von vielen ändert, ihre Neigungen und Bestrebungen inspiriert und formt. Das alles zusammen wird ein umgestaltender Einfluß inmitten der weltlichen Aktivität, in die Ich euch stellen will. Vielleicht hältst du gerade die Stellung im Leben, die du jetzt innehast, nicht für die geeignetste, um Meine in dir drängende Idee auszudrücken. Wenn das so ist, warum wechselst du dann nicht diese Position gegen eine deiner Wahl? Allein die Tatsache, daß du es nicht kannst oder tust, beweist, daß diese Position gerade jetzt am besten geeignet ist, um in dir bestimmte Eigenschaften zu erwecken, die für Meinen vollkommenen Ausdruck notwendig sind. Es beweist auch, daß Ich, dein eigenes Selbst, dir erlaube, darin zu bleiben, bis du Meinen Plan und Meine Absicht erkennen kannst, die in der Macht verborgen sind, mit der diese Position deinen Gemütsfrieden stören soll und dich dadurch unbefriedigt läßt. Sobald du Meine Absicht erkennst und beschließt, Meine Sache zu deiner Sache zu machen, dann und nur dann will Ich dir die Kraft geben, aus dieser Position in eine fortgeschrittenere zu gehen, die Ich für dich vorgesehen habe.

Meine Idee von deinem vollkommen Selbst strebt nach Ausdruck und Offenbarwerden durch deine Persönlichkeit, und das läßt dich in dem Partner, den Ich dir gegeben habe, scheinbare Unvollkommenheiten sehen. Sobald du jedoch aufhörst, außen nach Liebe und Sympathie, nach Verständnis und geistiger Hilfe auszuschauen, und dich völlig Mir im Inneren zuwendest, wird die Zeit kommen, daß die scheinbaren Unvollkommenheiten verschwinden, und du wirst in deinem Partner nur die Widerspiegelung von selbstloser Liebe, Güte und Vertrauen finden, ein beständiges Bemühen, den anderen glücklich zu machen, was dann strahlend und unaufhörlich aus deinem eigenen Herzen scheint.

Ich werde unmittelbar aus dem Inneren viel klarer sprechen, wenn du dich nur vertrauensvoll an Mich um Hilfe wendest. Denn immer bewahre Ich Meine heiligsten Geheimnisse für die, die sich Mir in tiefem, dauerndem Vertrauen zuwenden, so daß Ich jedes ihrer Bedürfnisse befriedigen kann und will. Ich bin es, dein eigenes göttliches Ebenbild, dein höheres Selbst, der geistige Teil von dir, deine andere Hälfte, mit der und nur mit der allein du zuerst vereinigt sein mußt, bevor du vollendet das ausdrücken kannst, wozu du zur Erde kamst. Zweifle nicht: wenn du zu Mir in völliger Hingabe kommen kannst und dich um nichts anderes als um Vereinigung mit Mir bemühst, dann werde Ich dir die Innigkeit dieser inneren Gemeinschaft erschließen, die Ich schon lange für dich bereit gehalten habe. Wenn du das ernstlich und aufrichtig tust, wirst du finden, daß Ich dich zum Hohen Priester einer Religion erwählt habe, deren Herrlichkeit und Erhabenheit gegenüber allem anderen, was deinem früheren Verständnis dargestellt wurde, so ist wie das Licht der Sonne zum Funkeln eines weit entfernten Sterns. Ich habe dich zu dem Bewußtsein Meiner Gegenwart im Inneren erweckt, zu der Tatsache, daß alle Autorität, alle Lehren und Religionen, die von irgendeiner äußeren Quelle kommen - wie hoch oder heilig auch immer - auf dich keinen Einfluß mehr haben können. Vergiß alles, was gewesen ist. Das Vergangene ist tot. Warum deine Seele mit toten Dingen belasten? Genau so weit, wie du am Vergangenen festhältst, lebst du noch in der Vergangenheit und kannst nichts mit Mir zu tun haben, der im immergegenwärtigen Jetzt lebt, dem Ewigen. Genau so weit, wie du dich an vergangene Handlungen oder Erfahrungen, Religionen oder Lehren bindest, umwölken sie die Sicht deiner Seele und verbergen Mich vor dir. Sie werden immer verhindern, daß du Mich findest, bis du dich von ihrem verdunkelnden Einfluß befreist und nach innen in das Licht Meines allumfassenden Bewußtseins gelangst, das keine Begrenzungen anerkennt und zur unendlichen Wirklichkeit aller Dinge hindurchdringt. Ebenso geht dich die Zukunft nichts an. Wer von der Zukunft seine endgültige Vollkommenheit erwartet, ist an die Vergangenheit gekettet und kann erst frei werden, wenn sein Gemüt nicht länger auf diese Weise mit den Folgen seiner Handlungen beschäftigt ist. Du, der du eins bist mit Mir, bist vollkommen und warst immer vollkommen, kennst weder Jugend noch Alter, weder Geburt noch Tod. Du, der du keinen Meister oder Lehrer mehr suchst, nicht einmal mich, sondern allein im Vertrauen auf Meine ewige Gegenwart und auf Mein Versprechen verharrst, für dich habe Ich eine Begegnung und eine Gemeinschaft bereit, die deiner Seele solche Freude und solchen Segen bringen wird, wie es sich dein menschliches Gemüt unmöglich vorstellen kann. Dies ist ein Geheimnis. Bis du es begreifen kannst, ist es dein Recht, von dem bisher Gesagten zu behaupten, es sei mit bestimmten Darlegungen dieser Botschaft unvereinbar und widerspreche Lehren in Meinen anderen Offenbarungen. Sei unbesorgt! Dieses Geheimnis wird dir enthüllt werden - wenn du aufrichtig wünschst, Meine Absicht zu erfahren. Warum willst du dich bis dahin in deinem Suchen mit etwas Geringerem zufrieden geben als mit dem Höchsten? Du bist eine menschliche Persönlichkeit, dennoch bist du göttlich und darum vollkommen. Die erste dieser Wahrheiten glaubst du, die andere glaubst du nicht. Beide jedoch sind richtig. Das ist das Geheimnis. Du bist genau das, was du zu sein denkst. Was bist du nun? Das eine oder das andere - oder beides? Du bist EINS mit mir!

Und nun, du Mensch, komm ganz nahe. Denn jetzt will Ich dir den Weg zeigen, um all dies zu erlangen: Gesundheit, Wohlergehen, Glück, Vereinigung und Frieden. In den folgenden Worten liegt das große Geheimnis verborgen. Gesegnet bist du, der es findet. ICH BIN in dir. ICH BIN du. ICH BIN dein Leben. ICH BIN Alle Weisheit, alle Liebe, alle Macht die in diesem Leben JETZT uneingeschränkt durch dein ganzes Dasein fließen. ICH BIN das Leben, ICH BIN die Intelligenz, ICH BIN die Kraft in aller Substanz - in allen Zellen deines Körpers. In den Zellen aller mineralischen, pflanzlichen und tierischen Materie, in Feuer, Wasser und Luft, in Sonne, Mond und Sternen. ICH BIN in dir und in ihnen das, was IST. Ihr Bewußtsein ist eins mit deinem Bewußtsein, denn Alles ist Mein Bewußtsein. Durch Mein Bewußtsein in ihnen ist alles, was sie haben oder sind, dein - du mußt es nur in Anspruch nehmen! Sprich also zu ihnen in Meinem Namen. Sprich im Bewußtsein Meiner Macht in dir und Meiner Intelligenz in ihnen. Sprich, befiehl in diesem Bewußtsein, was du willst - und das Universum wird unmittelbar gehorchen. Erhebe dich, der du so innig die Vereinigung mit Mir erstrebst! Nimm jetzt dein göttliches Erbe an! Öffne weit deine Seele, dein Gemüt, deinen Körper und atme Meinen

Lebensatem ein! Ich erfülle dich überfließend mit Meiner göttlichen Macht! Jede Faser, jeder Nerv, jede Zelle, jedes Atom deines Wesens lebt jetzt bewußt mit mir, voll von Meiner Gesundheit, Meiner Stärke, Meiner Intelligenz, Meinem Da-Sein. Denn ICH BIN in dir. Wir sind nicht getrennt. Wir könnten unmöglich getrennt sein. Denn ICH BIN du. ICH BIN dein wirkliches Selbst, dein wirkliches Leben und offenbare Mein Selbst und alle Meine Kräfte in dir JETZT. Wach auf, erhebe dich und beanspruche deine Herrschaft! Erkenne dein Selbst und deine Vollmacht! Du weißt, alles was Ich habe, gehört dir. Mein schöpferisches Leben strömt durch dich, du kannst von ihm nehmen und mit ihm gestalten, was du willst, es will sich für dich manifestieren als Gesundheit, Kraft, Wohlergehen, Vereinigung, Glück, Friede - als alles, was du von Mir wünschst. Stelle es dir vor. Denke es. Fühle es! Wisse es! Dann, mit aller Bestimmtheit deines Wesens, sprich das schöpferische Wort! Es wird stets erfüllt zu dir zurückkehren. Aber, geliebter Mensch, das kann erst sein, wenn du in völliger und äußerster Hingabe zu Mir gekommen bist, wenn du dich selbst, deinen Körper, deine Angelegenheiten, dein Leben in Meine Obhut gegeben hast, indem du alle Sorge und Verantwortung auf Mich wirfst, absolut in Mir ruhend und Mir vertrauend. Wenn du das getan hast, dann werden diese Worte Meine göttlichen Fähigkeiten, die latent in deiner Seele liegen, zu tätigem Leben erwecken, und du wirst einer mächtigen Kraft in dir bewußt werden, die gerade in dem Maß, wie du in Mir bleibst und Meine Worte in dir bleiben läßt, dich von deiner Traumwelt völlig befreien und dich voll im Geist beleben wird. Diese Kraft wird den ganzen Weg für dich erhellen, dich mit allem versorgen, was du wünschst, und Verwirrung und Leid für immer von dir nehmen. Dann wird es keine Zweifel und Fragen mehr geben, denn du wirst wissen, daß Ich, dein wirkliches Selbst, immer den Weg bestimmen und ihn dir zeigen werde. In deinen Tätigkeiten, welcher Art sie auch sind, wirst du dich nicht darum kümmern, was die Aufgabe ist, sondern das tun, was gerade vor dir liegt, in dem Wissen, daß es das ist, was gerade jetzt zu tun ist. Sogar in deinem Beruf wirst du merken, daß Ich da bin. Wirklich - Ich bin es, der dich zu diesem Beruf führte, was er auch sei. Nicht, damit du darin der

Erfolgreiche sein kannst oder der Versager oder das Arbeitstier bist, noch damit du Reichtümer für deine Nachkommen anhäufen kannst oder alles verlieren, was du hast, oder nie etwas ersparen kannst. Nein, sondern damit Ich durch Erfolg oder Fehlschlag, Mangel an Ehrgeiz oder spezieller Begabung dein Herz anregen kann, Mich anzuerkennen, den allumfassenden Einen im Inneren, der alles was du tust, inspiriert und leitet.

Die Entscheidung

Um die Entscheidung kommt niemand herum. Man kann sie verdrängen, geflissentlich übersehen - aber ganz innen wird sie weiterbohren. Und diese Entscheidung ist von enormer Tragweite. Nicht nur für die einzelne Seele, nein für die Existenz unseres Planeten. Denn wenn wir - als Menschheit - es nicht lernen, nach den Gesetzmäßigkeiten der Schöpfung zu leben, dann sterben wir halt aus. So einfach ist das!

Der Begriff "Reich Gottes" steht für eine ganz natürliche Verhaltensweise, die sich an den Gesetzmäßigkeiten der Natur und dem liebevollen geschwisterlichen Zusammenleben der "Kinder Gottes" ergibt.

Jesus hat das, was heute noch so glänzend und profitabel läuft "Dieses System der Dinge" genannt. Hier steht "Das Geschäft" und die Rendite im Vordergrund. Was sich nicht rentiert, wird auch nicht gemacht - oder man schiebt es caritativen Organisationen zu.

Diese Systeme sind nicht kompatibel, sie stehen sich diametral gegenüber:

Das Reich Gottes	Dieses System der Dinge
1. Gott (Schöpfung) lieben	Tu was du willst
2. Den Nächsten lieben wie sich selbst	Du bist selbst wie Gott
3. Relationale Beziehungen	Strenge Hierarchie
4. Menschlichkeit	Mensch als Material, Nutztier
5. Evolution	Revolution
6. Vertrauen	Mißtrauen
7. Spiritualität	Rationalität
8. Gemeinschaftsgeist	Egozentrik

Das Reich Gottes	**Dieses System der Dinge**
9. Toleranz	Mißachtung Andersdenkender
10. Geduld	Hektik
11. Transzendenz	Materialistisch
12. Sein	Haben
13. Vergebung	Rachsucht
14. Intuition	Vorschrift, Regel

Der Pfad der Erkenntnis

Glauben heute - in unserer "aufgeklärten" Zeit ein Relikt aus vergangenen Zeiten?

Keineswegs.

"Sich-verlassen" auf Gott ist allerdings etwas aus der Mode gekommen, ja es gibt sogar Leute, die Gott nicht einmal mehr die Existenz zugestehen. Nachdem sich herausgestellt hat, daß er kein alter Opa mit Zauberkraft, Heiligenschein und Bart ist, der oberhalb der Wolken haust, muß man sich Gott heute sicher anders vorstellen: Als alles Geschaffene durchdringende Kraft, die sich unserer bescheidenen Erkenntnisfähigkeit einfach entzieht - und trotzdem für uns persönlich erfahrbar sein will. Angesichts des uns bekannten Universums und dessen Eigenschaften, angesichts unseres Planeten und seiner Entstehungsgeschichte ist die Annahme, daß sich das alles zufällig so entwickelt hat, reiner Blödsinn (auch das ist mittlerweile wissenschaftlich nachweisbar).

Wenn es aber einen Schöpfer gibt, der sich liebend gerne unser annehmen möchte, dann muß man das ja irgendwie merken können. Gerade dieses Bemerken der Gegenwart dieses Schöpfers, das allmähliche Begreifen seiner Absichten und die spürbaren, ja oft sogar beweisbaren Rückwirkungen auf die eigene Person machen das Wesen des Glaubens aus. Der Mensch, der auf der Gefängnisinsel seines Selbst lebt, erfährt nur einen kleinen Teil dessen, was das Leben sein könnte. Er muß die Schranken seines "ICH"-Gefängnisses durchbrechen und wieder lernen, selbst - persönlich und unmittelbar - mit dem Schöpfer in Verbindung zu treten.

Aus dem oben beschriebenen Verhältnis ergibt sich zwanglos, daß dieser Glaube in seinem ureigensten Wesen **unabhängig** ist von Konfession, Ritus und sonstigen Verzierungen, die sich in der Vergangenheit und das bis heute aus mehr machtpolitischen

Gesichtspunkten in den sogenannten Religionen (Steigerung: Staatsreligion) eingebürgert haben. Glaube hat auch nichts mit Pazifismus zu tun. Gläubige Menschen sind keine einfältigen Trottel, auch wenn es für Nichtgläubige oft so aussieht.

Er bewirkt etwas sehr wichtiges: Sich selbst aus dem Mittelpunkt des allzu subjektiv betrachteten Universums herausnehmen und den dort erkennen, der da schon immer war und immer sein wird.

Dieser möchte mit jedem von uns ein ganz persönliches Verhältnis aufbauen, so unwahrscheinlich das klingt. Aber da gibt es ein fatales Hindernis: Das rational-materialistische Denken.

Nie wird das heutige, materialistische Denken dem Menschen erlauben, sich über das ICH oder das Körperliche zu erheben, denn nur hier fühlt sich das rational-materialistische Denken sicher.

Das moderne, konsumorientierte Denken ist ein Gefängnis der Seele; es hindert den Menschen zum Glauben zu kommen. (Obwohl der Glaube dennoch rationale Akzeptanz braucht, bevor der Mensch zu Erkenntnis kommt!)

Die globale Gesellschaft braucht eine tiefgreifende Veränderung, und dazu gehört ein Bewußtseinswandel - die Anerkennung des Schöpfers, Respekt vor der Schöpfung und die Annahme der unmittelbaren persönlichen Vaterschaft des Schöpfers. Religionen und Philosophien ersticken heute in überalterten Bräuchen, Machtstrukturen und Zeremonien.

Sie sind durch Dogmen gefesselt und können wegen all dieser spirituellen Vergiftung und Verzerrung nicht mehr wirksam werden. Der Mensch muß zu Gott zurückkehren und begreifen, daß er nicht außerhalb der Gesetze der Schöpfung leben kann, denn die Zeit wird knapp.

Das alles wußte schon Jesus und vorher die Propheten. Das Ziel muß also sein: Ein neues Bewußtsein für die Erde, füreinander - und für die Schöpfung insgesamt. Die Wiedergeburt aus dem Geiste, als Kinder Gottes - EINS mit dem "Vater".

Was heißt "Wiedergeburt"? Gemeint ist damit eben diese Annahme des "EINS-Seins" und der Moment des Begreifens und des Erkennens der damit zusammenhängenden Konsequenzen.

Mit dem gemeinsamen Ziel der "neuen Erde" - deren Bewohner nicht selbstsüchtig in ständigem egozentrischen Widerstand gegen sich selbst und ihren Schöpfer wüten.

- es geht also von je her viel mehr um Erkenntnis!

Vom Ich zum Selbst

Das persönliche Ich oder auch EGO genannt wird in der Esoterik-Szene oft als schädlich gesehen. Manche wollen es gleich ganz auflösen. Es gehört aber zu uns eben gerade als Person mit unserer Individualität. Person kommt von per sonare - durchtönen. Was soll denn durchtönen? Ganz einfach, das "höhere Selbst" als Schnittstelle zu "Allem, was IST".

C.G. Jung hat schon festgestellt, daß sich zuerst das Ich als Person entwickeln muß, damit sich eine Ich-Identität und Persönlichkeit überhaupt erst mal entwickeln kann. Die Person geht zunächst hinaus in die Welt, um dort ihren Platz zu finden und ist dabei mehr oder weniger erfolgreich. Spiritualität ist in dieser Phase noch kein Thema für das Ich. In diesem Entwicklungsabschnitt ist es wichtig, daß sich das Ego gesund entwickeln kann, Karriere, Familie und Geld stehen im Vordergrund. Das kann in unserer gesellschaftlichen Umgebung aber auch leicht zum Ego-Wahn ausarten, der dann - zumindest zunächst - die weitere Entwicklung blockiert. Hat sich die Ich-Werdung ausreichend entfaltet, drängt sich schön langsam die "Sinnfrage" und damit einher gehend die Selbst-Werdung in den Vordergrund. Spiritualität wird mehr und mehr wahrgenommen und hinterfragt. Die materielle Entwicklung verliert an Bedeutung. Auch wird das bisherige Leben in Frage gestellt - die Suche nach einem höheren Lebenssinn beginnt. Das persönliche Interesse richtet sich mehr und mehr auf spirituelle, esoterische, religiöse oder auch psychologische Themen. Das wird auch häufig als "Midlife Crisis" gesehen, denn es hat oft schwerwiegende Auswirkungen auf die Lebensführung.

Nun setzt aber Spiritualität und Selbst-Werdung voraus, daß vorher eine gesunde Ich-Werdung stattgefunden hat. Das ist unvermeidlich, sinnvoll, natürlich und gut. Allerdings geht es auch nicht mit Weltflucht oder Verdrängung. Ein authentisches Selbst und echte Spiritualität brauchen notwendigerweise eine gewachsene

Persönlichkeit, die sich nur in den Verstrickungen und Herausforderungen der materiellen Welt entwickeln konnte. Abkürzungen gibt es dafür keine. Nun ist es allerdings so, daß Viele diese Schwelle eben nicht überwinden und sich auf die Seite derer schlagen, die nie genug bekommen können. Das allerdings ist ein anderes Problem. Nur eine fertig entwickelte Raupe kann sich zu einem Schmetterling verwandeln. Nur ein stabiles, voll entwickeltes Ich kann sich in ein Selbst verwandeln und sich selbst in den Dienst des "höheren Selbst" stellen. Es fängt damit an, daß das Ich neugierig, aber vorsichtig mit dem höheren Selbst Kontakt aufnimmt. Dadurch kann das Ich nach und nach das Leben auch aus einer "höheren" Perspektive wahrnehmen. Es wird mit zunehmender Zusammenarbeit mehr und mehr zum ausführenden Organ des höheren Selbst, behält aber seine Individualität. Die Person wird so als neues Ganzes zu einem Brennpunkt des Göttlichen.

Das Göttliche ist Alles was IST, war und immer sein wird, deshalb war und ist das Selbst immer schon Teil des Ganzen. Das Höhere Selbst ist der innerste transzendente Teil der Person, der stets in Resonanz mit dem lebendigen Sein ist, es ist der spirituelle Teil der Person, der immer schon war, ist, und immer sein wird.

Die Suche nach der Inneren Vision

Die Innere Vision (Quest) ist in der indianischen Tradition ein fester Begriff: Mann oder Frau gehen für meistens vier Tage und Nächte allein in die Wildnis, ohne Nahrung zu sich zu nehmen, oft auch ohne Wasser. Abgesondert von sozialen Kontakten suchen sie das Gespräch mit der Natur, dem "großen Geist", mit ihrer eigenen Tiefe, ihrem Selbst. Diese Suche gehört zum Archetyp der "Heiligen Reise" oder der inneren Reise zu sich selbst. In unserer europäischen Tradition kennen wir diese Suche aus dem Rittertum des frühen Mittelalters, wie z. B. die nächtliche Schwertwache vor dem Ritterschlag oder die Suche nach dem Heiligen Gral.

Ein Mensch muß alle (über-)rationalen Philosophien, alle Lehren und Dogmen hinter sich lassen und einen lauteren Weg beschreiten - ohne die Entweihungen, Entstellungen und Ablenkungen der menschlichen Zivilisation. Alles andere wird leicht zu nutzlosen Krücken, Ballast und Fesseln, die unsere spirituelle Entwicklung hemmen. Die Schwierigkeit ist, daß wir leicht Sklaven des Rituals werden. Die Leute beginnen, die Zeremonie anzubeten, sie glauben an den Priester/Bischof/Papst statt an den liebende Göttlichkeit an sich. Rituale sind etwas, das Menschen hilft, würdig und heilig zu sein. Dies alles ist jedoch nicht notwendig (wenn auch sicher hilfreich) um sich dem Schöpfer zu nähern.

Jesus sagt: Wenn du beten willst, dann geh in dein Zimmer, schließ die Tür zu und bete zu deinem Vater, der im Verborgenen ist. Dein Vater, der auch das Verborgene sieht, wird dich dafür belohnen.(Mt 6,6) Der moderne Mensch kann die Welten nicht erkennen, diese Universen jenseits seines eigenen Ich. Das moderne, konsumorientierte Denken ist ein Gefängnis der Seele; es steht zwischen dem Menschen und seinem spirituellen Geist. Die Gesellschaft, die nur für das Materielle lebt und nichts (mehr) vom Geistigen weiß, wird unweigerlich zerbrechen.

Viele Menschen sind auf der Suche nach sich selbst, ohne zu wissen, wohin sie sich wenden sollen, um einen spirituellen Lebensweg zu finden.

Die Religionen sind nicht mehr wahr und lebensfähig. Sie weigern sich, ihr kompliziertes Beiwerk aufzugeben und ihre Fehler einzugestehen und zu berichtigen. (Siehe: Die Rekonstruktion).

Die Menschheit muß ein Gleichgewicht mit der Schöpfung finden und in Harmonie mit ihr leben. Dabei ist die Suche nach dem Geist wesentlich wichtiger als das Streben nach materiellen Götzen.

Die Gesellschaft und die Schulen lehren, daß man nur mit dem rationalen Verstand verstehen könne. Der spirituelle Verstand wird in unserer Gesellschaft nicht nur völlig ignoriert, sondern seit Jahrhunderten sogar in die Nähe von Humbug, Hexenwerk und Betrug gestellt. Man muß es lernen, mit dem spirituellen Verstand zu verstehen. Der Mensch ist ein polares Wesen, er lebt im Fleisch und im Geist zugleich. Auch alles andere existiert in solcher Polarität. Zwei Körper, zwei Arten von Verstand, alles in ein- und demselben Menschen.

Die spirituelle Welt kommuniziert nicht mit Worten, sondern durch Träume, Visionen, Gefühle, Zeichen, Symbole. Oft sagt man auch einfach Intuition dazu. Viele Menschen erleben das, mißtrauen dieser Intuition jedoch und bringen sie mit ihrer zwingenden Logik einfach um.

Die Innere Vision ist das spirituelle Denken, das Vehikel, die Brücke, die den Menschen mit jenen weiteren geistigen Welten verbindet, die von Anbeginn der Zeit neben uns existieren. Die innere Vision ist es, die den Menschen hilft, Fleisch und Logik zu transzendieren und mit den Welten jenseits des Fleisches zu kommunizieren. Die Innere Vision ist das reine Denken, das reine Selbst, sie muß geläutert und gepflegt werden, mehr als das logische, stoffliche Denken. Die Innere Vision ist es, die uns hilft, unsere

Polarität zu erkennen und diese Polarität zu leben und gerade darin die Einheit der Schöpfung zu erkennen.

Polarität erzeugt Spannung zwischen Polen von gleicher Art: elektrische, magnetische, soziale, mechanische etc. Ohne Polarität gäbe es nicht mal ein Fuzzelchen Materie.

Polarität wird häufig mit Dualität verwechselt. Dualität bedeutet: eine Zweiheit bildend, in voneinander unabhängiger Gegensätzlichkeit. Im philosophisch-religiösen Bereich ist es die Lehre von zwei unabhängigen ursprünglichen Prinzipien im Weltgeschehen: Gott-Welt, Leib-Seele, Christ-Antichrist usw. Im Unterschied hierzu sind Polaritäten nie voneinander unabhängig!

Mystik und Spiritualität

Als Suchender kommt man in diese Welt - aber immerhin mit offenen Augen und Sinnen. Zunächst suchen wir nur nach der Mutter Brust, später suchen wir schon mehr, wir lernen viel, sehr viel, sammeln Erfahrungen und glauben dann auch viel zu wissen. Irgendwann schaut man dann zufällig in den sternklaren Nachthimmel und merkt, daß wir zwar viele astronomische Daten und Fakten angehäuft haben, daß wir sehr weit in den Mikrokosmos vorgedrungen sind, daß wir viele Naturgesetze technisch nutzen können, ja wir manipulieren auch schon Gene.

Aber warum ist das so? Wir entdecken Gesetz um Gesetz, immer mehr Zusammenhänge werden herausgefunden, aber woher diese Gesetze stammen, wie diese Zusammenhänge entstanden sind - das wissen wir nicht.

Wissenschaftliche Forschungen haben immer noch keinen GOTT entdeckt. Aber selbst der anonyme "Urknall" muß ja wohl zwingend eine Ursache haben.

Bei der weiteren Suche stellt man fest, daß diese Fragen schon sehr lange im Gespräch sind und die Menschheit schon Jahrtausende vor der "Wissenschaft" brennend daran interessiert war. Im Zuge der Erklärung entstanden Religionen und Philosophien in großer Zahl. In den letzten 3000 Jahren verdichtete sich diese Entwicklung zu den heutigen großen Weltreligionen. Alle diese großen Religionen kennen ein "Jenseits", das sie allerdings unterschiedlich darstellen und interpretieren.

Und alle diese Religionen und Religionsphilosophien kennen eine mehr oder weniger abstrakte, mehr oder weniger göttliche, mehr oder weniger persönliche "Schöpfungsursache".

In all diesen Religionsgemeinschaften gibt es Priester, Rabbis, Meister, Gurus oder Propheten, die behaupten, zu dieser Gottheit eine besondere persönliche Beziehung zu haben. Auserwählt zu sein, den Willen des Schöpfers zu verkünden. Eine große Versuchung tut sich auf:

Es läßt sich sehr viel Macht aufbauen, wenn man ein bisschen eigenen Willen mit dazumischt. Das wird bis zum heutigen Tag weidlich ausgenutzt - und nicht nur im Islam. Aber was sollen die armen "Laien" in ihrem Unwissen schon dagegen tun können? So ganz ohne theologische Studien und priesterliche Weihen? Diese Schöpfungsmacht - ich nenne sie im weiteren nun ganz traditionell "Gott" - ist der das alles ganz egal, schwebt Gott neutral über allem? Ist er nur auf Effizienz aus? Liegt ihm nur an den Stärksten?

Seine Werke legen Zeugnis ab über seine Absichten. Wenn wir sie anschauen und begutachten werden wir viel über den Schöpfer herausfinden können. Wie auch in der Kunst die Werke viel über den Künstler aussagen. Da beginnt es auch schon ernst zu werden: Wieso kennen wir überhaupt so etwas wie "Kunst"? Fürs Überleben der Art völlig blödsinnig! Schön oder häßlich - genauso gleichgültig. Sexualität pur oder Liebe - auch egal.

Nun sind aber unzweifelhaft in unserem Wesen so irrationale, unsinnige Eigenschaften wie Schönheitssinn, Liebesfähigkeit und der Drang zu künstlerischer Kreativität angelegt - und wir haben sogar ein Gewissen, mit dem wir Gut und Böse unterscheiden können. Wenn wir wollen. Einen weitgehend freien Willen haben wir also auch noch mitbekommen. Das deutet darauf hin, daß dieser Gott uns Eigenschaften mitgegeben hat, die seinen eigenen durchaus ähnlich sein müßten. Und daß er uns sozusagen als seine Kinder losschickt, seine Schöpfung zu bewohnen, zu erkennen und ebenfalls zu lieben - und - falls wir ein bisschen erwachsen werden sollten, gemeinsam mit ihm unsere schöpferischen Fähigkeiten für eben diese Schöpfung einzusetzen.

Tja, der freie Wille! Und die Möglichkeit Macht auszuüben! Da kann schon mal was schiefgehen, solange die Kinder nicht reif genug sind, zu verstehen um was es geht! Sie werden sich die Finger verbrennen oder noch schlimmeres anstellen.

Aber der Schöpfer hat seine Kinder nicht allein gelassen. Er hat uns Lehrer (oft auch Heilige, Propheten oder Religionsstifter genannt) gesandt, die uns sagten und zeigten, wie es richtig geht und wie wir uns mit dem Vater ins einvernehmen setzen können. Einen davon kennen wir als Christen besonders gut: Jesus, den man später auch den Christus genannt hat. Solche Lehrer sind mit ihren Worten und Taten eine Gefahr für entartete machtgeile Potentaten. Jesus hat z.B. das "Reich Gottes" gegen das "Reich Cäsars" gesetzt. Und er hat den Leuten gelehrt, den Herrscher dieses Gottesreiches - ganz im Gegensatz zu Cäsar - als liebenden Vater zu betrachten und auch so mit ihm zu sprechen. Auch heute noch besonders auffallend in dem Mustergebet, das er uns lehrte, dem "Vater Unser".

Für die Verkündigung dieses Gottesreiches und seine Lehre vom liebenden Vatergott ist er - obwohl er weitgehend gewaltlos auftrat - als gefährlicher Revolutionär eingestuft und umgehend hingerichtet worden, wie viele unbequeme Propheten vor ihm auch schon.

Um aber ein Zeichen für die Ohnmacht der Mächtigen zu setzen, ist er aus dem Jenseitigen zurückgekommen und hat sich seinen schon verzweifelten Schülern - übrigens allesamt keine Theologen und keine Priester - gezeigt. Und er hat allen, die auf ihn und seine Botschaft vom liebenden Vatergott und dessen Reich vertrauen, seinen Beistand zugesagt, wenn sie sich in seinem Namen an den Vater wenden.

Und er sagte bei seiner Rückkehr ins Jenseitige:

"Ich bin bei euch bis ans Ende aller Tage".

Warum nehmen wir ihn dann nicht beim Wort? Im Gottesdienst wird seine Gegenwart angesprochen, in den Fürbitten sprechen wir ihn an, aber so recht vertrauen darauf, daß er wirklich da ist, tun wir nicht.

Das ist der springende Punkt. Wir müssen ihm wieder Begegnen, persönlich. Aber wie? Wie soll das gehen? Es gibt auch heute noch Menschen, die behaupten, mit ihm Kontakt zu haben.

Sind das nun Spinner, Sprüchemacher, Wichtigtuer, Betrüger?

Nein. Es sind Mystiker.

Mystik und Spiritualität

Mystik und Spiritualität bedeutet auch die Überwindung unserer einseitig-rationalen Erziehung und Ausbildung, der überrationalistischen Lebensweise unserer Gesellschaft. In dieser Gesellschaft leben wir praktisch nur mit einer Gehirnhälfte - der rational-logischen - und damit sozusagen "einäugig." Die andere Gehirnhälfte - die bildhaft-intuitive - zu aktivieren und aus beiden zusammen zu leben, das eröffnet eine zusätzliche Dimension in unserem Leben.

Der Unterschied ist etwa so zu erklären: Mit einer Hirnhälfte denkt man nur entlang einer Linie. Mit beiden zusammen bewegt man sich plötzlich in einer Ebene - mit ganz neuen Freiheitsgraden!

Als Gegenbewegung zu Intellektualität und strenger Wissenschaftsgläubigkeit hat sich ein breites Interesse an Fragen der Psyche und der Transzendenz entwickelt - nach dem Sinn des Lebens, nach einem sinnvollen Miteinander von Mensch und Schöpfung und nicht zuletzt nach dem Urheber all der Gesetzmäßigkeiten der sogenannten „Wirklichkeit", ohne daß je ein Punkt erreicht worden wäre, an dem menschliches Erkennen Ruhe gefunden hätte. Aus der vermeintlichen Enge unserer abendländischen Denktradition richteten sich in den vergangenen Jahrzehnten die Blicke auf die religiösen und spirituellen Praktiken des Ostens.

Asiatische Techniken der Meditation und der Selbsterfahrung finden viele überzeugte Anhänger. Die Kirche trifft der Vorwurf, Esoterik, Okkultismus und Teufelskult seien bei vielen Jugendlichen deshalb „im Trend", weil das Mystische und Jenseitige im Zuge einer überschnellen Anpassung an rationalistische Tendenzen vernachlässigt worden sei. Die im Christentum seit Jahrhunderten vorhandene reiche kontemplative Tradition ist zum Teil in Vergessenheit geraten, zum Teil nicht mehr zugänglich oder aber nicht mehr verständlich. Wer sich dennoch auf das Gedankengut der abendländischen Mystik einläßt, läuft Gefahr, mißverstanden zu werden.

„Mystik und Spiritualität bedeuten für viele etwas Verschwommenes, Schwärmerisches und werden vielfach mit parapsychologischen Phänomenen gleichgesetzt." Religiöse Erfahrung rückt so in die Nähe des Geheimbündlerischen, das nur für Eingeweihte gedacht ist.

Noch stärker erschwert wird die Beschäftigung mit „Mystik" und "Spiritualität" heute dadurch, daß viele Zeugnisse europäischen religiösen Erlebens aus längst vergangenen Zeiten stammen und den interessierten Laien eher abschrecken als ermutigen, sich selbst auf mystische Texte und Erfahrungen einzulassen. Sie bieten jedoch die Chance zu einem Neuanfang. Karl Rahner sagte einmal: "Der Fromme des 21. Jahrhunderts ist ein Mystiker - oder er ist keiner mehr." Die Kirche selbst hat in den letzten Jahrhunderten - ja schon seit Meister Eckharts Zeiten - mystische Erfahrungen sehr mißtrauisch betrachtet und als unerwünschte Konkurrenz zur "Dogmengläubigkeit" eingestuft.

Dieses Kapitel versucht, einen Zugang zum Gedankengut "der Mystik" und "der Spiritualität" zu vermitteln.

Im Gegensatz zur Mystik des Ostens propagiert abendländische Mystik keinen Rückzug aus der Welt. Sie versucht vielmehr, kontemplatives und aktives Leben zu vereinen: So ist christliche Mystik zum einen das Versenken in das göttliche Licht, zum anderen Ausführung des Auftrages, das geoffenbarte Wort weiterzugeben.

Das Ziel mystischer Gotteserfahrung ist die „unio mystica", die unmittelbare Vereinigung des Glaubenden mit Gott. Deshalb ist Mystik schon aus ihren Wurzeln heraus nicht an konfessionelle Grenzen gebunden.

Was ist Mystik?

Geheimnisvolles, Dunkles, Unergründliches liegt nicht nur im Wortsinn der Mystik. Vom Griechischen „myein" (sich Augen und Mund schließen lassen) abgeleitet, meint Mystik das „eingeweiht werden" in einen Weg, der die „unio mystica" - die wesenhaft erfahrene Einung des menschlichen Selbst mit der göttlichen Wirklichkeit - zum Ziele hat.

1. Mystik - die allgemeine Definition

Mystik ist die tiefe, unmittelbare, rational nicht beweisbare Erfahrung der letzten Wirklichkeit, die man All, Nirwana oder auch Gott nennen kann. Eine religionsgeschichtlich gewachsene Einstellung, die keine übergeordnete Größe mehr über sich duldet, sondern die geheimnisvollen, bildlosen Erfahrungen des Mystikers als die einzig verbindliche, letzte Wirklichkeit im Bereich des Religiösen ansieht. Für diese mystische Religiosität ist die Person als solche kein Letztes und Gott selber daher nicht personal gefaßt. Die Grenze zwischen "Ich" und "Du" versinkt im mystischen Erleben und enthüllt sich als vorläufig in der All-Eins-Erfahrung des Mystikers. In der Mystik gilt der Primat der Innerlichkeit, die Absolutsetzung der geistlichen Erfahrung. Das schließt ein, daß Gott das reine Passiv in bezug auf den Menschen ist und daß der Inhalt von Religion nur das Eintauchen des Menschen in Gott sein kann. Es gibt kein Handeln Gottes, sondern nur die "Mystik" des Menschen, den Stufenweg der "Einung". (Wie im Buddhismus, Hinduismus und in weiten Bereichen der Esoterik)

2. Christliche Mystik

Hier ist es der personal sich offenbarende Gott, der handelt; hier gibt es einen Anruf von Gott her, der die von Gott geoffenbarte Wahrheit tief, ganz tief erfahren läßt. Gottes Wort wird um so lebendiger, je tiefer es erfahren wird. Christliche Mystik folgt Jesus Christus als dem lebendigen Wort Gottes, so daß das Wort für die mystische Erfahrung wegweisend ist. Gott ist es, der dem Menschen das Heil schafft, das nur in der persönlichen Begegnung mit Gottes "Du" wurzeln kann.

Die Theologie des Mittelalters ist geprägt von den Versuchen, über die Vernunft Einsicht in den Glauben zu gewinnen: Die Zeit der Scholastik. Die Vorgehensweise dieser Ansätze sei verdeutlicht anhand eines der Versuche, die Existenz Gottes zu beweisen.

Anselm vom Canterbury (1033-1109) analysiert in seinem „ontologischen Gottesbeweis" den Begriff Gottes und folgert daraus dessen Existenz:

Wenn Gott das höchste Wesen sein soll, das ich denken kann, so kann dieses Wesen nicht nur in meiner Vorstellung sein. Es muß auch in Wirklichkeit existieren. Würde Gott nur in meiner Vorstellung und nicht außer mir existieren, so könnte ich mir ein Wesen denken, das in meiner Vorstellung und dazuhin noch außer mir existiert. Dieses wäre dann noch vollkommener. Da Gott aber das vollkommenste Wesen ist, so muß ihm auch Existenz zukommen.

In der Scholastik des 13. Jahrhunderts hatte sich die rational-spekulative Methode, religiöse Wahrheiten zu entwickeln und darzustellen, durchgesetzt gegenüber einer grundsätzlich anderen Richtung, wie sie in der von Bernhard von Clairvaux (1090-1153) vertretenen Theologie zum Ausdruck kommt: Unbefriedigt von der spekulativen Behandlung der theologischen Wahrheit, wie sie Anselm von Canterbury eingeleitet hatte, „erfaßte er mit seinem klaren Geist fast unmittelbar und intuitiv den tiefsten Sinn und die volle Schönheit jener Wahrheiten, die ihm die Heilige Schrift und die Väterlehre verbürgten.

Unter dem Einfluß der Kreuzzugsbewegung, vor allem aber persönlicher Erlebnisse, entwickelte er das Verhältnis der Seele zu Christus und darüber das bräutliche Verhältnis zum ewigen Wort Gottes in einer Weise, daß er als der Vater der Christus- und Brautmystik angesprochen werden kann."

Der Versuch, Unendlichkeit bereits im Endlichen zu erfassen und zu beschreiben, bestimmt den Ansatz mystischer Erfahrung.

Beide Richtungen, Mystik und Scholastik, verfolgen im Grunde genommen dasselbe Ziel: Das Einswerden des menschlichen Bewußtseins mit dem Wesen Gottes; aber während die Scholastiker dieses Ziel erst im jenseitigen Leben für erreichbar halten, will mystische Gotteserfahrung die Überschreitung aller verstandesmäßigen Vermittlung schon im Diesseits erspüren.

Der rationale Aspekt ist bei der mystischen Erfahrung zwar nicht ausgeschlossen, doch das Wesentliche geschieht auf einer anderen Ebene: In der Mitte der Person, im Herzen. Die Mystik des Mittelalters beruht auf der Lehre vom „Fünklein der Seele", das im Grunde der Seele als „göttliche Glut" erhalten blieb und bleibt - trotz Sündenfall und aller menschlichen Verirrungen.

Denn wenn Gott den Menschen nach seinem Bilde geschaffen hat, so hat er in den Menschen einen Teil seiner selbst gelegt, der unzerstörbar ist und immer zu Gott, seinem Schöpfer, zurückdrängt. Das Gefühl der Hingabe, des Versinkens in die Wesenstiefe des Menschen kennzeichnet den Akt mystischen Erlebens. Johannes Tauler umschreibt diesen Zusammenhang folgendermaßen:

„Die Seele hat einen Funken, einen Grund in sich, dessen Durst Gott, der doch alle Dinge vermag, mit nichts anderem zu löschen vermag als mit sich selber."

Definitionen haben den Zweck, Sachverhalte einzugrenzen, festzuschreiben und sie dadurch mitteilbar zu machen. Für die geistige Erfahrung, die Gott schenkt, ist dies letztlich nicht möglich. Alle Versuche, mystisches Erleben zu definieren, müssen unpräzise bleiben. Aus dem Ungenügen an vorhandenen Ausdrucksformen heraus ist zu verstehen, daß der Mystiker für das, was er sagen will, neue Möglichkeiten sucht, die dem Außerordentlichen seines Erlebens entsprechen: Bilder, Vergleiche, Paradoxien, Übersteigerungen, synästhetische Beschreibungen – und doch bleiben sie alle unzulänglich, weil sie am Widerspruch, Unaussprechliches in Worte fassen zu wollen, scheitern müssen.

Der Gedanke, ob dann der des mystischen Erlebens Teilhaftige nicht dem Wortsinn von „myein" entsprechen, nämlich schweigen solle, ist naheliegend. Doch stärker als die Not des Ausdrucks ist für den Mystiker der Drang, sich mitzuteilen und anderen zu geben von der eigenen Erfahrung.

Nicht das individuelle Genießen Gottes, die „fruitio Dei" ist das Ziel, sondern „in Gott bleibend, doch auszugehen zu allen Geschöpfen in umfassender Liebe", wie es der flämische Mystiker Jan van Ruysbroeck ausdrückt. In dieser Einheit von Liebe zu Gott und zu seiner Welt liegt die Bestimmung des mystischen Lebens.

Was ist Spiritualität?

Spiritualität von ihrer Wortbedeutung her meint: Leben aus dem Geist. Dabei ist das Ganze des Lebens gemeint. Spiritualität erschöpft sich nicht in den Lebensbereichen mit der Aufschrift "Frömmigkeit, Gebet, Meditation, Gottesdienst".

Ob es tatsächlich stimmig ist, zeigt sich im Ganzen unseres Lebens: Im Alltag, im Beruf, im Engagement für Mensch und Welt, im Sprechen, Schweigen und Hören. Spiritualität umfaßt unser ganzes Leben. In jüngster Zeit wird das Wort Spiritualität auch von der "New-Age-Bewegung" beansprucht, allerdings mit einer ganz anderen Basis: Dem Nichtvorhandensein einer persönlichen Gottesvorstellung, einem Pantheismus, der in allen Schöpfungselementen das Göttliche realisiert sieht und der Vorstellung einer Selbsterlösung, die allein über das eigene Bewußtsein geschieht (Bewußtseinserweiterung).

Spiritualität bedeutet also Leben aus dem Geist Gottes, in Gott eingewurzelt sein, so wie der Baum im feuchten, lebensspenden Boden. Eine solche Gottesverwurzelung meint das Bemühen um eine lebendige und persönliche Gottesbeziehung, meint die Entdeckung der eigenen Berufung wie auch die Entdeckung **Seiner** Spuren in meinem Leben (oft auch Glaubenserfahrung genannt). Das erfordert ein Offensein für die Gegenwart des immer und überall wirksamen Geistes Gottes, das bedeutet aber auch, daß ich selbst mich bewußt für die Zusammenarbeit mit diesem Geist Gottes entscheide und diesem Geist der Lebenskraft Gottes in mir Gestalt gebe, so daß in letzter Konsequenz mein ganzes Leben in Beziehung zu Gott tritt.

Man begreift immer mehr, weshalb die Menschen denken was sie denken und tun was sie tun. Man erkennt immer deutlicher den Geist, der jeweils ihrem Handeln zugrunde liegt.

Vielen Menschen werden im Laufe ihres Lebens beispielsweise "Ahnungen der Unsterblichkeit" zuteil, und wir alle können das erleben, wenn wir nur unser Herz dem inneren Leben öffnen, das uns ruft, dessen Ruf jedoch untergeht im hektischen Getriebe unserer Umgebung mit der Folge chronischer Reizüberflutung unserer Sinne und unseres deshalb nur noch oberflächlichen Bewußtseins.

Und trotzdem: In lichten Augenblicken, in denen sich der innere Wirrwarr löst, in denen man plötzlich Zeit hat - oder besser: sich bewußt Zeit dafür nimmt - fühlen wir uns Gott näher, der inneren Quelle näher.

Und gerade das sind die Zeiten in unserem Leben, in denen wir dem Wirklichen, dem Schöpfergeist am nächsten sind. Man kann es leicht übersehen, für dummes, irrationales Zeug halten - aber gerade das sind die ersten spirituellen "Erfahrungen".

Spiritualität ist so alt wie die Schöpfung selbst: Das Universum ist die Projektion, die Manifestation der Pläne und Absichten Gottes, des Schöpfers, das Resultat seines wirksamen (heiligen) Geistes. Die alten Mystiker wußten schon, daß all dies von Anfang an in uns ist und in der höchsten mystischen Erfahrung von uns erkannt und auch verstanden werden kann. Wir heutigen Menschen müssen jedoch lernen und uns bewußt machen: Das (logische, rationale) Denken und echte spirituelle Erfahrung führen zu zwei ganz unterschiedlichen Arten des Wissens.

Der mystische Weg

Spiritualität und Mystik lassen sich nicht ohne weiteres trennen. Leben aus dem Geist führt über Erfahrungen mit dem Leben aus dem Geist zum persönlichen Betroffensein vom wahren, lebendigen Gott, den uns Christus verkündet. Die Erfahrung des unmittelbaren, persönlichen Betroffenseins vom Eins-Sein mit dem göttlichen "Du" des Vatergottes nennt man dann "mystisch". Das muß nicht mit gewaltigen Visionen einhergehen, das kann auch ganz allmählich und unbemerkt in uns heranwachsen, denn menschlichem Wissen, sei es durch das Denken oder durch Beobachtung gewonnen, haftet immer ein Element des Zweifels an.

Nur mystisches Wissen hat Gewissheit, denn es stammt aus unmittelbarer Wahrnehmung und Erfahrung. Aber es ist gerade deshalb unserem eigenen "westlich-überrationalen" Verstand nur sehr schwer zugänglich und darum anderen nur schwer oder gar nicht zu vermitteln. Wem es jedoch zuteil wird, der erkennt es sofort als etwas von höherer und realerer Natur als die "normale" Alltagserfahrung. Zum Glück bringt es die mystische Gewissheit mit sich, daß wir den menschlichen Geist jetzt nicht nur besser verstehen, sondern ihm auch mehr Verständnis entgegenbringen: Wir stoßen uns nicht mehr daran, daß andere, die solche Erfahrungen nicht gemacht haben, nicht nur an der Existenz solcher Erfahrungen zweifeln, sondern auch noch am Verstand derer, die diese Erfahrung kennen. Nach innen geht also der geheimnisvolle Weg, der den Mystiker zur Erfahrung Gottes führt.

Das bedingt eine Veränderung der Einstellung zur Wirklichkeit, die Aufgabe der Aufspaltung des Erkenntnisvorganges in Subjekt und Objekt, in Ich und Welt.

Für den Mystiker kommt es darauf an, „den Schwerpunkt der Aufmerk-samkeit von außen nach innen zu verlegen". Denn solange das Vordergründig-Sinnliche der äußeren Phänomene das ganze

Interesse beansprucht und solange das Bedürfnis nach rational-kritischer Analyse dominiert, ist der Innenweg noch nicht betreten. Vielmehr gilt es, eine geistig-seelische Verfassung herzustellen, bei der es zu sinnlichkeitsfreier Wahrnehmung kommen kann, nämlich durch sinnendes Betrachten, durch meditative Einkehr und durch kontemplatives Schweigen.

Mystik beschreibt also das besondere Verhältnis eines Glaubenden zu Gott, eine Erfahrung, die einzigartig ist und die doch der Einheit mit dem einen gemeinsamen Schöpfer gilt. Im Bilde gesprochen: „Der Fokus aller mystischen Erfahrung ist Gott; dort liegt die Einheit; aber die Strahlen von Gott her brechen sich in der Individualität der Menschen." „Individualität" ist - wörtlich übersetzt - „Unteilbarkeit", und weil mystische Erfahrung immer individuelles Erleben ist, kann es keine „Vorbilder" der Mystik geben, deren bloße Nachahmung zum Ziel der „unio mystica" führen würde.

Die zuweilen zwanghaft anmutende Gleichheit der Ausdrucksformen innerhalb mystischer „Bewegungen" zeigt die Gefahr bloßen Nachempfindens anstatt des unmittelbaren, persönlichen Betroffenseins.

Nehmen wir die schon genannte grundsätzliche Schwierigkeit des Mystikers hinzu, auf die Unzulänglichkeit der Sprache angewiesen zu sein, um Unaussprechliches mitteilen zu können, dann stellt sich die Frage, was mit „Vorbildern der Mystik" gemeint sei.

„Wer verstehen will, was eine Religion, eine Heilslehre zu sagen hat, muß zu ihren Erfahrenen gehen, denen die Mitte ihrer Weltdeutung zum Erleben geworden ist - oder doch zum Stachel der Sehnsucht, der sie hinstreben ließ nach dem, den sie Gott oder das Göttliche oder den Sinn oder das Sein nennen."

Leben aus der Spiritualität

Die christliche Spiritualität ist wesentlich eine Spiritualität der Freiheit. "Zur Freiheit hat Christus uns befreit", ruft Paulus den Galatern zu, die wieder in Gefahr sind, in die alte Knechtschaft des Gesetzes zurückzufallen. Wer Gott liebt, liebt auch die Freiheit, sagt Novalis. Wenn ich in Gott meinen Grund finde, dann bin ich frei von der Macht der Welt.

Dann definiere ich mich nicht mehr von Erfolg oder Mißerfolg, von Zuwendung oder Ablehnung. Wenn jemand ständig ängstlich danach schielt, was die Anderen denken, dann hat er von Spiritualität noch nichts verstanden. Er ist Gott noch nicht wirklich begegnet. Gott ist immer der, der uns herausführt aus der Gefangenschaft, der uns hineinführt in das Gelobte Land, in das Land, in dem wir ganz wir selbst sein dürfen. Auch ganz ohne Flucht.

Spiritualität heißt, in Berührung zu kommen mit der sprudelnden inneren Quelle. Es ist die Quelle des Heiligen Geistes, eine Quelle voller Phantasie. Diese innere Quelle ist unerschöpflich, weil sie göttlich ist. Jesus wird im Johannesevangelium als König dargestellt, der selbst in seiner Passion und in seinem Sterben am Kreuz noch königliche Würde ausstrahlt. Der Satz Jesu vor Pilatus "Mein Königtum ist nicht von dieser Welt" ist ein Schlüsselsatz zur Spiritualität. In uns ist eine königliche Würde, die nicht von dieser Welt ist und die uns daher diese Welt auch nicht rauben kann. Dort, wo Gott in uns wohnt, dort kann uns niemand verletzen, dort können wir uns auch selbst nicht verletzen mit unserer Selbstentwertung oder Selbstverachtung.

Der spirituelle Weg, der uns mit diesem inneren Raum unserer königlichen Würde in Berührung bringt, ist die Mystik. Die Kontemplation, wie sie uns die alten Mystiker beschreiben, führt uns in den inneren Raum des Schweigens, in den Ort Gottes in uns, in dem wir unser wahres Selbst entdecken - das ursprüngliche, einmalige und unverfälschte Bild, das Gott sich von einem jeden von uns gemacht hat. In diesem inneren Raum des Schweigens sind wir eins mit Gott und durch Gott auch eins mit uns selbst, ja eins mit allen Menschen.

Mystik ist die Erfahrung des Eins-seins. Ich fühle mich ganz und gar eins. Ich bin ganz im Augenblick. Ich bin einverstanden mit mir und meinem Leben. Die Gegensätze, die mich oft genug zu zerreißen drohen, fallen in eins zusammen. Ich kann ja sagen zu mir. Zeit und Ewigkeit fallen zusammen. Mystik antwortet auf die Erfahrung der Zerrissenheit.

Wir alle sehnen uns danach, mit uns selbst und mit der Welt eins zu sein. Der Weg zu dieser Einheitserfahrung kann über die Übung der Meditation führen, er kann aber auch darin bestehen, in jedem Augenblick achtsam zu leben. Mystik ist nicht ein Schwelgen in schönen Gefühlen oder in illusionären Bildern.

Mystik heißt Aufwachen zur Wirklichkeit, wachsam, achtsam sein in allem, was ich tue. Mystik heißt, die Welt so zu sehen, wie sie wirklich ist, sie von Gott her zu sehen, frei zu werden von den Illusionen, die wir uns über sie gemacht haben. Mystik ist nicht Flucht vor der harten Realität, sondern Aufwachen zur Wirklichkeit, Befreiung zu wahrer Sachlichkeit, Befreiung zur Realität. Um Mißverständnisse zu vermeiden: Nicht zur Realität der "Sachzwänge" oder der Realität der "Gesellschaft" oder der "realen Wirtschaft". Sondern zur Realität des Reiches Gottes.

Jesus hat immer das Reich Gottes verkündet und er hat dafür gekämpft. Nicht mit Waffengewalt, sondern mit den Waffen des Geistes und der Liebe - eine spirituelle Auseinandersetzung um das Leben an sich. Kampf für das Leben, das heißt, sich mit all seiner Kraft einzusetzen für Dinge, an die wir glauben: Gerechtigkeit, Frieden, Gleichberechtigung, die Gegenwart Gottes. Der Kampf braucht ein Ziel, sonst geht er ins Leere. Unterdrückt man den positiven Aspekt des Kampfes, entstehen Scheingefechte, Mißtrauen und Machtkämpfe hinter den Kulissen. Damit wir sehr viel Energie gebunden.

Die positiven Aspekte eines Kämpfers zeigen sich in einer gesunden Askese. Er trainiert sich, damit er selbst lebt, anstatt von außen gelebt zu werden. Er diszipliniert sich, um seine Kraft in die richtige Richtung zu lenken. Im kirchlichen Bereich ist in der Zeit vor dem zweiten Vatikan-ischen Konzil aus der Askese jedoch Abtötung gemacht worden. Die eigentliche Askese aber will Leben in uns hervorlocken, denn Askese ist Training in die innere Freiheit. Sie will uns das Gefühl vermitteln, daß wir unser Leben selbst gestalten können und nicht dazu verdammt sind, ewig in den Verletzungen unserer Lebensgeschichte herumzuwühlen. Auch wenn Askese Schweiß kostet, so vermittelt sie doch Lust am Leben.

Das heute so weit verbreitete Jammern in Wirtschaft, Gesellschaft und Politik wider-spricht kämpferischer Spiritualität. Sie kämpft für das Leben. Sie glaubt daran, daß auch in uns das Leben aufblühen kann, das Gott uns zugedacht hat. Und sie setzt den Kampf auch für andere ein. Sie kreist nicht nur um sich selbst. Sie gibt sich nicht damit zufrieden, daß man halt nichts machen kann.

Die Vorbereitung: Gesunde Askese, hartes Training, ehrliche Selbsterkenntnis, in der man seine eigenen Schattenseiten entdeckt, seine eigenen Stärken und Schwächen kennenlernt. Die ehrliche Selbstbegegnung hindert uns daran, unsere Probleme auf die anderen zu projizieren und gegen die Windmühlen unserer eigenen Einbildung zu kämpfen. Askese und ehrliche Selbsterkenntnis gehören wesentlich zur kämpferischen Spiritualität.

Ziel ist, sich in dieser Welt für das Leben einzusetzen. Der spirituelle Kämpfer steht auf gegen Ungerechtigkeit und Heuchelei. Er bekämpft mit seiner ganzen Existenz die Falschheit der Mächtigen. Sein Bestreben ist es, das einmalige Wort, das Gott auch in uns Fleisch werden läßt, in dieser Welt vernehmbar zu machen.

Das Konzil hat die prophetische Sendung der Kirche neu zur Sprache gebracht. Aber wo sind die Männer der Kirche, die sich trauen, gegen den Zeitgeist ihre Stimme zu erheben für Wahrheit und Gerechtigkeit, für die Stimmlosen, für die an den Rand gedrängten und Ausgestoßenen?

Spiritualität wird heute einseitig mit passiven Tugenden wie Demut und Geduld in Verbindung gebracht. Daher geht von ihr auch keine Kraft aus, diese Welt zu verändern und zu gestalten. Man glaubt, spirituell sei nur der, der betet und sich zurückzieht.

Jesus als das Vorbild jeder Spiritualität hat sich auf den Kampf gegen ein falsches Gottesbild und gegen gottwidrige Strukturen in der Gesellschaft und in der Religion eingelassen. Das Kreuz als Ergebnis dieses Kampfes ist für uns Christen das Ursymbol unseres Glaubens. Das Kreuz zeigt, daß wir ohne Angst vor negativen Konsequenzen zu dem stehen können, was wir als wahr erkannt haben.

Der Dialog

Wer dem bis hierher gesagten aus eigener Überzeugung und Erkenntnis zustimmen kann, den heiße ich als meinen Bruder/Schwester willkommen. Im folgenden gehe ich deshalb zur freundschaftlich-familiären Anrede "Du" über, denn es geht darum, eine Familie mit einem gemeinsamen Vater/Mutter zu werden und das Reich Gottes in dieser Welt real sichtbar und erfahrbar werden zu lassen. Wem das bisherige nichts sagt, der sollte ab hier erst gar nicht weiterlesen. Man mischt sich nicht in die familiären Angelegenheiten anderer Leute!

Mehr noch als Jesus haben wir es dringend nötig, mit dem Vater Kontakt aufzunehmen. Dies ist ganz gewiß kein Vorrecht von Priestern jeglicher Couleur, nein, es ist eine Möglichkeit, das eigene Bewußtsein mi Hilfe des Schöpfergeistes auf unseren eigentlichen Lebenssinn hin neu auszurichten. Ohne geldgierige "Gurus" und sonstige "Bezugspersonen", die letztendlich meist doch nur wieder eigene Interessen ins Spiel bringen. (Richtige Lehrer sind dagegen sehr hilfreich, man kann sie an ihrem uneigennützigen, freundlichen, ja liebevollen Verhalten erkennen).

"... Du aber geh in deine Kammer, wenn du betest, und schließ die Tür zu, dann bete zu deinem Vater, der im Verborgenen ist. Dein Vater, der auch im Verborgenen sieht, wird es dir vergelten. Wenn ihr betet, sollt ihr nicht plappern wie die Heiden, die meinen, sie werden nur erhört, wenn sie viele Worte machen. Macht es nicht wie sie; denn euer Vater weiß was ihr braucht, noch ehe ihr ihn bittet." (Matth. 6,5f)

Das "Verborgene" mag das eigene Innere bedeuten. Bete zu deinem Vater aus der eigenen Mitte heraus, meditiere das Gebet. Er führt und lenkt uns, wenn wir uns ihm überlassen, stets auf dem rechten Weg. Es ist wichtig, nicht nur unseren rationalen Verstand mit dem Glauben zu befassen.

Auch unser unbewußtes Sein, unsere Intuition (auch "das Herz" genannt) muß zwingend mit eingeschaltet werden.

Das aber sind wir in unserer überrational logischen und wissenschaftlich profitorientierten Gesellschaft gar nicht mehr gewohnt. Und wir sollen es auch gar nicht wollen.

Wie aber sollen wir richtig beten?

Gebet bedeutet Kommunikation mit Gott durch Worte, Bilder und Gedanken, mit Herz und Verstand. Gebetsmeditation ist Kommunikation mit Gott unter sparsamster Verwendung von Worten, Bildern und Gedanken oder unter vollständigem Verzicht auf diese. Viele Menschen beklagen sich, daß Beten langweilig und frustrierend ist. Das ist schade. Vielleicht ist der Ursprung dieser Frustration ein falsches Verständnis vom Beten, herrührend vom bloßen Wiederholen vorgefertigter Gebete ohne eigene innere Beteiligung. Das Gebet sollte vielmehr eine Übung sein, die inneren (und äußeren) Frieden, Erfüllung und Zufriedenheit bringt. Man muß dazu jedoch weniger mit dem Kopf als vielmehr mit dem Herzen beten. Mehr noch: Je rascher es vom Kopf weg zum Herzen rückt, desto mehr Freude und Nutzen bringt es. Es ist ein Unglück, daß selbst viele Priester und Ordensleute Beten mit Denken gleichsetzen.

Der Kopf ist kein guter Ort für das Gebet. Er ist kein schlechter Ort, das Gebet zu beginnen. Doch wenn dein Gebet zu lange im Kopf bleibt und nicht in dein Herz eindringt, wird es langsam austrocknen, lästig und frustrierend werden. Du mußt lernen, den Bereich des Denkens und Redens zu verlassen und in den Bereich des Fühlens, Empfindens, der Liebe und der Intuition einzudringen. In diesem Bereich wird die Kontemplation geboren, und Gebet wird eine umwandelnde Kraft und eine Quelle von Freude und Friede, die niemals enden werden. Viele Mystiker erklären, daß wir außer Verstand und Herz, mit denen wir gewöhnlich mit Gott in

Kommunikation treten, auch einen mystischen Verstand und ein mystisches Herz besitzen: Ein Vermögen, das uns unmittelbar mit Gott in Beziehung setzen kann, mit dem wir des Vaters eigentliches Wesen erfassen und intuitiv erkennen - ohne die Hilfe von Gedanken, Ideen und Bildern. Bitte Gott, dich zu führen, und beginne damit, jeden Tag ein paar Minuten der Meditation zu widmen. Versuche auch in der Zeit des Gebets weniger zu denken und bete mehr mit dem Herzen. Die heilige Theresa von Avila hat oft gesagt: "Nicht viel zu denken ist wichtig, sondern viel zu lieben." Deshalb liebe viel in deiner Gebetszeit. Und der Vater wird dich führen, sogar durch Zeiten der Versuchungen und Verfehlungen.

Wie könnte man das anfangen? Man nimmt sich mindestens eine halbe Stunde Zeit, sucht einen angenehmen, ruhigen und - sehr wichtig! - ungestörten Ort auf, bringt sich zur Ruhe indem man sich bequem hinsetzt und sich entspannt.

Übungen zum Stillwerden

Nachdem du deinen Platz eingerichtet hast, setzt du dich hin, liest folgenden Text und versuchst, das Gelesene auch innerlich nachzuvollziehen:

Ich bin da.... - ich habe Zeit....

Es drängt mich nichts und ich muß auch nichts leisten....

In diesem Augenblick bin ich Eins mit Gott....

Ich darf da sein, wie ich jetzt gerade bin.... mit meinem Körper...

mit meinen Gedanken.....

Versuche nicht, deine Gedanken "unter Kontrolle" zu bringen, sondern laß alles zu laß alles wieder gehen. Deine Gedanken ziehen an dir vorüber wie die Wolken am Himmel. Nimm alles wahr, ohne ihm nachzuhängen.

Verweile ganz locker und entspannt im Hier und Jetzt, werde dir der Einheit mit dem Vater bewußt.

Spüre den Untergrund, auf dem du sitzt, lege die Hände bewußt auf deinem Schoß übereinander - ohne sie zu verschränken - und sage dir in deinem Inneren: "Ich sammle mich im gegenwärtigen Augenblick"

Atme bewußt ein und wieder aus und verweile einige Augenblicke in diesem schweigenden Hier-sein.

Sage dir in deinem Inneren:

"Ich bin ganz da und ich bin Eins mit Allem, was IST" Verweile einige Minuten in der Gegenwart des Vaters.

Suche dir einen ruhigen Platz im Wald, in einem Park, in einer ruhigen Kirche oder notfalls in einer ruhigen Straße. Atme mehrmals ruhig und tief durch und laß alles los, was dich vorher beschäftigt hat. Mir selbst gelingt das am besten unter einem großen alten Baum, wenn ich mich im Schneidersitz daruntersetze und mich an den Stamm anlehne. Solche alten Bäume haben richtig gute Sitzplätze zwischen ihren starken Wurzeln und haben auch einen deutlich spürbaren beruhigenden Einfluß.

Nimm wahr, was um dich ist: Sonne, Wolken, Pflanzen, Wege...

Achte auf die vielfältigen Geräusche, Töne, Klänge, Vogelstimmen, Wind.....

Höre auf die Geräusche und sei ganz Ohr....

Fühle deine Kleidung... den Wind auf der Haut..... berühre den Baum unter dem du sitzt oder den Boden....

Wenn du etwas entdeckst, worüber du dich freuen kannst, laß diese Freude zu. Das geht auch in einem ruhigen Zimmer. Entscheidend ist, daß du immer wieder Jetzt, in diesem gegenwärtigen Augenblick ganz aufmerksam da bist, ohne etwas zu bewerten.

Den Körper wahrnehmen

Ich sitze ganz ruhig da...

Ich achte darauf, wie sich mein Körper genau in diesem Augenblick anfühlt....

Spüre ich irgendeine Spannung im Rücken..... im Nacken.... im Kopf... in den Schultern.... irgendwo sonst?

Ich lasse die Spannung in den Schultern los und lasse mit jedem Ausatmen die ENTspannung mehr und mehr zu. Auf diese Weise lockere ich nach und nach auch die anderen Körperteile.

Nun verweile ich in Aufmerksamkeit auf meinen Körper.

Wann immer ich merke, daß meine Gedanken abschweifen, gehe ich ihnen nicht weiter nach, sondern kehre zu meiner Übung der Aufmerksamkeit zurück.

Den Atem verfolgen

Lenke deine Aufmerksamkeit auf deine Körperhaltung.

Gehe folgenden Worten innerlich nach:

Ich bin da...! Ich bin ganz ruhig und mit meinem ganzen Sein da, hier, jetzt, in diesem Augenblick....

Ich folge meinem Atem.... Er kommt und geht in seinem eigenen Tempo, ohne daß ich ihn willentlich beeinflusse:

ein... aus; ein.... aus; ein...

Ich achte nur darauf, daß ich leicht einatme und wieder ausatme.

Wenn Gedanken und Gefühle, Pläne, Sorgen oder Überlegungen auftauchen, versuche ich, sie mit jedem Ausatmen zu entlassen, wegzugeben...

Den Boden spüren

Gehe folgenden Worten innerlich nach:

Ich spüre den Boden unter mir... Ich spüre dorthin, wo mein Körper den Boden berührt - die Fußsohlen, das Gesäß...

Ich werde getragen und lasse mich tragen.

Mit jedem Ausatmen lasse ich mein Körpergewicht hinuntersinken auf den Boden, der mich trägt. Ich spüre, wie ich getragen bin....

Mit jedem Ausatmen neu:

Ich spüre, wie ich getragen bin... Ich bin getragen....

Ich darf loslassen ...!

Suche dir eine Übung aus, die dich besonders anspricht und gewöhne dich daran, ohne sie auswendig zu lernen. Du kannst auch mehrere Übungsteile kombinieren, so wie du dich am besten dabei fühlst.

Der Einstieg (christlich)

Ich sitze hier vor Dir, Vater,

gelassen, ruhig und entspannt.

Ich lasse mein Gewicht durch meinen Körper hinuntersinken

auf den Boden, der mich trägt.

(und versuche mich dabei möglichst vollständig zu entspannen)

Ich halte meinen Geist fest in meinem Körper.

Ich widerstehe seinem Drang,

aus dem Fenster zu entweichen,

an jedem anderen Ort zu sein als hier,

in der Zeit nach vorn und hinten auszuweichen,

um der Gegenwart zu entkommen.

Sanft und fest halte ich meinen Geist dort, wo mein Körper ist:

Hier in diesem Raum. (Oder: an diesem Ort)

(das geht nicht immer gleich, der menschliche Geist ist sehr, sehr sprunghaft und läßt sich nicht nur von jeder Kleinigkeit ablenken, er produziert diese Ablenkungen in Ermangelung äußerer Ereignisse auch sehr gerne selbst)

In diesem gegenwärtigen Augenblick lasse ich all meine Pläne, Sorgen und Ängste los.

Ich löse den Griff, mit dem ich mich an sie klammere,

und lege sie jetzt in Deine Hände, Vater.

Ich erhebe mein Herz zu Dir - voll Erwartung.

Du kommst mir entgegen -

und ich lasse mich von Dir tragen......

(in diesem "sich tragen lassen" sollte man einige Zeit verweilen)

Ich beginne die Reise nach innen.

Ich reise in mich hinein,

zum innersten Kern meines Seins,

wo Du wohnst - und immer schon auf mich wartest.

An diesem tiefsten Punkt meines Wesens schaffst, stärkst und belebst Du ohne Unterlaß meine Person, damit ich Eins werde mit Dir, so wie Jesus Eins ist mit Dir und wir alle Eins werden mit Dir, unserem Vater und uns in Deinem Sinne für die Schöpfung einsetzen.

Geht man diesen Einstieg Absatz für Absatz durch und läßt jede Zeile im Inneren eine Weile nachklingen, erreicht man am Schluß das für das eigentliche Gebet notwendige Bewußt(e) (Da)Sein.

Der Ort des Gebetes / der Meditation

Eine der besten Hilfen für unser meditatives Beten ist eine Umgebung, die das Gebet fördert. Es gibt Orte, die gute "Schwingungen" haben. Ein schöner Sonnenauf- oder Untergang hilft ungemein bei der Sammlung und beim Gebet. Oder das Glitzern der Sterne am schwarzen Nachthimmel. Oder der Mond, der hell durch die Bäume scheint. Eine natürliche Umgebung fördert fast immer das Gebet. Manche ziehen den Meeresstrand vor mit tosenden Wellen, die gegen den Strand anrennen, andere einen ruhig strömenden Fluß, die stille, schöne Umgebung eines Sees oder den Frieden eines Berggipfels. Selbst Jesus, der Meister des Gebets, machte sich die Mühe, auf einen Berg zu steigen, um zu beten.

Ihm war bewußt, daß der Ort, an dem wir beten, die Tiefe unseres Gebets mitbestimmt.

Leider leben die meisten von uns in einer Umgebung, die uns von der Natur abschneidet. Um so notwendiger ist es, Orte, die das Gebet fördern, ausgiebig zu nutzen. Laß dir Zeit, nimm die Atmosphäre tief in dich auf, wenn du den nächtlichen Sternenhimmel betrachtest, am Meer sitzt oder auf einem Berggipfel stehst. Diese Erfahrungen kannst du tief in deinem Herzen tragen, und selbst wenn du weit von diesen Orten entfernt bist, wird dich deine Vorstellungskraft dahin zurückbringen.

Du kannst es sofort versuchen:

Komme zunächst zur Ruhe, dann besuche in deiner Vorstellung einen solchen Ort: Einen Meeresstrand, eine ruhige Kirche oder einen Garten, der vom Mondlicht überflutet ist... Stelle dir den Ort so lebhaft wie möglich vor... Alle Farben... Höre alle Geräusche, die Wellen, den Wind in den Bäumen, die Insekten...

Werde dir der Gegenwart Gottes bewußt. Hebe nun dein Herz zu Gott und sprich mit ihm. Du brauchst dazu keine Worte zu machen.

Mit Gott kannst du auch in Gedanken und Empfindungen kommunizieren. So wird sich in deinem Herzen immer ein Ort des Friedens auftun, an den du dich zurückziehen kannst, wenn du Stille und Einsamkeit brauchst - selbst wenn du gerade auf dem Marktplatz stehst der in einem vollen Zug sitzt.

Gott im Mittelpunkt unseres Lebens

Als die Apostel Jesus baten, sie zu lehren, wie man betet, lehrte er sie dieses Gebet: "Vater unser im Himmel, geheiligt werde dein Name, dein Wille geschehe..." Er beginnt das Gebet mit einer Anrufung seines Vaters, mit dem Gedanken an seines Vaters Reich, an seines Vaters belange. Wir sind gewohnt zu glauben, Jesus sei nur für andere Menschen da gewesen. Doch dürfen wir nicht die Tatsache übersehen, daß er in der Hauptsache für seinen Vater da war.

Das läßt sich zwar in letzter Konsequenz nicht trennen, aber ohne jeden Zweifel war Gott der Mittelpunkt seines Lebens. Wir sind heute in der Gefahr, zu sehr den Menschen in den Mittelpunkt zu stellen. Wir sind in der Gefahr, zu erdgebunden, zu rational zu sein und das Transzendente zu übersehen. Ohne das aber ist der Mensch kein ganzer Mensch.

Das Reich Gottes beispielsweise kann nur transzendent gesehen werden.

Diese Übung soll helfen, Gott in den Mittelpunkt unseres Lebens zu stellen: Mach eine Liste von all deinen Wünschen, soweit du dich an sie erinnern kannst: Große und kleine Wünsche, "romantische" Wünsche, alltägliche.... Mach eine Liste von den Problemen, mit denen du ringst: Probleme in der Familie, bei der Arbeit, persönliche Probleme...

Frage dich nun: Erlaube ich dem Vater, bei der Erfüllung meiner Wünsche mitzuhelfen? Welche Art von Hilfe leistet er? Bin ich damit zufrieden? Ist er damit zufrieden? Frage dich dann: Welchen Anteil gebe ich dem Vater bei der Lösung meiner gegenwärtigen Probleme? Wie stark vertraue ich darin auf den Vater?....

Und noch eine Frage: Welchen Platz hat der Vater auf der Liste meiner Wünsche? Sehne ich mich nach ihm? Wie stark ist diese Sehnsucht?....

Hat mein Bemühen um Gott auch einen Platz auf der Liste meiner Probleme?

Nun gehe deine Wünsche oder Probleme der Reihe nach durch, frage dich: Wie möchte ich diesen Wunsch verwirklichen? Wie versuche ich, dieses Problem zu lösen? Beschäftige deine Phantasie damit: Beobachte, wie du deine Wünsche verwirklichst und deine Probleme löst.... Gib acht auf die Mittel, die du dabei benutzt....

Stelle nun alle diese Mittel dem Vater und seiner Macht anheim.

Wichtig ist nur, daß du sie Gott anheimstellst, nicht daß sie Ergebnisse hervorbringen.... Erlebe, wie jede Handlung, jeder Gedanke vom Vater kommt und sich wieder zum Vater hin bewegt.... Nimm deine Empfindungen dabei wahr....

Eine chinesische Weisheitsgeschichte

Ein alter Bauer hatte ein altes Pferd für die Feldarbeit. Eines Tages entfloh das Pferd in die Berge, und als alle Nachbarn des Bauern sein Pech bedauerten, antwortete der Bauer:

"Pech, Glück, wer weiß?"

Eine Woche später kehrte das Pferd mit einer Herde Wildpferde aus den Bergen zurück, diesmal gratulierten die Nachbarn dem Bauern wegen seines Glücks. Seine Antwort hieß: "Glück, Pech, wer weiß?"

Als der Sohn des Bauern versuchte, eines der Wildpferde zu zähmen, fiel er vom Rücken des Pferdes und brach sich ein Bein. Jeder hielt das für großes Pech. Nicht jedoch der Bauer, der nur sagte:

"Pech, Glück, wer weiß?"

Ein paar Wochen später marschierte die Armee ins Dorf und zog jeden tauglichen jungen Mann ein, den sie finden konnte. Als sie den Bauernsohn mit seinem gebrochenen Bein sahen, ließen sie ihn zurück.

War das nun Glück....? Pech....? Wer weiß?

Wir sind dann weise, wenn wir Gott die Entscheidung überlassen, was Glück und was Unglück ist; wenn wir ihm danken, daß für jene, die ihn lieben, alles zum Besten gedeiht.

Ein Über-Blick

Vor 1000 Jahren hätten wir uns noch mit der Ausrede entschuldigen können, daß wir Barbaren seien und daher Kriege führen und uns gegenseitig umbringen. Aber heute, im Zeitalter der fortgeschrittenen Zivilisation, führen wir mehr Kriege als in irgendeinem Zeitalter zuvor, obwohl wir von unserem Entwicklungsstand her inzwischen problemlos in Frieden miteinander leben könnten. Unser derzeitiger Entwicklungsstand wird mehr von Materialisten und Technokraten geprägt, als von geistig und spirituell orientierten Menschen. Unsere großen Denker haben erkannt, daß man den Grad der Entwicklungsstufe einer Kultur nicht an den technischen Errungenschaften erkennt, sondern am geistigen Niveau. Das heißt: Fangen wir an, uns zu entwickeln, uns daran zu erinnern, warum wir auf die Erde gekommen sind! Die Zeit, herumzuspielen ist vorbei. Wir Menschen müssen uns jetzt bewußt werden, wer wir sind und womit wir in Zukunft unsere Zeit verbringen wollen.

Eine Vision:

Du siehst dich selbst auf einem hohen Berg sitzend, auf das rege Geschehen hinunterschauend - mit einem gewissen Über-Blick, weil du eine andere Perspektive oder "Sicht-Weise" angenommen hast. Du siehst Dinge am fernen Horizont, die wiederum die im Kampf verwickelten Gruppierungen (die Mächtigen, Freimaurer, Moslems, Christen, Nazis usw.) in ihrer beschränkten oder eingeschränkten Sichtweise der Dinge, ihrer "Kurz-Sichtigkeit" oder "Eng-Stirnigkeit" (Scheuklappen-Perspektive) nicht sehen können oder wollen.

Du siehst unten im Tal die wie Ameisen herumwuselnden Menschen. Mit Hilfe deiner Übersichtweise siehst du von oben die Nazis, wie sie gerade den Kommunisten auf dem Schlachtfeld der Erde eines draufbraten. Doch von oben kannst du hinter einen nahegelegenen Wald sehen und erkennst dort Politiker und Unternehmer, die abwechselnd mit den Anführern der Nazis und der Kommunisten auf einer kleinen Lichtung Geschäfte machen und beide Gruppen ausrüsten und finanzieren. Nun hat sich aber im Wald jemand versteckt, und beobachtet diese geheimen Geschäfte. Ein Journalist, der gerade "Ungeheuerliches" erblickt hat und später einen Bericht oder ein Buch darüber schreibt. Doch du in deiner Position auf dem Berg erkennst, was diesem neugierigen Journalisten entgangen ist, daß hinter dem Wald, von dem die Politiker und Unternehmer auf die Lichtung getreten sind, eine kleine, vornehm gekleidete Gruppe von Menschen auf einer Weltkarte bunte Fähnchen steckt, sich berät und den hin- und herlaufenden Politikern und Geschäftsleuten ihre Anweisungen gibt.

Diese Leute glauben, daß sie die Auserwählten sind. Doch auch das ist noch nicht alles, Du entdeckst, daß gerade ein riesiger Komet auf die Erde zufliegt und alles Leben auf der Erdoberfläche in den nächsten Tagen auslöschen wird.

Nun, dieses Ereignis wird auch dich auf deinem Berge betreffen und du überlegst dir, was der Sinn des Ganzen war. Da hörst du eine unsichtbare Stimme in dir (vielleicht deinen Schutzengel), die dir mit ruhiger Stimme erklärt, daß es im Leben nicht um das Szenario ging, wer auf welcher Seite steht und wer "Recht hat".

In einfachen Worten möchte dein Schutzengel dir anschaulich machen, daß es das Wichtigste ist, bei all dem Chaos in der Welt die innere Ruhe zu bewahren und die Demut der Schöpfung gegenüber zu bewahren, da wir in diesem Leben nie und nimmer "alles" verstehen werden. Verhängnisvoll ist voreiliges Aburteilen : "Wer richtet, wird gerichtet werden".

Würde Gott als der Beobachtende in das Geschehen eingreifen? Nein, das würde er sicher nicht. Alle Beteiligten sind seine Schöpfung, er hat ihnen den freien Willen gegeben und hat sie alle gleich lieb. Er schaut seinen Kindern zu, wie sie sich hin und wieder die Finger verbrennen oder eine Scheibe einwerfen und flüchten. Doch genauso wenig, wie ein Vater seinen Sohn bestraft, wenn er sich die Finger verbrennt, tut es Gott mit seinen Kindern.

Er gibt uns ständig kleine Hinweise, wie es einfacher und schmerzloser gehen könnte und gibt den Menschen geistige Erkenntnisse. Das heißt, Gott oder seine Gehilfen (Schutzengel) werden sich nicht mit einem großen "Stopp"- Zeichen vor die Person hinstellen, sondern werden in sie hineinwirken und leise diese Hinweise geben. Mit der nötigen Offenheit werden wir diesen Hinweis durch das empfinden, was wir als Intuition bezeichnen. Du wirst plötzlich das "Gefühl" haben, dies oder jenes tun zu müssen oder verstehst plötzlich, warum sich ein bestimmtes Szenario so zugetragen hat und nicht anders. Solche Erkenntnisse kommen immer von Innen. Diese "innere Führung" hat auch mich schon durch viele "ausweglose" Situationen hindurchgelotst. Es gibt für jeden Einzelnen Wege aus diesem Schlamassel heraus, doch müssen wir diese auch wirklich selbst gehen. Wir müssen sie nicht alleine gehen, aber immer aus innerer, intuitiver (mystischer) Überzeugung heraus.

Ich habe es in kritischen Situationen oft erlebt, daß der mit glasklarer Logik mühevoll entwickelte Plan in einem kritischen Moment völlig wertlos, ja sogar völlig falsch war. Da hilft dann nur noch intuitives Vorgehen. Nur keine Panik, folge dieser "inneren Stimme" und du wirst wie mit einem Schutzschild durch das Gefecht geführt

Der Krieg

Diese diametral entgegengesetzten Welten - hier dieses System der Dinge, das Reich des Mammon, dort das Reich Gottes - sind vollständig und grundsätzlich unvereinbar. Zu den Anhängern dieses Systems der Dinge, den jüdischen Schriftgelehrten und Pharisäern, hat Jesus einmal gesagt:

"Ihr habt den Teufel zum Vater. Jener war ein Menschenmörder von Anfang an und ist ein Lügner und ist der Vater der Lüge."
(Joh. 8,44),

Tatsächlich tobt zwischen beiden Systemen seit Jahrtausenden ein erbitterter Krieg, in dem sich zwei grundverschiedene "Armeen" radikal bekämpfen. Jedoch, die christlichen "Soldaten" stehen derzeit völlig ahnungslos auf dem Schlachtfeld herum, sehen wie sich rund um sie herum Mord, Vernichtung und Unrecht ausbreiten und glauben, sie sind nicht gemeint, sie sind ja Christen.

Tatsächlich wird - durch gezielte Desinformation seit mehr als 1700 Jahren gefördert - in weiten Bereichen mit dem Feind kollaboriert. Das Neue Testament lehrt, daß eine befreite Menschheit durch Jesus den Sieg über "dieses System der Dinge" haben wird. (vgl. Röm.16,20) Verblendung und Machtgier haben nicht nur Schlachten riesigen Ausmaßes hervorgebracht, sondern wirken seit Jahrtausenden gegen die Gesetzmäßigkeiten der Schöpfung und setzten ihre mörderischen, verantwortungslosen Aktivitäten hier und jetzt fort. Dieser Krieg unterscheidet sich ziemlich von denen, die von irdischen Armeen geführt werden. Paulus schrieb: "Die Waffen unseres Kampfes sind nicht fleischlich" (2. Kor 10,4).

Wenn Christen kämpfen, müssen sie die Waffenrüstung Gottes aufnehmen, die sich in vieler Hinsicht völlig von menschlichen Waffenrüstungen unterscheidet. Setze dich ehrlich dem Geist Gottes aus, damit fängt es an. Die Wahrheit ist eine Waffe, mit der es niemand im Arsenal des Feindes aufnehmen kann. Der "Vater der Lüge" kennt sie nicht. Ihm fehlt die Macht der Wahrheit und der Liebe, diesen beiden kann er nicht widerstehen. Aber beachte immer: In diesem Kampf darfst du nie die Waffen des Feindes verwenden. Sie werden dich immer versagen lassen. Der Geist kann dich nicht stärken, wenn du Lug und Trug als Schwert in die Hand nimmst. Um die Auseinandersetzung bestehen zu können, ist Schützenhilfe erforderlich. Diese erwächst insbesondere aus dem Glauben (eigentlich: Vertrauen), Gebet, Meditation und der Gemeinschaft mit anderen Christen.

Was kann getan werden?

Wir sind schon viel weiter - nicht nur nach Jahren - als es George Orwell in seinem Buch "1984" darstellt. Der "Große Bruder", der alles überwacht, hat es heute nicht mehr nötig, per Videoaufzeichnung in die Wohnungen der Leute hineinzuschauen. Obwohl er es jetzt doch macht. Sicher ist sicher!

Die Massen sind heute geistig schon so massiv beeinflußt, daß eine allgemeine Kontrolle völlig überflüssig geworden ist. Eine reale politische Opposition gibt es ohnehin schon lange nicht mehr. Und die ganz wenigen Einzelnen, die das System durchschauen, finden meist auch keinen gemeinsamen Nenner. Weil jeder meint, ohnehin sehr viel schlauer als die Anderen zu sein. Oder - und das sind die Meisten - sie nutzen das System zu ihrem persönlichen Vorteil.

Es werden täglich viele Milliarden Dollar ausgegeben, um die Menschen vom wahren Zweck ihres Erdendaseins abzulenken und sie auf ihr eigenes EGO hin zu zentrieren, auf ihre eigenen Bedürfnisse und sonst gar nichts. Und wenn dann jeder gegen jeden mißtrauisch ist und neidvoll auf den Anderen schaut, was der wohl mehr hat oder haben könnte, dann ist schon kein Gedanke für etwas wie "Gemeinschaftsdenken" mehr möglich.

Ist es wirklich so schwer zu erkennen, daß man gemeinsam - in jeder Hinsicht - mehr erreichen kann? Das Mißtrauen - es läßt sich überwinden - durch das Anerkennen des gemeinsamen Schöpfervaters und die Anerkennung Jesu als unseren gemeinsamen Freund, Bruder und Lehrer. Und der Neid? Er läßt sich überwinden, indem Eigentum geschwisterlich gemeinsam genutzt wird.

Jesus hat nicht nur davon geredet - so wie wir heute - nein, er hat den Menschen tatsächlich eine praktische Alternative angeboten. Den Menschen, die diese Alternative erkannt hatten und die mit ihm gegangen sind. Und von denen in der Apostelgeschichte später gesagt wird, sie hätten alles geteilt. Sie haben daran gearbeitet und dafür gelebt, das Reich Gottes, wie Jesus es verkündet und erläutert hat, ganz praktisch umzusetzen.

Wir - ja wir selber - sind aufgefordert, das Reich Gottes spürbar, erfahrbar zu machen!!

Wir müssen aufhören, uns in unendlich vielen Details herumzuplagen. Es ist dringend notwendig, die **grundsätzlichen** Zusammenhänge zu verstehen, bevor man mit gezielten Maßnahmen an der Wurzel der Probleme arbeiten kann. Heute arbeiten wir - sei es in Umweltorganisationen, im kirchlichen Bereich oder im politischen Bereich - wie jemand der Unkraut bekämpft, einzelne Blätter sogar abschneidet, aber überhaupt nicht bemerkt, daß das Unkraut fest im Boden **verwurzelt** ist. Man wundert sich, daß immer wieder unerwünschte Blätter nachwachsen, nicht selten mehr als man tatsächlich abgeschnitten hat.

Je länger wir so verfahren, um so stärker werden die Wurzelstöcke, um so mehr verbreitet sich das Unkraut.

Was kann also getan werden?

Ein praktischer und auch schneller Anfang könnte es sein, einige ohnehin bereits ausgestorbene Klöster umzugestalten, oder vielleicht gleich für Familien, die sich im Geiste Jesu dem immerhin von ihm selbst gestifteten Neuen Bund verschreiben. So könnte man wirtschaftlich unabhängige Inseln schaffen und neue Modelle der Selbstbestimmung erproben, die ganz praktisch demonstrieren, wie es wirklich besser geht - ohne die Schnittstellen zu diesem System der Dinge zu vernachlässigen, aus denen solche neuen Ansätze herauswachsen müssen.

Es sind dringend eigenständige spirituell-politische wie auch wirtschaftlich-organisatorische und juristische Grundlagen zu entwickeln, um diese noch zu definierenden neuen christlichen Organisationseinheiten im kapitalistischen Umfeld zu etablieren. Es wird nicht leicht sein, solche Alternativen zu entwickeln und umzusetzen, denn eines ist sicher: Diese Ansätze sind in weiten Bereichen geschäftsschädigend für diejenigen, die im Hintergrund die Fäden ziehen! Auch die Amtskirche als Besitzer dieser Klöster denkt aus den eingangs beschriebenen Gründen gar nicht daran, so etwas anzupacken.

Wir, ja wir selbst sind gefordert, der menschenverachtenden Verarschung durch "dieses System der Dinge" etwas entgegenzusetzen. Niemand anders wird es für uns tun. Auch wird es nicht helfen, den Kopf weiter - wie bisher - in den Sand zu stecken und zu hoffen, daß es uns selbst schon nicht erwischen wird, wenn wir nicht hinschauen.

Du kannst sicher sein: Es wird!

Der Neue Ansatz

Die täglichen Ereignisse im Wirtschaftsleben, in der Politik wie auch sonstige private und berufliche Erfahrungen zeigen deutlich, daß man mit seinem Leben und mit seiner Tätigkeit in diesem Gesellschaftssystem unausweichlich mit Handlungszwängen konfrontiert wird, die zwar meist nicht unmittelbar menschen- und umweltfeindlich sind, aber doch auf die meisten Menschen in diesem System einen negativen Einfluß ausüben. Bis weit ins Unbewußte hinein.

Diese sogenannten "Sachzwänge" sind meist nur ein Tarnbegriff für tatsächlich negative Entscheidungen, die sich leider anders nicht darstellen lassen (weil nicht profitabel, rentiert sich nicht, dauert alles viel zu lange etc.). Man ist trotz christlichem Engagements praktisch dazu gezwungen, sich den Spielregeln dieses Systems der Dinge zu unterwerfen. Wie sollte es auch anders sein? Man kann eben nicht zwei Herren dienen. Und: Wo dein Schatz ist, da ist auch dein Herz. Wenn man nun die Sache mit dem Reich Gottes ernst nimmt und auch Jesus beim Wort nimmt, sollte man nicht zögern:

(ApG 4,32 -35) N.T.

Die ganze Gemeinde war ein Herz und eine Seele. Wenn einer Vermögen hatte, betrachtete er es nicht als seinen persönlichen Besitz, sondern als Eigentum aller. Mit großer Überzeugungskraft verkündeten die Apostel, daß Jesus vom Tod auferstanden sei, und Gott beschenkte sie alle reich mit seiner Gnade. Niemand aus der Gemeinde brauchte Not zu leiden. Von Zeit zu Zeit verkaufte einer ein Grundstück oder ein Haus und brachte den Erlös den Aposteln. Jeder bekam davon soviel, wie er zum Leben brauchte. Die weiteren Verse habe ich gleich mal aus meiner derzeitigen Idee heraus umformuliert (sozusagen als futuristische Einlage)

ApG 5,12 f (wie es sein könnte):

Vor aller Augen vollbrachte die Ganzheitliche Genossenschaft viele wunderbare Taten. Die Anteilseigner, die Fördermitglieder und der Freundeskreis sowie deren Angehörige meditierten regelmäßig in ihrer zum Meditationsraum umgestalteten Kirche. Die Außenstehenden wunderten sich und scheuten sich, mit ihnen Kontakt aufzunehmen; aber alle sprachen mit Achtung von ihnen. Immer mehr Männer und Frauen erkannten die Vorzüge des ganzheitlichen Bewusstseins in der und wurden Mitglieder. Die Mammoniten und ihre Anhänger bemerkten allmählich den Zulauf und bekamen Angst um ihre schönen Geschäfte. Der Rauschgiftkonsum, der Alkoholismus und auch viele andere Suchten waren im Umkreis der ganzheitlichen Genossenschaft praktisch verschwunden. Durch die weitgehende Selbstversorgung der Genossenschaft war aber auch der Handel mit Konsumgütern drastisch zurückgegangen. Die wirtschaftliche Autonomie der neuen Genossenschaft führte allerdings auch zu einem deutlichen Rückgang der Steuern und sonstiger Abgaben, so daß schon bald auch staatliche Stellen aufmerksam wurden. Vertreter des Wirtschaftsministeriums kamen und betrachteten das Wirken der Ganzheitlichen Genossenschaft als wirtschaftsschädlich und vorsätzlich steuerverkürzend. Der Ganzheitlichen Genossenschaft wurden Steuern auferlegt die dem gemeinsam erwirtschafteten theoretischen Umsatz (Schätzung öffentlicher Sachverständiger) entsprachen. Diese unvermuteten steuerlichen Belastungen brachten die Genossenschaften in erhebliche Zahlungsschwierigkeiten. Die Überraschung: Die Genossenschaftsbanken stellten sich hinter die Ganzheitliche Genossenschaft und bürgten für sie!

Zurück zur Wirklichkeit: Unsere freiheitlich-demokratische Grundordnung bietet jedem die Möglichkeit, Körperschaften oder auch Gesellschaften und Institutionen zu Gründen. Dies ist in unterschiedlichen wirtschaftsrechtlichen Gesetzen geordnet und geregelt. Um aus einer amorphen Menge von mehr oder eher weniger (des-)interessierten "Esoterikern" voll durchmotivierte Aktivisten zu machen, bedarf es nicht nur einer grundlegenden Befreiung des Geistes, sondern auch des Anbietens einer real existierenden, attraktiven ganzheitlichen Alternative! Meiner Meinung nach gar nicht so schwer zu erreichen.

In Übereinstimmung mit der oben zitierten Apostelgeschichte und den rechtlichen Möglichkeiten innerhalb der BRD wäre jetzt eine Organisationsform zu wählen, die geeignet ist, Menschen nicht nur zum Mitmachen zu motivieren, sondern für dieses Mitmachen geradezu zu begeistern! Alles in einen Topf zu werfen und jeder nimmt was er braucht, ist zwar schön, aber gerade in der heutigen Zeit überaus gefährlich.

Also: Notwendigerweise sind kleine, über- und durchschaubare Organisationseinheiten zu schaffen, welche die innewohnende Attraktivität sofort sichtbar machen und den Beteiligten optimale Sicherheit bieten. Das geht nicht mit unverbindlichen Floskeln. Juristisch und wirtschaftlich voll selbständige Einheiten (Genossenschaften) sind da gefordert, die wiederum in einem Dachverband (Genossenschaftsverband) mit genau definierten Regeln zusammengefaßt sein könnten.

Das praktische Leben in der Ganzheitlichen Genossenschaft

Basismodell für das Zusammenleben wäre der Familienbetrieb. Dieses Modell bietet eine klare Regelung von Besitzverhältnissen, die Möglichkeit gemeinsamer oder eigenständiger Geschäftstätigkeit nach außen wie auch weitgehend demokratische Entscheidungsfindung im Innenverhältnis. Eingebettet in eine ländlich strukturierte Umgebung könnte das aussehen wie heute ein modernes Dorf mit zusätzlichen gemeinschaftlich nutzbaren Räumlichkeiten bzw. Gebäuden und eingebundenen Gewerbebetrieben.

Der Unterschied liegt nicht im äußerlich sichtbaren. Er ergibt sich aus den Besitz- und Beteiligungsverhältnissen. Man könnte so ein Dorf als eine Firma betrachten, die von den Bewohnern als Anteilseignern gemeinsam betrieben wird. Das bedeutet, daß die Dorfwirtschaft nicht vom Wirt auf eigene Rechnung betrieben wird, sondern der Wirt Anteilseigner und Geschäftsführer eben dieser Wirtschaft (z. B. in Form einer KG) ist. Das Gebäude selbst wiederum wird von der Immobiliengesellschaft verwaltet. Alle Dorfbewohner sind Mitglieder der örtlichen Ganzheitlichen Genossenschaft.

Grundlage des Lebensunterhaltes der Mitglieder ist die eigene Landwirtschaft wie auch sonstige gegenseitige Eigenleistungen in der Gemeinde. Niemand darf sich in "Arbeitslosigkeit" verstecken, niemand braucht an Arbeitslosigkeit zu verzweifeln. Die Immobiliengesellschaft verwaltet die Gemeindeanlagen. Soziale Dienste wie Putzen, Kochen, Gartenarbeit, Kranken- und Altenpflege etc. werden von den Bewohnern selbst durchgeführt, ggf. im Rotationsverfahren. Der durch Tätigkeit innerhalb wie außerhalb des Bundes erwirtschaftete Einkommensüberschuß wird der Genossenschaft zinslos zur Verfügung gestellt. Die Genossenschaft betreibt mit dem eingezahlten Privatkapital eine Art gemeinnütziges Bankgeschäft. Für gemeinschaftlich beschlossene Unternehmungen der Mitglieder stellt diese Bank (Ausgleichskasse) Gemeinschaftskapital ebenfalls zinslos zur Verfügung. Außerhalb der Gemeinde beschäftigte Mitglieder beteiligen sich mit einem monatlich abzuführenden Betrag an den Betriebsaufwendungen. Das durch das gemeinschaftliche Leben, Wohnen und Arbeiten eingesparte Kapital sollte dem Genossenschaftsverband für gemeinschaftliche bzw. auch gemeinnützige Projekte zur Verfügung gestellt werden. Entsprechende Regeln hierzu müßten gemeinsam von den Gründungsmitgliedern im Rahmen der Satzung ausgearbeitet werden. Um Mißverständnissen vorzubeugen: Es geht nicht darum, ganz neue Gesellschaftsformen zu entwickeln. Es geht darum, die Führungsgröße für das Gesellschafts-**System** zu ändern, ja richtiggehend umzudrehen, die Prioritäten neu zu setzen:

Nicht
1. Macht und Profit
2. Absicherung von Macht und Profit
3. Kontrolle durch strikt hierarchische Organisation
4. Wirtschaftliche Interessen
5. Bedürfnisse der Menschen und der Schöpfung   insgesamt

sondern:
1. Bedürfnisse der Menschen und der Schöpfung insgesamt
2. Organisation entsprechend dieser Bedürfnisse
3. Wirtschaftliche Interessen
4. Machtausübung gemäß 1 und 2
5. Freiwillige Selbstkontrolle

Also kein neues System, sondern Umorientierung des vorhandenen Systems auf ein anderes Wertesystem. Das ist es, was die Jesus mit dem "Reich Gottes" betitelt. Und genau das ist es, was das derzeitige System der Dinge mit aller Macht zu verhindern sucht.

Und: Es ist nur von beschränktem Nutzen, wenn man sich sozusagen "privat" umorientiert. Die "Sachzwänge" beschränken eine Wirksamkeit nach außen dramatisch, weil - wie im Vorigen beschrieben - die beiden Wertesysteme absolut nicht untereinander verträglich sind. Und um es noch einmal deutlich zu sagen: Ein Anhänger Jesu ist in unserem kapitalistischen System bestenfalls ein gutmütiger Trottel. Diese beiden Systeme können nur über genau definierte Schnittstellen miteinander existieren, denn im Grunde ihres Wesens sind sie nun einmal nicht nur total gegensätzlich, sondern befinden sich in einer Auseinandersetzung, die sich am treffendsten als "Kalter Krieg" bezeichnen läßt.

Diese Auseinandersetzung ist jedoch wesentlich elementarer als die Auseinandersetzung zwischen Kapitalismus und Sozialismus. Sie ist nicht bloß inszeniert, sie ist wesentlich realer, als sich die Meisten vorstellen können.

Noch würde unser politisch/wirtschaftliches System, wie es im Grundgesetz festgelegt ist, eine Koexistenz, ja sogar ein Ringen um die politische Vorherrschaft decken. Wenn die internationalen "Kartelle", die im Hintergrund ihre Fäden schon global ausgespannt haben, ihre Macht festzementiert haben, wird es immer schwieriger werden, sich auszukoppeln und tatsächliche Unabhängigkeit von deren Machenschaften zu erlangen.

Leider ist sich die Partei Jesu (die gegenwärtigen "Christen") in den allermeisten Fällen über die tatsächliche Situation nicht einmal ansatzweise im Klaren. Zugegeben, "Dieses System der Dinge" gibt sich mit großem Erfolg alle erdenkliche Mühe, den Zugang zu Jesus und den spielverderberischen Folgen seiner Lehre zu verhindern.

Bei der Umsetzung eines solchen Konzeptes besteht die große Gefahr, erneut in die Korruptionsfalle zu tappen. Eine noch viel größere Gefahr sind Einflußagenten, die in ein solches Projekt eingeschleust werden und versuchen, aktiv den neuen Ansatz zu torpedieren. (Wie zuletzt bei bzw. nach Martin Luther ist das immer wieder gelungen!) Eines aber ist ganz sicher: Die Anhänger des Mammon schrecken vor absolut gar nichts zurück, wenn es um die Macht geht!

Trotzdem: Ist es wirklich so absurd, diese Erde im Sinne ihres "Erfinders", im Sinne der positiven und gegenseitigen Weiterentwicklung des Lebens zu bewohnen und zu bewirtschaften? Wird es nicht gerade in unserer Zeit zunehmend zu einer Überlebensfrage, den Bann des Mammon zu brechen?

Leben aus dem Vertrauen

"Seid nicht besorgt und fragt: "Was werden wir essen?
Was werden wir trinken? Was werden wir anziehen?"
Nach diesem allen streben die übrigen Menschen.
Er, der Vater, weiß doch, daß ihr all dies nötig habt!
Euch jedoch muß es um sein Reich gehen;
dann wird euch das andere dazugegeben."

Leben aus, in und mit dem Gott, den Jesus als "Abba - liebenden Vater" bezeichnet, ist Leben in der Gegenwart, ist Geschehenlassen des Willens des Vaters: Alle Schwierigkeiten und Engpässe des Lebens lösen sich allein dadurch auf, ausschließlich in der Gegenwart zu leben und den auftretenden Problemen wach und aufmerksam ins Auge zu sehen. Erst dadurch werden wir aufnahmefähig für die große Weisheit des Lebens im Fluß des Göttlichen Wirkens. Das Gottesreich wird gelebt - die gewaltige Wirkung kann auf einfachste Weise erfahren werden - indem man es tut. In seinem tiefsten Sinn meint Reich Gottes, wir sollen in unseren Entscheidungen gemäß unserer inneren Autorität, eben dem Göttlichen in uns, handeln. Lernen wir, dieses Reich Gottes zu praktizieren, dann werden wir sofort aufhören, über unsere Probleme nachzugrübeln, sie zu analysieren und nach Lösungen zu forschen.

Es genügt vollständig, uns das Problem ganz genau anzusehen, ohne darüber nachzudenken, ohne Analyse. Den Rest können wir getrost dem Göttlichen Wirken überlassen. Soweit unser direktes Eingreifen notwendig wird, empfangen wir den Handlungsanstoß spontan durch eine kräftige Intuition, jenen Dialog, der jedem zur Gewohnheit wird, der gelernt hat, im Geiste des Gottesreiches zu leben.

Das Gottesreich, diese zeitlose Dimension in uns, existiert einzig in der Gegenwart, in diesem hauchdünnen Raum zwischen

Vergangenheit und Zukunft. Das göttliche Wirken kann somit nur in der Gegenwart, also jeweils im gleichen Augenblick gelebt und verwirklicht werden. Es ist wichtig, stets und ständig im Hier und Jetzt zu bleiben. Stetes Verweilen in der Gegenwart - kein Gedanke in Vergangenheit und Zukunft:

Das Reich Gottes erfordert unsere unmittelbare geistige Präsenz in der Gegenwart, damit die göttlichen Kräfte wirksam werden können, welche die Dinge dann ohne unser Zutun verändern und zum Guten wenden. Nur wenn wir der Realität unseres Alltags direkt und unmittelbar ins Auge blicken, kann sich auf dem Weg des göttlichen Wirkens überhaupt etwas daran ändern. Das Zusammenwirken aller wirkenden Kräfte geschieht immer und ausschließlich im Hier und Jetzt.

Wenn wir es allerdings schaffen, unser Dasein so nüchtern und realistisch zu betrachten, wie es tatsächlich ist, ohne irgendeiner Erkenntnis auszuweichen - und sei sie noch so unangenehm , dann werden alsbald Energien in unser Leben hineinwalten, von denen wir höchstenfalls zu träumen gewagt hätten. Wenn es uns gelingt, nur ein paar Sekunden aufmerksam unsere Umgebung, die Geschehnisse direkt um uns herum zu beobachten, haben wir schon Berührung mit dieser kosmischen Energie. Und sie ist es, die unseren Alltag, unser ganzes Leben verändert, wenn wir ihr nur völlig rückhaltlos vertrauen.

Vertrauen leben

*»Wenn euer Vertrauen auch nur so groß wäre wie ein Senfkorn,
dann könntet ihr zu dem Maulbeerbaum dort sagen:
'Zieh deine Wurzeln aus der Erde und verpflanze dich ins Meer!',
und er würde euch gehorchen.«*

Die Erfahrung des Seins in der Gegenwart ist gleichbedeutend mit der Fähigkeit, ungezwungen zu beobachten, einfach nur hinzusehen, wie zum Beispiel einen Vogel vor dem Fenster wahrzunehmen oder die Katze des Nachbarn. Sobald eine solche Beobachtung frei von begleitenden Gedanken ist, läuft sie im Einklang mit der Wirksamkeit des Göttlichen. Echt und dauernd im Geiste in der Gegenwart verweilen, die Geschehnisse aufmerksam beobachten, wahrnehmen, ohne zu analysieren, ist der erste Schritt zur Verwirklichung des Gottesreiches in unserem Leben.

Den Geschehnissen ihren Lauf lassen, ohne Widerstand zu leisten, ohne zwanghaft rationalen Einfluß zu nehmen, sie nur betrachten, das ist Handeln im Geiste des Gottesreiches, das ist Vertrauen. Wer gelernt hat, so seine Tage zu verbringen, dessen Leben ist wie in der schönsten Zeit seiner Kindheit: ohne Sorgen, frei von Konflikten, das Gestern vergessend, vom Morgen nichts wissend, einzig im Heute verweilend, voller Glück und Gelassenheit. Das Ändern unseres Lebens, das Erreichen dieses ungemein positiven Zustandes ist einzig eine Frage der Konsequenz, mit der wir uns frei machen von teils liebgewordenen, oft subjektiven und scheinbar rationalen Vorstellungen, vergangenen Erfahrungen und mit betrügerischer Absicht eingeschleusten "Trojanern". Der zweite Schritt ist die Notwendigkeit, sich innerlich von allen Bindungen zu befreien, von jeder Art Autorität, ganz gleich, ob diese von außen kommt oder in uns selbst in Gestalt von festgefahrenen Denkschablonen manifestiert ist.

Mit der Forderung nach Freiheit von Bindungen ist allerdings nicht gemeint, daß wir etwa auf die Freuden des Lebens oder auf Besitz oder Partnerschaft verzichten müssen. Problematisch ist weder Spiritualität noch Sinnenfreude, weder Wohlstand noch der Wunsch nach den Annehmlichkeiten des Daseins. Das Problem steckt im «Anhaften». Nicht das Genießen des Lebens hält uns vom Leben im Gottesreich ab, sondern nur die innere Bindung daran: „Wenn ihr nicht werdet wie die Kinder...."

"Laßt doch die Kinder zu mir kommen! Haltet sie nicht zurück! Denn für Menschen wie sie ist das Reich Gottes bestimmt.

Habt ihr denn immer noch nicht begriffen: Wer nicht wie ein kleines Kind voller Vertrauen zu Gott kommt, dem bleibt das Reich Gottes verschlossen"

Sobald die Erkenntnis unserer verschiedenen Bindungen tief in uns lebendig ist, weit über das intellektuelle Begreifen unseres Zustandes hinaus, werden wir feststellen, daß diese Bindungen ganz von selbst ihre Macht über uns verlieren. Wie durch Zauberhand sind die Fäden unserer Gebundenheit mit einemmal zerrissen. Dieses alles setzt natürlich immer voraus, daß wir von unseren diversen Anhängseln innerlich wirklich frei werden wollen und uns nicht insgeheim nach wie vor an das eine oder andere zu klammern suchen.

Wer in seinem Leben bereits einmal eine tiefgreifende Krise durchgemacht hat, die bis an die Fundamente seiner Existenz reichte, der wird sich erinnern, daß die Wendung zum Besseren just in jener Phase eintrat, da er sich, zu erschöpft zum Weiterkämpfen, total aufgegeben hatte. Dabei hat er damals nichts anderes erfahren als die Hand des Göttlichen, denn diese tritt in dem Augenblick mächtig in unser Leben, wenn wir die Hand vom Ruder nehmen und aufgeben.

Erst dann kann diese ungeheure kosmische Kraft wirksam werden, und zwar mit einer Intelligenz, die jenseits des menschlichen

Denkens operiert. Unsere existentiellen Probleme lösen sich auf eine Art, der eine tiefe Weisheit zugrunde liegt, die unser Verstand nicht besitzt und rational nicht fassen kann.

Wer sich dem Reich Gottes zuwendet, sich dem intuitiven Handeln verschreibt und sich hineinfallen läßt in die Geborgenheit der eigenen inneren Autorität, wird das Leben und seinen Alltag in Zukunft mit anderen Augen ansehen. Wir können nicht tiefer fallen als in die Hand Gottes. Diese Erkenntnis ermöglicht uns, uns mit dem göttlichen Wirken und mit dem damit einhergehenden Strom des Lebens zu identifizieren.

Wenn wir aufmerksam im Hier und Jetzt dem Lauf des Lebens folgen, trägt uns dieses an jeden beliebigen Ort, an jedes Ziel, bevor wir es uns überhaupt vorstellen können. Ja, es ist unerläßlich, daß wir unsere selbstsüchtigen Motive, unser eigenes Streben, unseren Wunsch, etwas zu werden, was wir noch nicht sind, aufgeben.

> "Der Vater weiß, wessen ihr bedürft,
> noch ehe ihr ihn darum bittet"

Wir müssen statt dessen lernen, nichts mehr zu erzwingen, nichts mehr nachzujagen, sondern zu beobachten und aufmerksam zu sein. Dies ist die wahre Art intelligenten Handelns. «Es» handelt für uns, besser als unser Verstand es jemals könnte.

Leben aus der Mitte

Leben aus der Mitte bedeutet in erster Linie, daß wir in jeder Richtung offen sind. Dann können wir von unserem Zentrum heraus ungehindert in jeder Richtung direkt und ohne Verzug in Aktion treten, uns beteiligen und wieder zu unserem Kern zurückkehren. Dieser Kern hat universelle, kosmische Dimensionen und ist nicht etwa an einen Sitz in Höhe unseres Solarplexus gebunden oder an Herz, Bauch oder Kopf. Das Reich Gottes ist der Zustand, sich ernsthaft dem Wirken des Göttlichen zu überlassen. Das bedeutet, eben der erwähnten Autorität das Handeln, die Entscheidungen zu überlassen. Gekoppelt mit dieser Bereitschaft, selber weitgehend die Hand vom Steuer unseres Lebens zu nehmen, ist die Notwendigkeit, unsere Sinne in immer größerem Maße der Gegenwart zuzuwenden.

Im gleichen Maße, wie wir unseren Alltag in der Gegenwart seiend beobachten, ihm unsere Aufmerksamkeit voll zuwenden, wird sich unser ganzes Leben und unsere Sicht darauf verändern.

Dabei gilt es, eben gerade im Hier und Jetzt, im Augenblick und seiner Geborgenheit zu leben. Freiheit von Meinungen und Bindungen vollendet das Bild dieser neuen Art zu leben.

Das Geheimnis des Göttlichen ist, daß es selbst passiv zu sein scheint, aber dennoch das Handelnde, der Schöpfer aller Dinge ist. Es tut nichts, und doch läßt es nichts ungetan. Es läßt sich mit Worten nicht definieren, aber es ist intuitiv erfaßbar, denn es ist zugleich eine Dimension von uns selbst. Es ist unser Selbst, von dem wir seit der Geburt abgespalten sind: Also ist das Göttliche auch in erster Linie die Natur mit ihrer Ordnung und ihren ungemein weisen Gesetzen der Selbstorganisation.

Im Gottesreich gibt es keine Trennung zwischen innerer und äußerer Welt. Beide bedingen sich gegenseitig. Die Essenz des Gottesreiches ist das Aufhören aller Gegensätze. Seine Bewegungen sind das kontinuierliche Zusammenspiel dieser Gegensätze.

Geschehnisse und Wandlungen sind die Ergebnisse der Wirkungsweise von weiblichen und männlichen Urelementen, die alles kosmische Geschehen polar beeinflussen. Die aus der Polarität resultierende Spannung erwirkt die Energie für die stete Veränderung. Wer sich aller Handlungen gegen die Natur enthält, sich nicht mehr gegen den Strom der Schöpfung stellt, so daß er an ihm und seinem Leben vorbeiströmt (was er tut, wenn er ewig in Gedanken aus der Vergangenheit und Angst vor der vermeintlichen Zukunft gefangen ist), der steht in Harmonie mit dem Kosmos, und alle seine Handlungen werden erfolgreich sein.

Das Leben im Reich Gottes ist geprägt von der engen Verbundenheit mit allem natürlichen Geschehen. Der Mensch des Gottesreiches lebt im Einklang mit den Geschehnissen des Alltags. Seine Kunst besteht im Überlassen des Ruders an seine eigene kosmische Identität. Man kann das Göttliche ohne Übertreibung auch als die vollkommene Intelligenz nicht-materieller Art bezeichnen. Sie fließt uns Menschen willig zu, wenn wir offen für ihre Inspirationen sind. Und wer aus dieser hohen Intelligenz heraus voll Vertrauen handelt, handelt richtig, denn in uns lebt das Göttliche. Wir sind wir und zugleich das Ganze. Jeder.

Unsere Intuition ist fähig, diese Dinge zu begreifen. Wer aufhört, alle Dinge um sich her als getrennt von sich zu betrachten, wird bald ein Gefühl für die tieferen Zusammenhänge gewinnen. Sobald wir fähig werden, diese Grenzen zwischen uns und dem Rest der Welt einzureißen und uns mit dem ganzen Universum als einer Einheit zu identifizieren, sind wir der Wahrheit einen gewaltigen Schritt nähergekommen.

Diese Erkenntnis anzunehmen, gehört mit zum Strömen mit dem Lauf des Göttlichen, gehört zum Aussteigen aus der Haltung der Verblendung durch das Ego, den immerwährenden Widersacher. Das Göttliche kann unser Leben nur in dem Ausmaß gestalten und beeinflussen, wie wir es zulassen. Öffnen wir uns voll dieser

Erkenntnis, daß wir Bestandteil eines großen Ganzen sind, daß unsere individuelle Identität von geringerer Bedeutung ist als die Tatsache, daß jeder von uns die gesamte Menschheit repräsentiert.

Wer seine Identität auf die gesamte Welt ausdehnen kann, ist wahrhaft frei von seinen überkommenen falschen Vorstellungen. Sobald wir den Mut aufbringen, dem Grauen, das überall hervortritt, schonungslos ins Gesicht zu sehen, es mitzufühlen statt es zu verdrängen oder zu ignorieren, erwächst uns ein großes Maß an kosmischer Kraft aus diesem Tun, und dieses Gefühl der Verbundenheit, Zusammengehörigkeit mit allen übrigen Geschöpfen wird in uns wachsen und uns zugleich Sicherheit geben. Sobald wir fähig sind, uns von unseren Erfahrungen – die ja allesamt aus der Vergangenheit stammen - rigoros zu trennen, ihnen ihre Gültigkeit für den künftigen Verlauf unseres Daseins abzusprechen, werden andere Kräfte in unser Leben treten, die wir bisher aus eigener Machtvollkommenheit, unwissend zwar, aber dennoch äußerst wirkungsvoll, herausgehalten haben. Erst dann können Dinge geschehen, die wir uns sonst eben gar nicht hätten vorstellen können, unglaubliche Dinge eben. Hören wir auf, etwas bestimmtes werden zu wollen. Hören wir auf, Erwartungen an die Zukunft zu binden. Hören wir auf, im gehabten Stil weiterzukämpfen.

Wenn wir uns von unseren ganz bestimmten Ideen trennen, was aus uns unbedingt noch werden soll, haben wir den richtigen Schritt zu unserer wahren Identität getan, einer Identität, die sich mit der gesamten Schöpfung und dem Göttlichen, Jesu liebenden Vater, der Großen Mutter eins fühlt und aus diesem Wissen um die Einheit aller Dinge heraus lebt und handelt.

Der Tag, den wir in der Gegenwart lebend, ohne aus der bisherigen Erfahrung resultierende Erwartung beginnen, wird ein guter Tag werden.

Er kann nicht anders als gut verlaufen, wenn wir mit unserem destruktiven Scheinwissen aus der Vergangenheit nicht hineinpfuschen und unserem besseren Selbst und dem göttlichen Wirken fortdauernd ins Ruder greifen.

Den Alltag bewältigen aus dieser neuen, unschuldigen Form seiner Betrachtung heraus, bringt uns bereits eine Fülle von glückhaften Erlebnissen, auch wenn wir die Lebensart des Gottesreiches nur unvollkommen beherrschen und uns von der alten Art zu leben immer wieder einholen und ablenken lassen. Nichts wird dem Menschen des Gottesreiches untersagt. Ein Mensch, der sich an seiner eigenen, tief verwurzelten Sittlichkeit orientiert, wird stets richtig handeln, es können keine Konflikte zwischen Spiritualität und Genuß auftreten. Das Göttliche betrachtet das Universum als geschlossenes Ganzes.

Der erleuchtete Mensch empfindet spontan diese Einheit zwischen sich und dem Rest der Schöpfung, er fühlt sich vollkommen integriert in das Ganze. Es ist die Einsicht, wie der Kosmos beschaffen ist, bevor er als Materie unseren Sinnen zugänglich wird. Dem Erleuchteten werden Bereiche seines Unbewußten zugänglich, doch er nimmt sie nicht mittels des Denkens wahr, sondern durch seine starke Intuition. Er weiß einfach um die Dinge, versteht sie, ohne sie oder ihre Herkunft erklären zu können. Kurz gesagt, es ist das unmittelbare, ungeteilte Wissen um ein unabhängiges Ganzes. Im Zustand der Erleuchtung hört Denken in seiner bisherigen Form vollständig auf. Wohl behält der Mensch dann noch sein Erinnerungsvermögen und verfügt ohne Einschränkung über die gelernten Fertigkeiten, aber sein Alltagsleben wird nicht mehr vom Denken, sondern einzig von der Intuition geleitet.

Das rationale Denken wird auf seine ursprüngliche Dienstleistungsfunktion zurückgestutzt.

Gedanken treten wohl noch auf, aber sie bewegen sich fern vom Bewußtsein, als ob der Betreffende sich in einem Talkessel großen Durchmessers bewegte und seine Gedanken schwebten weitab von seinem Zentrum leise an den das Tal eingrenzenden Bergen entlang. So weit entfernt ist dann Denken vom Erleuchteten.

Und mit dem "rationalen" Denken hört auch das Ich auf zu existieren. Sobald ihm sein Nährboden entzogen ist, kann unser Ego uns nicht mehr beherrschen. Mit frei schwebender Aufmerksamkeit wird so die Wirklichkeit unmittelbar erfahren, ohne verzerrende Meinungen und Voreingenommenheiten. Die Urkraft des Selbst kann frei und ungehindert wirken. Wir gesunden, aller Unrat wird durch die Kraft der Strömung des eigenen Lebens herausgedrängt. Dieser vollkommen befreite Zustand, dieses Leben ohne innere Schranken und Einschränkungen ist dem Erleuchteten eigen.

Meditation

Wenn man in äußerster Stille verharrt,
dann scheint das Himmlische Licht hervor.
Wer dieses Himmlische Licht ausstrahlt,
der sieht sein Wahres-Selbst.
Wer sein Wahres-Selbst bewahrt,
der verwirklicht das Absolute.

Wer richtig meditieren will, soll frei von allen Bindungen sein, von diesen Dämmen, die seinen Geist und seine seelische Gesundheit so sehr einschränken.

Meditation sollten wir betreiben wie eine Katze. Ohne Vorsatz, ohne Zwang, eben in der Körperhaltung, die gerade bequem ist, gehend, sitzend oder meinetwegen auch liegend. Wir meditieren so lange, wie wir uns wohl dabei fühlen und zwingen uns zu nichts. Jede Minute, die wir richtig meditieren, wiegt viel mehr, als alle Stunden der Meditation, die wir im falschen Geist absolvieren. Der Inhalt der Meditation ist Stille. Keine Stille infolge unterdrückter Sinnesreize oder gewalttätig gebremster Gedanken. Unser Geist sollte nur frei von störenden Gedanken sein.

Diese Freiheit erreichen wir, wenn wir einfach als Beobachter unserer Gedanken auftreten, sie erwarten, bevor sie überhaupt auftauchen. Bei dieser Übung werden wir bald feststellen, daß unsere Gedanken sich beruhigen, seltener werden und schließlich ganz von alleine vollständig aufhören. Wir brauchen nur Abstand von ihnen zu halten und müssen darauf verzichten, uns mit ihnen abzugeben. Diese Beobachtung, unsere Aufmerksamkeit, erhalten wir nun während der Dauer der Meditation aufrecht. Wir bewahren Stille und sind aufmerksam. Mit allen Sinnen horchen wir in uns hinein. Mehr ist nicht notwendig. Es scheint, als ob eine Hand über die Zeit hinweg aus der Zukunft in unser Dasein eingreifen würde und uns einen Geistes- und Seelenzustand honoriert, den wir erst durch die ungemein positiven Erfahrungen dieser Art Leben erlangen werden. Eine freundliche Erfahrung um die andere bestätigt in der Folge die Richtigkeit dieses Entschlusses, selbst die kleinkarierten alltäglichen Nöte und Sorgen werden gleichgültig. Wir werden fähig, im Hier und Jetzt ganz bewußt und mit allen Sinnen wahrnehmend zu leben und zu handeln. Sobald eine Entscheidung zu fällen ist, grübeln wir nicht mehr über die beste Lösung nach, analysieren und sezieren. Wir horchen in uns hinein, empfangen dort den Impuls mit spontaner Deutlichkeit - und handeln und entscheiden unverzüglich (wobei mit Handeln durchaus auch eine geharnischte Antwort gemeint sein kann. Geharnischt und mutig da, wo ich vorher aus Berechnung vorsichtiger agiert hätte).

Diese gleich-gelten-lassende Absichtslosigkeit stellt sich irgendwann von alleine ein, wenn die Dinge, die wir vorher kontrolliert praktizierten, uns sozusagen in Fleisch und Blut übergegangen sind. Auf diese Weise hört sehr bald jede Art von herkömmlicher Berechnung beim Handeln auf. Wer im Gottesreich lebt, fürchtet die Verantwortung nicht. Er ist offen für jede Aufgabe, die das Leben stellt. Und um des Vorteiles willen wird er niemals Dinge tun, die er im Grund nicht tun möchte. Seine Tage werden nicht mehr diktiert von der Furcht vor Verlust und der Gier nach Gewinn. Er lebt wahrhaft gelassen. Gelassenheit beinhaltet im Wortstamm den Begriff Loslassen, Lösen. Damit sind unsere Bindungen materieller und ideeller Art gemeint. Sobald wir innerlich davon frei sind, wird unser Leben vollkommen sorglos verlaufen.

Wer einmal in der Wirklichkeit erfahren hat, wie wunderbar die Hand des Göttlichen im Hintergrund die Fäden spinnt, macht sich weiterhin keine Sorgen mehr, ganz gleich, was auf ihn zukommen mag. Wenn wir fähig sind, alles, was uns bisher begegnet ist, und alles, was uns seither lieb und wert war, als Bindung aufzufassen (zum Teil rein auf Verdacht hin), dann haben wir wahrhaft einen unmittelbaren Schritt zur inneren Freiheit gemacht. Das Leben im Gottesreich - es ist geprägt von Wahrheit, Unmittelbarkeit und liebevoller Offenheit. Je gründlicher wir mit unseren Bindungen und Abhängigkeiten aufräumen, desto nachhaltiger wird unsere Aufmerksamkeit und die Fähigkeit, hier und jetzt frei von Bedrängnis und Sorge zu leben. Seien wir lieber zu gründlich als zu nachlässig.

Und noch etwas: Das Leben im Reich Gottes ist eine heitere Sache, nicht bierernst und nicht streng. Nehmen wir diese Übung des Auffindens unserer Fesseln nicht krampfhaft vor, tun wir alles so leicht, als ob wir selbst eine schwebende Feder seien. Dann wird auch Beobachten und Aufmerksamkeit selbst-verständlich und zur unbewußt ausgeführten Aufgabe. Die Dinge geschehen von selbst. So leicht, so einfach kann es sein, wenn wir nur verstehen, wie man losläßt. Den Prozeß des Loslösens von der Gebundenheit müssen wir nicht von uns alleine bewältigen. Diese Aufgabe wird von der Macht des liebenden Vaters mit leichter Hand begleitet. Wir brauchen nur loslassen und hinblicken, aufmerksam sein, beobachten - und vertrauen.

»Warum habt ihr solche Angst?« fragte Jesus.

»Habt ihr denn immer noch kein Vertrauen?«

ICH BIN - Die Meditation

Die ICH BIN-Meditation geht davon aus, daß wir Fraktale des Ganzen sind - Fraktale des Wesens, das nicht genannt werden kann. Deshalb wird, wo das Ganze gemeint ist, in Großbuchstaben getextet:

"Ich bin EINS mit ALLEM WAS IST. Meine Intelligenz, meine Kraft und mein Körper sind Eins mit dem SEIN. Das lebendige SEIN ist es, das alle meine Gedanken leitet und Mich nicht nur veranlaßt, sondern auch befähigt, alles zu tun, was ich tue.

Ich tue das, was jetzt vor mir liegt, in dem Wissen, daß es genau das ist, was gerade jetzt zu tun ist damit ich bewußt an dem wahren Erfolg teilhabe und die wirklichen Reichtümer annehme, die das SEIN für mich bereithält.

Die lebendige Kraft des SEINS erhellt den ganzen Weg für mich, versorgt mich mit allem, was ich mir wünsche, und nimmt Verwirrung und Leid für immer von mir.

In voller und äußerster Konsequenz komme ich ins SEIN, begebe mich selbst, meine Angelegenheiten, meinen Körper, mein Leben in die liebevolle Obhut des SEINS, alle Sorge und Verantwortung auf MICH werfend, absolut in Mir ruhend und mir vertrauend - wissend, daß mein höheres SELBST immer den Weg bestimmt und ihn mir zeigt.

MEINE göttlichen Fähigkeiten erwachen zu tätigem Leben. Die mächtige Kraft des Seins wirkt in mir in dem Maß, wie ich in MIR bleibe und die Energie des SEINS in mir bleiben lasse.

Ich werde mir Jetzt Meines göttlichen Wesens bewußt, öffne weit meine Seele, mein Gemüt und meinen Körper und atme MEINEN Lebensatem ein!

Das lebendige SEIN erfüllt mich überfließend mit MEINER göttlichen Macht, jede Faser, jeder Nerv, jede Zelle, jedes Atom meines Wesens lebt jetzt bewußt mit MIR, voll von MEINER Gesundheit, MEINER Stärke, MEINER Intelligenz, MEINER Geilheit, MEINEM DA-SEIN....

Im DA-SEIN ist mein wirkliches Selbst, mein wirkliches Wesen und offenbart SEIN Selbst und alle seine Kräfte in mir JETZT. Ich wache auf, erkenne mein göttliches Wesen und meine Kraft und beanspruche meine Herrschaft! Alles, was das SEIN ist, BIN ICH.

ICH BIN das Leben, ICH BIN die Intelligenz, die Kraft in aller Substanz - in allen Zellen meines Körpers. ICH BIN alle Weisheit, alle Liebe, alle Macht, die in diesem Leben JETZT uneingeschränkt durch mein ganzes Dasein fließen.

ICH BIN in den Zellen aller mineralischen, pflanzlichen und tierischen Materie, in Feuer, Wasser und Luft, in Sonne, Mond und Sternen DAS, was IST. Ihr Bewußtsein ist EINS mit meinem Bewußtsein - Alles ist MEIN Bewußtsein.

Durch MEIN Bewußtsein in ihnen ist alles, was sie haben oder sind auch mein - ich muß es nur in Anspruch nehmen. Ich spreche also zu ihnen in MEINEM Bewußtsein, im Bewußtsein MEINER Macht in mir und MEINER Intelligenz in ihnen.

Die schöpferische Energie des SEINS durchströmt mich, ich kann von ihr nehmen und mit ihr gestalten, was ich will. Sie will sich für mich manifestieren als Alles, was ich in der Einheit mit dem SEIN wünsche. Ich stelle es mir vor, ich denke es, ich fühle es, ich weiß es und ich BIN es! Mit aller Bestimmtheit MEINES Wesens spreche ich das schöpferische Wort

Es wird stets erfüllt zu mir zurückkehren.

Denn ich bin EINS mit dem lebendigen SEIN.

Die Kunst, in der Gegenwart zu leben

«Wenn ich esse, dann esse ich;
wenn ich trinke, dann trinke ich;
wenn ich schlafe, dann schlafe ich.»

Es ist wichtig, künftig unsere Aufmerksamkeit auf das augenblickliche Geschehen um uns her zu richten. Wir sammeln in der Anfangszeit auch unsere Gedanken und lenken diese zu der Tätigkeit hin, mit der wir gerade beschäftigt sind. Da unser Geist überhaupt nicht darauf eingestellt ist, in der Gegenwart zu leben, muß hier mit einer gewissen Energie die Trägheit der alten, eingefahrenen Gewohnheiten überwunden werden. Wir müssen zu allererst Interesse an der Gegenwart aufbringen. Wir erkennen in unserem Leben oft keinen erfreulichen Sinn - und darum sind wir andauernd auf der Flucht vor der Wirklichkeit.

Die richtige Weise zu leben haben wir von dem Augenblick an erreicht, wo wir beginnen, alle Gegenwart unmittelbar aus dem Göttlichen in uns zu erfahren und zu leben. Wer ganz in der Gegenwart lebt, muß seinen Schwierigkeiten, muß der Eintönigkeit und allen unerfreulichen Tatsachen ins Auge blicken, ob ihm das, was er wahrnimmt, nun gefällt oder nicht. Zu Beginn wird uns manches mißfallen, was wir als Wirklichkeit unseres Lebens erblicken. Wenn wir es geschafft haben, beobachtend voll da zu sein, jeden Augenblick unseres Tages, dann leben wir durch unser ursprüngliches Selbst, das "Wahre-Selbst". Dieses Leben aus dem Selbst findet bereits dann statt, wenn wir unsere Gedanken auf die Gegenwart richten können und diese Gedanken zugleich beobachten.

Achten wir auf unsere Gedanken, die von der Gegenwart, vom Augenblick so gerne abschweifen und uns ablenken möchten. Stellen wir uns dieser anfänglich häßlichen Szene, blicken wir mutig den Tatsachen ins Gesicht. Damit verändern wir gleichzeitig unsere Situation. Was uns deutlich mißfällt, wird nicht in unserem Leben verbleiben. Überlassen wir der Autorität des Vaters, wie unser Leben künftig aussehen wird. Handeln wir spontan nach unseren Eingebungen, und wir werden richtig handeln. Unsere Gedanken werden in der Gegenwart zunehmend unbedeutender und unter unseren beobachtenden Sinnen mehr und mehr abnehmen und ruhiger werden, weiter von unserem Kern entfernt anklingen und wieder davonschweben. Wir brauchen dann nur jene Impulse aufzugreifen, die uns zur Bewältigung der augenblicklichen Aufgabe dienlich sind.

Wir werden es bald nicht mehr nötig haben, uns ein Bild von uns selbst zu machen, denn wir haben uns akzeptiert, ohne Änderungswünsche, ohne etwas anderes werden zu wollen als das, was wir sind - Menschen, die im Hier und Jetzt leben, Menschen, die einfach sind. Es entsteht von ganz alleine Ruhe und Harmonie in unserem bisher so wirren Geist. Konflikte und Verwirrung lösen sich auf.

Problemlösung auf neue Art

Freiheit von aller inneren Gebundenheit und Leben in der Gegenwart. Mehr ist nicht notwendig - aber mit weniger geht es auch nicht. Dazu ist unser Denken wieder einmal völlig unnütz. Solange wir über Möglichkeiten nachgrübeln, unseren Kopf anstrengen, solange wir versuchen, mit eigenen, unzulänglichen Mitteln einen Weg aus der temporären Misere zu finden, blockieren wir ganz automatisch die Aktion jener anderen Kraft in uns.

Sie tritt nie in Aktion, solange der Mensch mit den Instrumenten des Ego operiert. Erst wenn wir die Finger von der Lösung des Problems lassen, kann diese Intelligenz ihre Macht entfalten und für uns die Schwierigkeiten aus dem Weg räumen. Dieser Vorgang erfolgt ganz selbsttätig.

Wir haben nur dafür zu sorgen, daß das Wesen des Problems, der Aufgabe, ganz nahe an unser tieferes Selbst herangeführt wird. Dies erreichen wir wiederum durch Aufmerksamkeit, durch Beobachten. Wir müssen unser Problem ganz genau betrachten, es drehen und wenden, nach allen Seiten, nicht wegblicken, wenn eigenes Verschulden die Ursache der Misere oder Gefahr im Verzug ist, vielleicht gar unsere Existenz bedroht. Hinschauen, ganz gründlich. Und keine Gedanken auf das Problem verschwenden, es nur betrachten. Wir werden dabei das Gefühl haben, hinschauen, hinfühlen, nützt nichts.

Das Ganze fühlt sich so wirkungslos, so schwach, so unnütz an. Und gerade in dieser Schwäche, im Hinnehmen der eigenen Ohnmacht, der Hilflosigkeit, mit der wir den Dingen ausgesetzt sind, löst es die spontane Aktion des Göttlichen aus. Es geht darum, unsere Probleme zu erahnen, sie zu fühlen, auf eine Art zu empfinden, die mit dem vorher beschriebenen gedachten und gefilterten Fühlen nichts zu tun hat. Wir müssen üben, ein echtes Gefühl für unsere Probleme und unsere Lebenssituation aufzubringen.

Wenn wir erst gelernt haben, Probleme auf diese Weise anzugehen, werden wir aus froher Erfahrung nie mehr auf andere Art versuchen, etwas zu erreichen. Nie sollten wir uns über das Wie einer Lösung den Kopf zerbrechen. Wir würden entweder vorgreifen oder völlig falsche Erwartungen in uns aufbauen. So klug und gründlich kann unser begrenzter Verstand Herausforderungen des Lebens, wie sie auch beschaffen sein mögen, nie begegnen, wie diese Intelligenz in uns. Einzig unser Verhalten, unsere Bereitschaft, die Intelligenz des Göttlichen, diese uns innewohnende Schöpferkraft an unserer Statt wirken zu lassen, lösen die Probleme des Lebens, nichts anderes.

Solange wir aus eigener Kraft und Machtvollkommenheit agieren, stärken wir nur unser Ego, dieses Gebilde, das unserer Verwirklichung hinten und vorne nur im Wege steht. Mit Wünschen jeder Gattung verfahren wir genauso wie mit Problemen. Überlassen wir uns der Weisheit des Vaters, beobachten wir nichtdenkend diese Wünsche, erahnen, erfühlen wir sie - dazu genügen erfahrungsgemäß ganz kurze Impulse -, und wir werden erfahren, wie einfach es ist, sein Leben mittels der Kraft des Göttlichen zu realisieren. Das üble Gerangel, wie das Ego sich das Leben vorstellt, findet nicht mehr statt.

Wir dürfen getrost dieser mächtigen Intelligenz vertrauen, in den kleinen Dingen des Lebens ebenso wie in den großen, die über Wohl und Wehe der Zukunft zu entscheiden haben. Machen wir es uns zuerst einmal zur alltäglichen Übung, allen kleineren Herausforderungen oder Geschehnissen gegenüber keinen Gedanken mehr zu verschwenden. Handeln wir nach dem Impuls unserer Intuition, der sich bei jedem noch so geringen Ereignis einstellt, und zwar unverzüglich, ohne Pause dazwischen.

Lernen wir, diesen Impuls wahrzunehmen - und dann entsprechend zu handeln, ohne uns um richtig oder falsch zu kümmern. Glauben Sie, es ist dann richtig, wenn wir dieser Autorität vertrauen. Legen wir die großen Entscheidungen und die lebenswichtigen Handlungen unseres Lebens getrost in die Hände des Vaters. wir werden es niemals zu bereuen haben. Wenn Ihnen auf Grund einer (scheinbaren) Fehlentscheidung Ihr Haus abbrennt, dann – seien Sie versichert - geschieht dies einzig darum, daß Sie hinterher etwas besseres bekommen.

Die Welt, die wir wahrnehmen, ist untrennbarer Bestandteil von uns selbst. Wir sollen darum gedanklich keine Trennung zwischen uns und unserem Umfeld vornehmen. Das Universum und der darin lebende Mensch bilden eine geschlossene Einheit. Die Kernphysik liefert uns in diesen Jahren zweifelsfreie Indizien für diesen Tatbestand, so unbegreiflich solche Aussagen für unseren Verstand auch sein mögen. Und die Weisen von Tao und Zen wie auch die christlichen Mystiker erklären unisono eindeutig, daß der Schritt zur Erleuchtung, zur Unio Mystica nicht zuletzt durch das Erkennen dieser Ganzheit von Mensch und Schöpfung ausgelöst wird.

Unsere Übung in dieser «Disziplin» muß vom Gefühl, vom Empfinden bestimmt sein, da wir dem Verstand, so diszipliniert er auch sein mag, diese Aufgabe nicht übertragen können. Wenn Sie spazierengehen und in der freien Natur sind, begegnen Sie Vögeln, die Sie mit ihrem Gesang erfreuen, Sie finden einen Bach mit Steinen am Grund, über die das Wasser fließt, Sie treffen auf Bäume, Büsche und allerlei Pflanzen, vom Grashalm bis zum Gänseblümchen. Nun stellen Sie sich vor, alle diese geschauten, gerochenen, gehörten Erscheinungen seien ein einziger Organismus, seien Glieder Ihres eigenen Körpers und wären untrennbar mit Ihnen verbunden.

Wenn Sie das empfinden können, diese Zusammengehörigkeit, dann fühlen Sie etwas, das auch tatsächlich so ist. Hören Sie auf, die Dinge, die Ihnen begegnen, in das Schema einzuordnen, das man Sie gelehrt hat, hören Sie auf, den Erscheinungen in der Natur Namen zu geben. Glauben Sie mir, Sie werden es spüren, diese Zusammengehörigkeit, die ursprüngliche Verbundenheit zwischen

Ihnen und diesen Dingen rings um Sie her. Im Zustand der Erleuchtung ist dieses Wissen um die Einheit des Menschen, des Individuums mit dem Universum, ganz klar und deutlich vorhanden.

Diese Zusammengehörigkeit schmälert in keiner Weise unsere Fähigkeit, als Einzelwesen zu empfinden und zu handeln. Es ist eine echte Erweiterung, eine Vergrößerung unseres inneren Reichtums.

Die Gesetze des Reiches Gottes, des Geschehenlassens des Wirkens des Geistes, entziehen sich jeglicher intellektueller Interpretation. Man kann sie in ihrem vollen Umfang nicht verstehen. Aber sehr wohl kann man sie praktizieren. Die Erfahrung ist ein Leben in der aktuellen Wirklichkeit, das die Ereignisse des Tages in ihrer vollen Gegenwart erfährt und sich um die nächste Stunde, den folgenden Tag keinerlei Sorgen mehr macht. Sie werden erleben, daß Sorgen für den anderen Tag unnütz sind, weil das Göttliche, weit über diesen Tag hinausblickend, bereits für Sie gehandelt hat.

Das Leben im Hier und Jetzt ist Handeln, ist Bewegung, und es macht einen Unterschied, ob wir über Bewegung nur reden, uns nur vorstellen, uns zu bewegen, oder ob wir in diesem Sinne Bewegung ausführen, selbst Bewegung, also selbst die Gegenwart sind. Halten wir uns stets vor Augen: Erst die vollständige Identifikation mit unserem Leben, mit allem Planen, mit unserem Alltag, läßt unsere Intuitivkräfte auf der positiven Lebensebene frei fließen.

Gelingen und Erfolg ist dann eine ganz zwangsläufige Folge dieser Identifikation. Durch jede Art von geistigem Kraftaufwand wird Gegendruck erzeugt, und zwar in dem Maße, wie wir mit den Mitteln der selbst ausgedachten rationellen und "vernünftigen" Planung ein Ziel zu erreichen versuchen.

Das Wirken der Kräfte des Göttlichen ist leise, federleicht, aber von ungeheurer Dynamik. Es wird Sie in der Lebenspraxis überraschen, wie punktgenau und drastisch die Lösungen Ihrer Probleme beschaffen sind. Wenn so ein Knoten gelöst ist, dann ist er gelöst. Es bleiben keine losen Enden mehr hängen, wie oft bei uns, wenn wir uns voller Furcht und halbherzig von einer Notlösung zur anderen durchschummeln und ein Loch aufreißen, um das andere zuzustopfen.

Der Mensch des Gottesreiches handelt aus seiner Mitte heraus, er hat erfahren, daß in ihm Kräfte wirksam sind, denen zu widerstreben ihm den ganzen Nutzen vorenthalten würde. Für ihn ist das Reich Gottes als solches Ziel und Motiv genug, er braucht nicht mehr zu seinem Glück. An Macht ist er nicht interessiert, er duldet aber auch keine Machtausübung sich selbst gegenüber. Er ist frei von allen Bindungen, er unterwirft sich keiner Autorität, ganz gleich, ob diese religiöser oder weltanschaulicher Natur ist.

Wirkliche Sicherheit kann ein Mensch nur in der Freiheit des Geistes gewinnen, wenn er fähig geworden ist, die Wirklichkeit unvoreingenommen zu sehen, so wie sie ist, nicht so, wie Andere ihm weismachen wollen, daß sie sei.

"Viele sind eingeladen,
wenige sind bereit zu kommen"

Begriffsbestimmung - christliche Begriffe

1) "Abba"

Der besondere, nur Jesus eigene Ausdruck seines Gottesverhältnisses. "Abba" statt "Gott" sagte Jesus ganz bewußt, weil er alle Menschen als "Kinder Gottes" betrachtete, denen seine Liebe galt. "Abba" ist der Ausgangspunkt und der Zielpunkt der Lehre Jesu. Von Ihm kommen wir alle her, zu Ihm kehren wir alle zurück wie der verlorene Sohn in einem seiner Gleichnisse.

2) Gott

Gott ist das Ur-Geistwesen, aus dem alle anderen Geistwesen - wie z. B. auch die derzeit in materiellen Körpern lebenden - herausgesetzt sind wie Flammen aus einem Feuer. Gott hat nicht nur Leben in seinem Sein, er ist das Sein. Alles Lebende hat ein von Ihm abgeleitetes Leben, alles Seiende ein von ihm abgeleitetes Sein. Er ist der liebende Vater aller seiner Kinder in den Himmeln, auf der Erde und in der "Totenwelt".

3) Jesus

Er, das "Wort", war und ist der Sohn Gottes, von gleicher Substanz, in der Einheit des Heiligen Geistes. "Das Wort" war göttlich, durch Ihn als Mittler ließ Gott alles Lebendige entstehen. Daß Gott Ihn, "Das Wort", in Jesus Mensch werden ließ, gilt ohne Einschränkung.

4) Kinder Gottes

Richtig: Schützlinge Gottes; der Ehrentitel "Schützling Gottes" verpflichtet seinen Träger zu einem bewußten Leben im Einklang mit dem Willen Gottes. Der mit ihm verliehene Schutz ist allumfassend.

Er bewirkt jedoch nicht, daß Gott seinen Träger vor jedem Übel bewahren, sondern daß er ihn durch jedes Übel hindurch bewahren läßt.

5) Die Toten

Die "Toten" sind geistig "tote" Menschen, die nichts von einem Weg zur Gottnähe wissen (wollen) und ihn daher weder finden noch gehen können.

6) Rückwendung zu Gott

Bewußte Änderung des Fühlens, Denkens, Wollens und Handelns, weg vom nur diesseitig-materiellen und hin zum auch jenseitig-geistigen Leben.

7) Messias

"Der Gesalbte König" Israels. Das Erscheinen des Messias war (und ist für die Juden) mit dem Kommen des messianischen Reiches verbunden, d. h. mit der Wiedererrichtung des jüdischen Königreiches durch das Eingreifen Gottes und mit Frieden und Vorherrschaft für die Juden und die ganze Welt. Dieser "weltherrschaftliche" Messias wollte Jesus nie sein.

8) Engel

Gottesboten; diese Bezeichnung beschreibt nicht das Sein und das Handeln des betreffenden Geistwesens an sich, sondern nur das mit seiner Sendung verbundene und durch sie geforderte Tun. Hat ein Geistwesen seinen Botenauftrag erfüllt, so endet damit sein Botesein.

9) Reich Gottes

Das über weltliche "Regierungen" weit hinausgehende "Königtum Gottes über die Seinen". Leben in Gottnähe und nicht ein messianisches Weltreich mit Jesus als Oberkönig.

10) Erbsünde/Ursünde

Die schuldhafte Trennung des Menschen von Gott, entstanden durch negativen Gebrauch der Freiheit: Ich will selbst sein wie Gott.

11) Das Gericht

Findet nicht nur am "Jüngsten Tag" statt, sondern gleich nach dem Sterben.

12) Der Tod

Das "Ausziehen des Leibes" beschreibt genau, was beim Sterben geschieht: Die Seele (das Selbst) löst sich in Form des "Geistkörpers" vom fleischlichen Körper. Dieser Geistkörper ist immer vollständig, auch wenn der fleischliche Körper verstümmelt oder behindert ist.

13) Satan

Der **"Beherrscher dieser Welt"** - Jesus gab mit dieser Bezeichnung zu verstehen, daß diese Welt damals wie heute durch die verblendeten Anhänger der "ihr-werdet-sein-wie-Gott"-Lüge beherrscht wird. Wo immer es auf der Erde um Macht und Einfluß geht, da ist mit Sicherheit die Lüge als Handlangerin der dunklen Macht mit im Spiel. Er repräsentiert den Egowahn in höchster Potenz.

14) Himmel

Die Himmel (im Aramäischen immer in der Mehrzahl) sind der >Lebensraum< Gottes und aller in Harmonie mit Gott verbundenen geistig lebendigen Geistwesen.

15) Glaube

Vertrauen müsste es heißen und nicht >Glaube<. Das aramäische Wort ist aus einer sprachlichen Wurzel gebildet, die fest, sicher, zuverlässig bedeutet. Aus derselben Wurzel stammt auch das Wort

"Amen" her. Mit bloßem "Glauben", ohne geprüft und als wahr erkannt zu haben, hat es nichts zu tun. Es setzt ein Wissen um die Zuverlässigkeit dessen voraus, dem oder worauf jemand vertraut.

16) Mammon

Moderne Erklärung: Geld und Besitz als Herrschaftsmittel und Machtgrundlage. Auch Mammonismus = Herrschaft des Kapitals; Mammoniten = Anhänger des >Mammon. Eigentlich eine Unterabteilung des Satanismus.

Nachwort

Die Erkenntnis dessen, was in den letzten Jahrtausenden an spirituellem Wissen - nicht Glauben - angesammelt wurde, hat sicher ausreichend Sprengkraft, "Dieses System der Dinge" zu sprengen.

Die Macht der Illusion, der mittlerweile tiefenpsychologisch optimierten Propaganda und des verblendeten EGO schafft jedoch wiederum ausreichend "Nebel", um es auch ernsthaft Suchenden sehr schwer zu machen, sich daraus zu befreien.

Ich habe versucht, mit einigen grundsätzlichen Erläuterungen aus verschiedenen Richtungen den Nebel etwas zu lichten. Den ernsthaft suchenden Leser möchte ich anregen, selbst auf dem Pfad der Erkenntnis fortzuschreiten. Vielleicht finden sich auf diesem Pfad ja noch einige Weggefährten....

Weitere Bücher von Merlin, bei 26 - Random House

Thalia – Amazon – Ancient Mail Versand

Der Autor

Markus Merlin, Jahrgang 1948, Diplomingenieur (FH), Studium der Energietechnik an der FH München.

Der Werdegang: Facharbeiter, Prüffeldingenieur, Projektingenieur, Bereichsleiter und Prokurist einer namhaften deutschen Großfirma, geschäftsführender Gesellschafter einer deutschen automationstechnischen Firma. Tätigkeit als freier Berater, Geschäftsführer einer 1618 gegründeten Glocken- und Industrie-Gießerei in Salzburg, der nach einer eigentlich erfolgreichen Sanierung die Banken den Hahn abgedreht haben.

Über Marx und Lenin (alter 68er), Lao-Tse, Bhagavad Gita, Buddhismus und reichlich Erfahrungen mit dem kapitalistischen System zurück zu Jesus, den man den "Christus" genannt hat. Privates Engagement in verschiedenen Vereinen, im Pfarrgemeinderat und in der katholischen Erwachsenenbildung. Endstadium der kirchlichen Phase: katholischer Tempelritter und Novizenmeister der deutschen Zunge, derzeit dispensiert.

Zu den Templern als „Ritter Christi" hat es mich eigentlich ohnehin immer irgendwie hingezogen und ich hatte auch nach einer Gemeinschaft gesucht, mit der ich etwas „auf die Beine" stellen könnte – ich war Komtur von Bayern und Novizenmeister der deutschen Zunge - nur mußte ich erkennen, daß die ganzen Aktivitäten eher so im Bereich der Scheinaktivitäten ablaufen. Wirkliche Aktivitäten im richtigen Leben waren nicht erwünscht.

So betreibe ich inzwischen mehr als 25 Jahre autodidaktisches vergleichendes Theologie- und Geschichtsstudium und habe reichlich praktische Erfahrung mit der Anwendung spiritueller Grundwerte im Privat- und Geschäftsleben.

www.ingramcontent.com/pod-product-compliance
Lightning Source LLC
Chambersburg PA
CBHW052146300426
44115CB00011B/1545